PHIL BOSMANS

Menslief,

ik wens je vrede en alle goeds

PHIL BOSMANS

Menslief, ik wens je vrede en alle goeds

lannoo

Andere boeken van Phil Bosmans:

Applaus voor het leven
Bloemen van geluk
Dagboek 365
God niet te geloven
In de zevende hemel
In liefde weer mens worden
Ja, alleen de optimisten zullen overleven
Je leeft maar één dag, vandaag
Jezelf bevrijden
Leven is de moeite waard
Menslief ik hou van jou
Met mijn beste wensen
Neem je tijd
Vergeet de mooie dagen niet (cd)
Zomaar voor jou
Zonnestralen van de schepping
Zonnestralen van geluk
Zonnestralen van hoop
Zonnestralen van liefde
Zonnestralen van vreugde
Zonnestralen van vriendschap
Zonnestralen voor elke dag
Zonnestralen voor het hart

www.lannoo.com
Vierde druk

D/2001/45/152 – ISBN 90 209 4119 4 (3de bijdruk) – NUGI 635
Omslagontwerp Studio Lannoo

Gezet, gedrukt en gebonden bij Drukkerij Lannoo nv, Tielt

JANUARI

Mensen gelukkig maken
is de droom
van gelukkige mensen

WE ZITTEN IN HETZELFDE BOOTJE

Een nieuw jaar. Laat ons samen varen.
We zitten in hetzelfde bootje! Alle mensen
als broeders in eenzelfde boot.
Mensen, die samen varen.
Een fantastische droom. De zon danst aan de hemel.
De vissen zingen in de zee! Alle mensen
als broeders in eenzelfde wereldboot.
Zwakken en sterken. Alle volkeren en talen en rassen.
Machtigen en machtelozen. Armen en rijken.

Mensen, die samen varen,
als broeders op de wereldzee,
in dezelfde zon, op dezelfde baren,
wind mee, wind tegen, in dezelfde storm.
Samen varen!
Er zijn geen zwakken meer, geen machthebbers meer,
geen armen en geen rijken.
Niemand wordt meer overboord gegooid, geen mens
meer in het onderruim om te sterven van honger.
Er is geen oorlog meer rond de commandobrug.
Zangers lopen over het dek met een lied.
Iedereen is veilig en geborgen.

Een fantastische droom!
Waarom moest ik ontwaken en zag ik een arme gehavende boot
op drift en met een wild kompas?
En hoorde ik idealisten wanhopig roepen om een 'hart'?
Mag ik je vragen een beetje van je eigen hart
binnen te brengen in de boot!

1 JANUARI

GEEF HEN DE HAND

Ik wens je uit de grond van m'n hart een 'goed' jaar!
Een 'goed' jaar voor jou... en voor alle mensen!
Ik zeg je: Geef elkaar de hand... ook hen,
die je reeds lang geen hand meer gegeven hebt...
een hand met een hart vol goede en oprechte wensen,
geen wensen voor een dag
met een mooi masker op een lelijk gezicht!
Schrijf een kaartje! Plak een kus erop!

Een nieuw jaar begint! Maak er een goed jaar van.
Laat je eigen goedheid voelbaar zijn,
thuis, op school, op het werk.
Leg alle ruzies bij. Slik je 'kwatong' in.
Maak je man, je vrouw, je kinderen gelukkig,
niet alleen met woorden,
want je hebt hun geluk zo nodig, om zelf gelukkig te zijn.

Zoek toch nooit geluk voor jou alleen...
in je eigen geïsoleerde hokje.
Help ons een wereld te maken, waarin wij
niet alleen elkaar verdragen, maar elkaar gaan liefhebben,
een wereld, waarin er ruimte is voor een glimlach,
een bloem, een hart, voor een 'stukje hemel' op aarde!

2 JANUARI

TIJD OM GELUKKIG TE ZIJN

Dit jaar weze 't gelukkigste jaar in je leven!
Neem je tijd om gelukkig te zijn.
Je bent een wandelend wonder op deze aarde.
Je bent enig, uniek, onvervangbaar.
Weet je dat? Waarom sta je niet verstomd,
ben je niet blij, verbaasd over jezelf
en over al die anderen om je heen?

Vind je het zo gewoon, zo vanzelfsprekend,
dat je leeft, dat je leven mag,
dat je tijd krijgt om te zingen en te dansen,
om gelukkig te zijn?
Waarom dan je tijd verliezen
in een zinloze jacht naar geld en bezit?
Waarom ruziemaken, je vervelen,
je verdrinken in zinloos amusement
en slapen als de zon schijnt?

Neem rustig je tijd om gelukkig te zijn.
Tijd is geen snelweg tussen de wieg en het graf,
maar ruimte, om te parkeren in de zon!
De jaren zijn geen kilometerpalen om te verslinden,
maar elk jaar, ook dit jaar,
is een milde gave uit Gods hand om niets gegeven...
en je zou dan niet gelukkig zijn?

3 JANUARI

HOE BEGINT EEN BETERE WERELD

We klagen soms over de slechte tijd.
En over de harde, onbarmhartige wereld...
maar klagen helpt niet.
De wereld is alleen maar slecht, hard en onbarmhartig,
als de mensen dat zijn, die hem bewonen.
Er wordt niet in de hemel
of in de hel beslist over de aarde,
maar alleen door de mensen
die ter plaatse zijn, zoals jij.
Iedereen is verantwoordelijk!

Een betere wereld valt niet uit de lucht.
Een betere wereld moet je zelf bouwen...
niet met je geld, je wetenschap,
je macht of je positie...
maar met je hart, met je goedheid,
je vriendelijkheid en je dienstvaardigheid.
Voor een betere wereld is er
maar één goed begin:
begin met jezelf
begin opnieuw met jezelf!!!
Red jezelf, je huwelijk, je huis,
heel je omgeving
uit de klauwen van het egoïsme
en dit jaar wordt voor jou
en de jouwen een topjaar!

4 JANUARI

GELUKZALIG

Neem nu eens je tijd, ja, je tijd om gelukkig te zijn.
Je hoeft er je werk niet voor te laten staan,
maar je moet het misschien wel anders aanpakken.
Je hoeft er niet voor naar 't buitenland
en je hebt er geen geld voor nodig.
Gelukkig zijn! Hier en nu!

Neem je tijd om gelukkig te zijn. Dat wil zeggen:
pak je ruzies nu eens in, ook je kleine ruzies.
Probeer eens extra goed te zijn,
extra lief en extra vriendelijk,
zodat het voor de anderen niet moeilijk is om van je te houden.
Probeer nu eens een vreugde te zijn voor de anderen,
een soort 'gave', een 'dagelijks geschenk'!
Dan ga je verbazende dingen ontdekken.
Dan ga je de anderen anders zien
en misschien worden ze wel anders en ga je ook hen ervaren
als een geschenk, als een echte genade.

Menslief, ik wens je alles! Zalig nieuwjaar!
Zalig zul je zijn als je met weinig tevreden bent,
als je niet gebonden ligt aan het gouden kalf
en als je in een zetel in slaap kunt vallen.
Zalig zul je zijn, als je tijd hebt voor dingen,
die geen geld opbrengen, als je nog vogels hoort fluiten,
nog bloemen en bomen ziet en sterren aan de hemel
en als je nog als een kind over alles verwonderd kunt zijn!
Ik wens je heel veel zaligheid!

5 JANUARI

KRUISPUNTEN EN VERKEERSLICHTEN

In 't leven kun je niet achteruitrijden!
Je kunt de dagen niet omkeren
om zo je mooiste dagen terug te halen!
Je moet vooruit! Dag na dag! Jaar na jaar!
Je kunt jezelf niet tegenhouden!
Niemand kan je tegenhouden!

Er zijn heel veel kruispunten.
Je kruist mensen en dingen.
En je kunt pech hebben. En je zult ook wel eens botsen.
Je botst tegen mensen die gelijken op de tram.
Ze gaan nooit opzij. Ze blijven in hun eigen spoor.
Ze versperren je weg en kunnen je veel pijn doen.
Er zijn zeer veel kruispunten! Let op de lichten!
Rode lichten in het leven zijn stoplichten,
waarachter geen weg meer is: ongebreidelde hebzucht,
krankzinnig egoïsme, ziekelijke jaloezie
waarachter alleen kronkelpaden en verborgen afgronden liggen.

Vriendelijkheid, vergevingsgezindheid, dienstvaardigheid,
zachtmoedigheid, zetten je levenslichten op groen.
Met deze dingen kun je vooruit. Wees vriendelijk en lief
in het dagelijks verkeer met mensen en dingen!
Laat de motor van je hart altijd warmdraaien
en vergeet niet dat er maar één veilig contactsleuteltje bestaat,
namelijk de liefde!

6 JANUARI

WARE VOORUITGANG

We zitten met pak en zak in de wachtkamer van het leven.
Je verwacht er weer eens alles van...
maar onthoud dit:
voorspoed en geluk vallen niet zomaar uit de lucht.
voorspoed kan groeien uit hard werken
maar geluk groeit enkel en alleen uit het hart,
uit goedheid en vriendelijkheid,
in één woord uit liefde.

Vooruitgang bestaat niet
in nog meer communicatietechniek,
nog meer biotechniek, gentechniek en medische techniek.
De echte vooruitgang bestaat niet in het lanceren van een aap,
een hond of een mens in de ruimte,
maar in het vormen van goede
en vriendelijke mensen op aarde.
Zonder liefde heeft beschaving geen zin.
Zonder liefde zijn we ook in dit jaar
niets anders dan gladgeschoren en net aangeklede barbaren.
Red dit jaar uit de klauw van het egoïsme.
Maak van de liefde en vriendschap...
een mode! De mode...!

7 JANUARI

HAAL DE ZON OP

Het leven is kort, zo kort. De wereld is klein, zo klein.
We wonen in hetzelfde dorpje dat aarde heet.
Onze naaste gebuur is de maan.
Waarom nog langer ruziemaken, waarom nog langer vechten
om een grens, om een stuk grond, om een hoop geld,
om een kwetsend woord of een verkeerd gebaar.
We wonen in een klein dorp dat aarde heet.
En 't is geen paradijs, dat weet je.
Een jaar begint en is weer zo ten einde.
De tijd is kort, kort, kort. Maak er het beste van.

Je overlaadt in deze dagen de anderen
met zoveel goede wensen. Maar morgen zijn die koud,
als je vandaag niet beslist
iedere dag iets te doen voor die anderen. Wat?
Wel, haal 365 dagen de 'zon' voor hen op!
Ze ligt achter de horizon van je hart te wachten.
De 'zon' van je vriendschap, je goedheid, je gastvrijheid.
Haal ze op. Laat ze niet ondergaan in de wolk
van je slecht humeur, in de mist van je onverschilligheid,
in de nacht van je wantrouwen en je liefdeloosheid.
Haal de 'zon' op voor ieder mens, die je dit jaar ontmoeten zult.
Aanvaard hem of haar in je leven als een geschenk, als een gave,
als een echte vreugde. Dan wordt het samenzijn een feest!!
En het gaat toch om niets anders dan om het geluk,
om een feest in ieder mensenhart.

8 JANUARI

IEDERE DAG OPNIEUW BEGINNEN

Begin elke dag als een nieuwe mens!
Elke dag is weer je eerste dag,
je allereerste dag!
Gisteren en alle vorige dagen en jaren
zijn voorbij, begraven in de tijd!
Je kunt er niets meer aan veranderen!

Waren er scherven? Draag ze niet mee,
want ze zullen je dag na dag verwonden
tot je ten slotte niet meer leven kunt!
Er zijn scherven die je in Gods handen kwijt kunt
en er zijn scherven die je
helen moet in een oprecht vergeven!
Scherven die je met al de liefde van je hart
niet helen kunt, moet je laten rusten!

Je moet elke dag opnieuw beginnen!
Dat is levenskunst!
Elke dag nieuw zijn als het licht van de zon!
Elke morgen opstaan uit de nacht,
en beginnen met je handen
vol hoop en vertrouwen!
Je kunt niet leven met de scherven van gisteren!

9 JANUARI

JONG BLIJVEN

Verzorg dit jaar
niet alleen je haren, je tanden
en heel je uiterlijk.
Verzorg op de eerste plaats
je hart en je geest.
Want als je hart en geest
niet gezond en 100 % in orde zijn,
dan brengt het nieuwe jaar je veel miserie
en word je vroegtijdig oud.

Hart en geest worden het meest
ondermijnd door egoïsme,
een kwaal die je vlug lelijk,
eenzaam en oud maakt.
Hart en geest blijven jong en vol leven,
wanneer je ze vult met vriendschap en liefde.
Hart en geest verzuren en verbitteren,
wanneer ze worden overwoekerd door jaloezie en haat.

Je krijgt weer een nieuw jaar voorgeschoteld
in schijfjes van 24 uur.
En iedere dag is een geschenk, een gave.
Wees er blij en dankbaar voor.
Meng elke dag de zon in je hart
met heel wat liefde
en alles loopt gesmeerd!

10 JANUARI

GEEN SLAGVELD

Wees heel voorzichtig met je uitspraken!
Woorden zijn machtige wapens
die veel onheil kunnen stichten!
Zet met je tong nooit iemand in zijn hemd.
Maak met je grote mond nooit iemand klein.
Verdraag dat de anderen 'anders' zijn,
dat ze 'anders' denken, voelen en spreken,
dat vooral de jongeren 'anders' zijn dan de ouderen.

Heb je iemand met je uitspraak vernietigd,
thuis of op het werk of waar dan ook...
haast je dan om het weer goed te maken.
Een hard woord, een scherp woord kan lang
op de bodem van het hart blijven pijn doen
en er een litteken achterlaten.

Wees met je woorden mild, goed en barmhartig.
Woorden moeten 'lichten' zijn
die wegen openen naar waarheid en liefde.
Woorden moeten verzoenen, tot elkander brengen,
vrede maken, vreugde scheppen.

Waar woorden als wapens gehanteerd worden
staat men als vijanden tegenover elkaar en worden huwelijken,
gezinnen en gemeenschappen oorlogszones,
waar mensen gekweld worden door medemensen.
En het leven is veel te kort
en onze wereld veel te klein
om er een slagveld van te maken.

---

11 JANUARI

LET OP JE EIGEN FOUTEN

Als je iets wilt leren, heb je een leermeester nodig.
Ook als je wilt leren leven heb je een leermeester nodig.
Maar de tijd van de leermeesters schijnt voorbij.
Niemand wil nog iets leren van een ander.
Het is definitief uit met 'vader weet het best'.
Jan en alleman weten het nu beter.

We zitten in Babel. De verwarring is groot.
We krijgen hoe langer hoe meer ruggengraatlozen
en mensen, waar de veer uit is!
Ze kunnen het leven niet meer aan!
Het loopt strop in talloze huwelijken,
gezinnen en verenigingen!
Men spreekt dezelfde taal en toch verstaat men elkaar niet meer!
Vele moeilijkheden en heel wat noodsituaties
had men kunnen voorkomen.
Gebrek aan karakter, zelfbeheersing, gemis aan innerlijke vorming
zijn oorzaak van een massa mislukkingen in het leven!

Wil je echt leven en gelukkig leven, laat dan toe,
dat iemand je wijst op je karakterfouten.
Wees blij als iemand je niet naar de mond praat.
Wees dankbaar als iemand je helpt en je de weg wijst,
de soms harde weg naar zelfbeheersing, zelfopoffering,
naar goedheid en vergevingsgezindheid,
de weg naar een leven in dienst van de anderen!

12 JANUARI

MENSLIEF, IK HOU VAN JE

Je kunt niet leven zonder iemand die van je houdt
en die je dat ook van tijd tot tijd laat voelen,
zonder dat je erom vraagt!
Dit is zeer belangrijk in het huwelijk.
Dit is levensnoodzakelijk voor een kind, een bejaarde!
Voor een zieke is het een stuk gezondheid!
Voor de eenzame een stille troost!
Het hoeven geen dure attenties te zijn,
geen cadeaus die geld kosten.
Een geschenk wordt ook wel eens misbruikt
om mensen te sussen als er geen liefde meer is.
Echte liefde heeft duizend wegen naar het hart van de medemens.
Wegen, waarlangs je jezelf geeft, gratis!

Je kunt niet leven zonder iemand die van je houdt.
Maar kijk 'ns uit. Is er niet iemand in je omgeving,
misschien in je onmiddellijke omgeving, die in de kou staat
en die zonder je liefde niet leven kan?
Je hebt een stuk van hun geluk in je eigen handen!
Als je deze dagen staat voor het graf van een geliefde,
zijn het juist deze vele kleine vergeten attenties
en liefdesuitingen die je het meest pijn doen.
De enige troost, die reikt tot ver over de grenzen van de dood,
is de liefde en de geborgenheid
die je anderen gegeven hebt tijdens hun leven!
Liefhebben en gelukkig zijn,
het enige waar het eigenlijk om gaat!

13 JANUARI

NIET TE KOOP

Ken je de formule van het geluk?
Ze is niet te koop, want dan zouden alle rijken gelukkig zijn.
Ik heb dikwijls de indruk dat het tegenovergestelde waar is.
Zo'n formule is niet in de handel, en je kunt ze zeker niet
slikken als een pilletje of aanwenden als een poedertje.

Valt het je niet op dat de mensen altijd maar aankomen met:
'Wat zou ik gelukkig zijn… had ik maar
een andere man of een andere vrouw getrouwd…
had ik maar wat meer geld… had ik maar een eigen huis
en wat minder last van mijn zenuwen of mijn reuma.'
Je komt zelden iemand tegen die zegt:
'Wat ben ik rijk en gelukkig.
Ik heb twee ogen om zoveel mooie dingen te zien.
Twee voeten om te lopen, om te springen, om te dansen.
Ik kan zingen en werken, ik kan verliefd zijn.
Ik ben in de zevende hemel.'

We hebben voor alles in onze wereld een formule gevonden,
behalve voor het geluk. Als de formule te krijgen was
door een druk op de knop, dan zouden we ze reeds lang hebben.
De formule van het geluk komt echter uit het hart.
Maar alleen uit een hart dat tegen alle menselijke gewoonte in,
eenvoudig is, zachtmoedig, en met alles tevreden.
Niet veeleisend en steeds bereid om te geven.
Ga nu eens even in je eigen hart en kijk
wat je geluk 'daar' in de weg staat.

14 JANUARI

ALS JE GETROUWD BENT

Als je getrouwd bent, ben je om te beginnen alvast met twee!
Houd daar goed rekening mee! Je bent met twee
en je moet met twee door alle goede en kwade dagen!

Als je zelf je eigen weg gaat,
zelf je eigen plannetjes maakt
en geen rekening houdt met de ander,
dan ben je een verkapte vrijgezel.
Als je er stiekem voor je eigen plezier
een derde tussenhaalt,
dan wordt je huwelijksband spoedig een ondraaglijke ketting
en kun je met geen mooie woorden verdoezelen
dat je een vals en een gemeen spel speelt.

Je hebt niet meer het recht te leven zonder die ander,
met wie je door een contract en misschien door een sacrament
voor eeuwig verbonden bent.
Herinner je je eerste huwelijksdag,
toen je met die ander in de zevende hemel was.
Toen zag je geen problemen,
omdat je meende met alles klaar te zijn.

Het huwelijk is echter geen einde, maar een groot begin.
Gelukkig zul je zijn, als je liefde sterk genoeg is
om elke dag opnieuw met elkaar te trouwen!

15 JANUARI

VANDAAG NOG

Probeer vandaag gelukkig te zijn. Vandaag,
niet morgen, overmorgen of het volgende jaar!
Wil je een zeker middel kennen
om nooit gelukkig te worden?
Blijf dan triestig en vol heimwee
hangen in de mooie dagen, die voorbij zijn
of blijf maar eeuwig wachten op het geluk,
dat komen moet.
Denk niet te vlug, dat je gelukkig zult zijn,
als je getrouwd bent, als je een huis of een auto hebt,
als je later veel geld bezit en een goede positie.

Als je vandaag niet gelukkig kunt zijn,
geloof maar niet dat er morgen een wonder gebeurt.
Dus, houd op met je miseries van gisteren te herkauwen
en maak je geen nutteloze zorgen voor morgen.
Je zoekt je geluk te ver,
zoals een mens soms z'n bril zoekt,
die hij op de neus heeft.

Het ware geluk is niet fantastisch,
niet duur en niet veraf.
Het geluk is vlakbij,
maar je moet het vinden en kunnen waarderen.
Geloof me, vandaag bloeien er zoveel kleine vreugden
om je hart en rond je huis.
Het is de kunst ze te ontdekken
en er dankbaar voor te zijn.

16 JANUARI

GEWOON MENS ZIJN

Probeer elke dag opnieuw een gewoon goed mens te zijn.
Probeer iemand te zijn die zonder publiciteit en uiterlijk vertoon
goed, mild en hartelijk is
voor allen die hij ontmoet.
Iemand die zijn zwakheden, zijn kwetsbaarheden
en zijn eigen begrensdheid kent en er de moed niet bij verliest.
Iemand die zichzelf vergeet en kan verdragen
dat anderen hem vergeten.

Want, weet je, onze wereld heeft vandaag
een verschrikkelijke nood aan zulke mensen,
gewone goede mensen, gewone vriendelijke mensen
die je glimlachend bedienen in winkels en magazijnen,
die hun geduld niet verliezen achter 't loket,
die niet bulldozeren in 't verkeer,
die niet donderen als je een fout maakt.
Doodgewone mensen hebben we nodig om mee te leven.
Geen mensen die menen dat de wereld vergaat
als niet iedereen naar hun pijpen danst.
Geen mensen voor wie degenen die anders denken
'idioten' zijn.

God, verlos ons van de bulldozers,
de trompetten en de dikhuiden
en geef ons meer gewone mensen,
doodgewone mensen!

17 JANUARI

NEMEN EN GEVEN

Hoe zul je ooit gelukkig zijn, als je altijd alles
van een ander verwacht en alle schuld op anderen schuift?
Het leven is geven en nemen! Maar men heeft de mensen
schijnbaar alleen maar geleerd te nemen! Neem maar op!
Profiteer ervan! Neem je kans! Laat je niet doen! Protesteer!
En je neemt en je profiteert en je eist
en iedereen die je in de weg staat is je vijand!
En dan zit je plots in de wrijvingen, de ruzies, de wrevel, de haat.
Duisternis en nacht vallen over je hart en over je geest.
Je voelt je bedreigd. Je ziet overal mensen die je kwaad willen.
En je vergeet dat je zelf je eigen vijanden geschapen hebt.

Geluk is eigenlijk een andere naam voor vrede,
tevredenheid, vriendschap, vreugde.
Deze dingen worden je niet in de schoot gegooid.
Kun je niet zomaar eisen van een ander.
Deze dingen krijg je gratis als je zelf beminnelijk bent,
als je nog vertrouwen hebt in de mensen,
als je niet te lui of te laf bent om scheppend en zorgend
bezig te zijn met mensen en dingen,
als je doorheen de grootste ellende hoe dwaas ook,
blijft geloven dat het eenmaal anders wordt.

Je moet eindeloos herbeginnen, niet met nemen,
maar met geven, met troosten, met jezelf te vergeten voor anderen.
En je zult op een dag een zachte zon
voelen branden in je arm mensenhart
en het zal je zoveel deugd doen!

---

18 JANUARI

EEN ZEGEN VOOR ANDEREN

Brieven van deze week! Een weduwe schrijft:
'Ik ben totaal ontredderd. Had een verleden
als een boulevardromannetje. Nu? Eenzaamheid, nutteloosheid,
helse verlatenheid. Zelfmoordgedachten troosten me.
Heb niemand. En die ik heb, zijn als in de bijbel:
naar feestmaal, met gouden kalf bezig, maken hun nagels schoon!'

Een man met 3 kinderen, die z'n vrouw zag weggaan
met de directeur van het kantoor, waar ze werkte:
'Ze woont nu met hem en heeft alles verlaten.
Nu reeds vier maanden geleden.
Ik kom er maar niet overheen, heb geen enkele veerkracht meer.
De ergste pijn voor mij is, dat ik nog van haar houd.'

Weet je, dat voor steeds meer mensen het leven,
ondanks weelde en welvaart, een echte calvarieberg is?
Ontgoocheld, bedrogen, vernederd, verraden, verstoten...
zien ze geen uitkomst meer.
Waarom worden mensen voor elkaar zo dikwijls
een onuitwisbaar verdriet?
Waarom kunnen mensen niet altijd
een vreugde zijn, een genade voor elkaar?

Denk daar eens over na... en probeer door je goedheid
een zegen te zijn voor de anderen, die lijden, die alleen zijn,
en die in hun verlatenheid zoeken naar een medemens,
naar een hand, naar een hart!

19 JANUARI

ONGELUKKIGEN MAKEN NIEMAND GELUKKIG

Je mag niet ongelukkig zijn! Ik kan het niet verdragen!
Als je ongelukkig bent, maak je ook anderen ongelukkig!
Je maakt je meestal te veel zorgen!
Je bent om zoveel dingen ongelukkig! Zeker, je bent mens.
Soms heb je reden om droef te zijn, om te treuren.
Iemand van wie je houdt, is ziek, heeft een ongeluk, sterft.
Ween gerust, als het leed van de ander je pijn doet.

Maar ik vind het erg als je je leven gaat verzuren
om die dagelijkse kleine tegenvallers, een hard woord,
een stuk van je beste servies dat kapot valt,
een schram op je auto, een invitatie die je niet kreeg,
je man die je niet meer zo wild en enthousiast om de hals vliegt,
je vrouw die hopeloos overspannen is en schijnbaar zonder reden,
een rekening die te hoog uitvalt enz.

Deze 101 dagelijkse dingen kunnen soms zwaar wegen,
maar als je je laat gaan, krijgen ze je helemaal klein
en dan wandel je van de ene put in de andere.
Dan stort je niet alleen jezelf in het ongeluk,
maar ook je naaste familieleden, je vrienden
en allen die bekommerd om je zijn.
Dan leg je een druk op heel je omgeving.

Ik zeg je: Dat mag niet! Je mag niet ongelukkig zijn,
omdat je dan niet meer in staat bent wie ook gelukkig te maken.
En dat is toch je levenstaak: anderen gelukkig te maken.
Alleen gelukkige mensen kunnen anderen gelukkig maken.

20 JANUARI

WEER ARM WORDEN

Lieve mensen, lachende gastvrije mensen!
Je vindt ze niet zoveel meer!
Je vindt ze bijna niet meer bij de rijken, de verzadigden!
Zij, die in riante villa's wonen en in luxewagens rijden,
zij, die steeds verdere vakantieoorden opzoeken,
die hebben wat ze wensen en kopen wat ze dromen,
ze zien er dikwijls zo teleurgesteld uit, zo levensmoe.
Een jonge man heeft alles wat hij wensen kan,
een goede vrouw, lieve kinderen, een mooi huis,
een ruim inkomen, alles, en hij vertelt me:
'Ik kan niet leven, ik ben alles aan 't opblazen, ik ben alles moe!'
Een man met 'n netto-inkomen van 100.000 fr. per maand
begint deze week aan een slaapkuur.
Psychiaters staan schijnbaar machteloos.

Ik geloof dat 'n mens arm moet worden, los van alles
om van alles weer ten volle te kunnen genieten.
Je hart verdort naarmate je gevangenzit
in banden van hebzucht, rijkdom, luxe!
Duizend banden binden je als je woont
in de wereld van het geld, van de corruptie en de rijkdom.
Je verliest je spontaniteit en je levenslust.

Word weer arm! Kom los van de dooie dingen!
Word weer als een kind!
Maak je vrij van je zucht om steeds meer te 'hebben',
om steeds meer te 'bezitten'! Wees arm!
'Arm zijn' wil zeggen: je geluk niet verwachten van wat je bezit,
maar van wat je geven kunt van de rijkdom van je hart!

21 JANUARI

GELUKKIGE MENSEN

Zo dikwijls heb ik me zitten afvragen:
waarom is deze mens gelukkig
en die ongelukkig?
Bij het zoeken naar de diepste reden
van menselijk geluk
heb ik nooit het geld gevonden,
het bezit, de luxe, het nietsdoen,
het profiteren, het feesten.

Bij gelukkige mensen vond ik wel altijd
die spontane vreugde om kleine dingen, die eenvoud,
die afwezigheid van dwaze verlangens
en die zekerheid een doel te hebben en een reden om te leven.

Bij hen vond ik nooit enige ongedurigheid
of gepassioneerde jacht om het gouden kalf,
nooit die drang naar zelfverheerlijking.
Ze zijn over het algemeen eerlijk,
open en ongecompliceerd.

Ze bezitten een flinke portie humor,
waardoor het hen mogelijk wordt te lachen,
soms zelfs met hun eigen miserie!

22 JANUARI

ZON IN JE GEDACHTEN

Wist je dat je geluk voor een zeer groot deel
afhangt van hetgeen je denkt.
Heb je nooit gemerkt
dat je eetlust verdwijnt
als je met sombere gedachten rondloopt.

Denk je aan ongeluk, tegenslag,
rampen die je boven het hoofd hangen,
dan kun je niet meer slapen.
Neerslachtigheid en levensmoeheid
zijn het gevolg van donkere gedachten.
Denk nooit: Bah, ik heb geen chance...
ik ga weer ziek worden...
mij valt alles tegen... ik ben moe...
ik ben oud... ik ben arm... ik ben verloren!
Als je zo denkt, trek je de ongelukken en de tegenslagen
als een magneet naar je toe!

Zorg voor goede, frisse, optimistische gedachten.
Denk zonnig!
Denk altijd in alle omstandigheden:
'En toch schijnt de zon!'
Zonnige gedachten vertiendubbelen
je weerstandsvermogen en je werkkracht
en maken ook van jou een gelukkig mens.

23 JANUARI

NOOIT DE MOED VERLIEZEN

Je moet niet te vlug moedeloos worden.
Ik weet het, de omstandigheden, de moeilijkheden,
de tegenslagen kunnen je soms zo terneerdrukken
dat je geen uitkomst meer ziet.
Je bent alles beu...
en je wordt lastig en onuitstaanbaar,
zelfs voor je eigen huisgenoten.

Je ziet alles veel zwaarder dan het eigenlijk is.
De moedeloosheid werkt als een soort verlamming
op je denkvermogen en op je werkkracht.
Dat is uiterst gevaarlijk.
Het is de laatste statie voor de wanhoop.

Gaat het je thans goed,
onthoud dan dat gesprek voor de toekomst.
Wat er ook gebeuren mag, word nooit moedeloos!
Bekijk je eigen moeilijkheden
steeds op een afstand
als waren het de moeilijkheden van een ander.
Dan zie je alles veel klaarder,
dan ontdek je weer lichtpunten.
Want vergeet nooit:
achter alle wolken is er zon!

24 JANUARI

ZICHZELF HELPEN

Het is niet zo lastig gelukkig te zijn!
Ook niet voor jou, die misschien veel miserie kent,
die gebukt gaat onder spanningen,
zorgen en zware moeilijkheden.
Geluk kun je nergens kopen.
Geluk moet je zelf maken, zelf scheppen.

Geluk en ongeluk zijn kinderen
van je eigen hart en je eigen geest.
Als je voortdurend denkt aan ziekte,
tegenslagen, ontmoediging en mislukking
en verschillende keren per dag herhaalt:
'Ik heb altijd tegenslag', 'Niemand houdt van mij',
dan bouw je een muur tussen jou en het geluk.

Vul je geest met blije, positieve en optimistische gedachten
en je hart met een oprechte naastenliefde.
Maak een lijst van de dingen
die je vreugde geven en wees dankbaar.
Kies een paar mensen uit
om vandaag eens bijzonder vriendelijk te behandelen.
Laat je man, je vrouw, je kinderen,
je ouders, je werkmakkers
vandaag een fris en open gezicht zien
en je zult vrede vinden en vreugde.
Je bent op weg naar het geluk!!!

25 JANUARI

DRIE DINGEN VAN ONSCHATBARE WAARDE

Verlang niet te veel van het leven!
Zet een rem op je zucht
naar steeds meer comfort, plezier en genot.
Het leven is geen 'profiteren aan de lopende band'.
Als je alles wilt hebben en alles wilt genieten,
zul je niets genieten
en als een ongelukkige, onvoldane egoïst ten onder gaan.

Je zult slechts gelukkig zijn, als je je met weinig tevredenstelt,
als je blij kunt zijn met de zon
en de bloemen en de lach van een kind,
als je meer voor de andere doet
dan voor je eigen klein persoontje.

Leer dit van de goede paus Johannes XXIII.
Het geheim van zijn grote vreugde
en van zijn diepe uitstraling over alle mensen
lag in zijn eenvoud, zijn armoede en zijn goedheid.
Deze drie dingen kosten geen geld
en zijn van onschatbare waarde.

Leer dus eenvoudig zijn, niet veeleisend,
tevreden met wat je hebt
en wees goed, heel goed.
Goedheid verovert alle harten
en vult ook je hart met een wondere vrede
en een bijzonder geluk!

26 JANUARI

EERBIED VOOR HET WOORD

Je wordt overspoeld door een lawine van woorden.
Woorden tuimelen over elkaar recht op je af
uit kranten en krantjes, uit bladen en blaadjes,
stencils, illustraties, revues, tijdschriften en boeken.
Ze stromen naar je toe uit radio- en tv-toestellen
en via andere kanalen.

Je kunt dat allemaal niet verwerken. Niemand kan dat.
Waar vind je de waarheid in dit verschrikkelijke oerwoud?
Wie zal je leiden in deze eindeloze doolhof?
Zoveel woorden die geen inhoud hebben, leeg, hol en zinloos.
Zoveel woorden, dwaze, harde, schimpende woorden
uit het ziekelijk brein van mensen
die met een ongelooflijke pretentie je de les willen spellen.

We leven op de rand van het geestelijk bankroet.
Er wordt een dodelijke aanslag gepleegd op het 'woord',
dat uitzonderlijke instrument van de menselijke geest.
De weg die leidt van mens tot mens,
van hart tot hart, wordt ondermijnd
en ondanks alle gezwam over dialoog, inspraak en communicatie
staan de mensen meer dan ooit in kortsluiting met elkaar.

Eerbied voor het 'Woord'!
Vul eerst je geest met goede gedachten
en grijp dan pas naar het woord! En laat nooit
een goede gelegenheid voorbijgaan om te zwijgen!

27 JANUARI

HET MIDDEL NIET TOT DOEL MAKEN

Wat is het leven anders als je vriendelijk, lief en mild bent
voor de ander! Of ben je ook al zover dood
dat je vergeet te leven, dat je van een middel
om te leven je levensdoel hebt gemaakt?
Het is toch zo. Je moet werken en geld verdienen
om te leven. Leven. Gelukkig leven, dat is het doel.
Maar de meest dramatische vergissing van onze tijd is,
dat te veel mensen het middel tot doel hebben gepromoveerd.
Ze leven om te werken en vooral
om geld te verdienen, zoveel mogelijk geld.
En zo raken ze heel dikwijls in uitzichtloze problemen.
De basis van hun leven is volkomen fout.

Laat je niet vangen door al dat aanlokkelijke
dat je wordt voorgesteld en mits betaling wordt aangeboden.
Het leven is zeer eenvoudig. Als je eten,
kleding en een thuis hebt, wat wil je dan nog meer.
Dan heb je toch niets anders te doen
dan blij te zijn en voor de anderen een feest te zijn.
Wees toch nooit jaloers op je buur die met het gouden kalf flirt.
Hij is al even dom als het gouden kalf.
Wie eenmaal in de buik van het gouden kalf woont,
zit in een enge gevangenis.

Vergeet niet te leven, vandaag te leven.
Denk aan de anderen, die je moet liefhebben,
die je het beste van jezelf moet geven!
Vergeet niet dat elke dag je wordt aangereikt
als een eeuwigheid om gelukkig te zijn.

28 JANUARI

LICHT EN WARMTE

Ik weet het wel, de boodschap van het evangelie
wordt thans verduisterd en verdacht gemaakt,
soms door mensen die eigenlijk ervoor zouden moeten leven
en ervoor zouden moeten vechten.
Ze beladen christendom en Kerk
met alle kwalen die de wereld teisteren.
Deze mensen zijn als kelners van een groot restaurant.
De kok heeft een goed diner klaargemaakt,
maar zij weten niets anders te serveren dan de schillen!
Vele moderne theorieën komen alleen maar uit het hoofd
en dikwijls alleen maar uit warhoofden!

Het echte christendom komt uit het 'hart van God'
en grijpt de hele mens aan.
Het is niet alleen 'licht' voor de hersenen,
maar 'licht' en 'warmte' voor heel de mens.

Ik hou ervan omdat er plaats is voor de zwakke mens.
Ik hou er zoveel van omdat de armen en de sukkelaars
er de eerste plaats moeten krijgen,
omdat heel dat gamma van mensen,
die nergens geteld en nergens gewild worden, er thuis zijn.
Voor mij is de boodschap van Jezus niets anders
dan de volle ontplooiing van de mens op alle gebied,
een 'feest' voor de mens, op voorwaarde
dat dit 'feest' niet doorgaat op de rug van een ander.
Ik zie buiten het evangelie, buiten Jezus,
de mens geworden liefde, geen enkele uitkomst
uit de huidige verwarring.

29 JANUARI

VREDE MAKEN

Om een beetje gelukkig te zijn,
een beetje hemel te hebben op aarde,
moet je je verzoenen met het leven,
met je eigen leven, zoals het is,
nu, op dit ogenblik!

Je moet vrede nemen met je werk,
met de mensen om je heen,
met hun fouten en gebreken.
Je moet blij zijn met je man, je vrouw,
ook al weet je nu misschien
dat je niet de ideale man,
de ideale vrouw getroffen hebt.

Je moet vrede nemen
met de grenzen van je portefeuille,
met je gezicht, dat je zelf niet gekozen hebt,
met je huis, je interieur, je kleding,
je eigen levensomstandigheden,
ook al is alles bij je buurman veel beter en veel mooier.
Verzoen je met het leven!
Je hebt maar één huid.
Je kunt niet meer geboren worden
in een andere huid!

Zoek vrede met jezelf,
met je levenslot, met je huisgenoten,
met alle medemensen, met God
en je zult vrede vinden, en een heel stuk gelukkiger zijn!

30 JANUARI

EEN GROTE KUNST

Is het dan zo lastig om gelukkig te zijn?
Waarom tobben, zeuren, klagen
en kijken alsof men een liter azijn opheeft?
Waarom niets anders zien
dan slechte mensen en triestige dingen?
Het leven is als een half glas goede wijn!
Pessimisten treuren, omdat het glas halfleeg is,
terwijl de optimisten juichen, omdat het halfvol is.

Het ligt meestal aan jezelf
of je gelukkig of ongelukkig bent.
Vind je het niet fantastisch te mogen leven,
te kunnen spreken, zingen, zien en horen,
handen te hebben om te geven en te helpen,
voeten om te gaan en een hart om lief te hebben!
Je had blind kunnen zijn, doof, gehandicapt...
Je had ongeneeslijk ziek kunnen zijn...
Ja, het had je ook allemaal kunnen overkomen!

Denk daaraan als je lastig,
onhebbelijk en droef bent
om kleine dagelijkse miseries!
'Gelukkig zijn' is een grote kunst!!!

31 JANUARI

FEBRUARI

Begin met een glimlach.
Alleen de optimisten
zullen overleven.

EEN VROLIJK GEZICHT

Start met een glimlach!
Als je een lelijk en
triestig gezicht hebt,
is dat misschien je eigen schuld.
Wie lelijk kijkt,
krijgt 'n lelijk gezicht.
Weet je, dat je gezicht op de eerste plaats
voor de anderen bestemd is.
Je hoeft er zelf eigenlijk alleen maar op te kijken
bij het scheren en bij de make-up.

Komaan, begin elke dag met 'n vrolijk gezicht!
Er is een wisselwerking
tussen je gezicht en je hart.
Alles verandert als je gezicht verandert.
Je wordt niet zo vlug moe van het werk,
als je met een ontspannen
en blij gezicht aan de slag gaat.
Je geniet meer van de goede
en schone kanten van het leven.
Je zet je huisgenoten in de zon.
Je bent sterker in tegenslagen.

Een open, lachend gezicht
is een zegen voor al je medemensen.
Daarom voor elke nieuwe dag: 'Start met de glimlach.'

1 FEBRUARI

JE BENT EEN WONDER

Je bent 'n formidabel iemand!
Hebben ze je dat nooit gezegd?
Diep in je binnenste ben je uniek, onomwisselbaar.
In de eeuwen der eeuwen zal er nooit zo iemand zijn.
Als je de bovenste lagen van je bewustzijn wilt afpellen,
stoot je op het wonder! Je bent een wonder!

Wees jezelf! Het is nodig
om tot een vruchtbaar contact te komen met anderen!
Draag desnoods dezelfde jas en laat je das even breed zijn!
Je mag hetzelfde werk doen en dezelfde hobby's hebben!
Maar laat je niet gelijkschakelen in een maatschappij
waar alle mensen dezelfde reacties moeten hebben
en zich moeten voortbewegen
op de maat van produceren en consumeren!

Het gevecht van je leven is: vrijkomen
van de grijze materie en van een kleurloos bestaan!
Mensen stikken in een zinloze zorg voor bijzaken
en verliezen elke levensvreugde! Keer terug tot de kern!
Tot dat wonder diep in je binnenste
en wees weer eens verwonderd als een kind over jezelf!

En stel jezelf die éne vraag! Voor wat of voor wie leef ik vandaag?
Is het voor geld? Steeds meer geld? Om wat mee te doen?
Je bent gemaakt om liefde en vreugde te brengen!
Je moet dat stukje wereld om je heen veranderen in een paradijs!!
Verwacht niet te veel van anderen! Doe het zelf!
Je bent een formidabel iemand! Je kunt het!

2 FEBRUARI

EEN KOUD OF EEN WARM HART

Een kwade winter is een heel lelijk ding.
Er komt veel leed en miserie onder de mensen.
Maar met een goede verwarming
krijg je de koude winter het huis uit.
Een koud hart is echter veel erger.
Met een koud hart in je ribbenkast ben je
'n ijsbeer, zelfs bij het warmste vuur.
Je bevriest heel de atmosfeer
in het huis waar je woont en werkt.
Met een koud hart kan er nooit vreugde zijn,
nooit echte vrede, nooit een beetje geluk.

Een man met een koud hart is onverschillig, koud en gevoelloos
en voor zijn vrouw, voor zijn gezin en voor zijn medemensen
is hij een ramp voor het leven.
Een vrouw met een koud hart is meestal verbitterd.
Ze is voor haar omgeving hard en vol wrok.
Bij elk contact daalt onmiddellijk de barometer.
Koude harten maken onze wereld tot een poolvlakte,
onherbergzaam en onbewoonbaar!
Kijk eens even naar je eigen hart!
Waarom kun je niet wat meer
menselijke warmte brengen daar waar je leeft
en vooral bij de armen en de kleinen.

3 FEBRUARI

GEMAAKT VOOR DE VREUGDE

Iedere mens heeft behoefte
aan een gezonde levensfilosofie, ook jij!
Je moet leren 'spelenderwijze' te leven, nu, vandaag!
Een echte gezonde levensfilosofie
moet gebaseerd zijn op vreugde en verrijzenis,
niet te veel op de sombere kanten van dit tranendal!
Sterfgevallen in de familie, verlies van geld, goederen of relaties,
het piekeren over belastingen, over huizen, hypotheken,
over eenzaamheid en alle mogelijke levensmoeilijkheden
hebben zeer veel mensen ziek gemaakt
en sommigen zelfs vroegtijdig gedood.

Je weet toch dat optimisten langer leven dan pessimisten.
Triestige mensen, ik wil niet zeggen mensen,
die verdriet hebben gehad,
maar mensen, die altijd en om alles triestig zijn.
Deze mensen worden zelden oud.
Maak je een levensfilosofie eigen die zegt,
dat de mens geen robot is, geen productiemachine
en consumptiefactor in een jachtige wereld,
maar een kind van God.
Probeer te geloven in een God, die Vader is,
die niet wil dat je voortdurend je tegenslagen herkauwt,
je jong verdriet of je oud verdriet cultiveert.
Hij heeft je gemaakt voor de vreugde.
Zoek in de goede richting en je zult vinden.

4 FEBRUARI

ONDER MENSEN

Ik word hoe langer hoe meer geboeid door de mensen.
Het is een dagelijks avontuur,
wanneer je er welwillend en vol overgave mee omgaat.
Wanneer je verwonderd kunt zijn, niet alleen over dat lichaam
dat je kunt zien en aanraken,
maar vooral over het ondoorgrondelijke mysterie
dat je in zo'n wondere verpakking zeer nabijkomt
en tegelijkertijd toch oneindig ver weg en onbereikbaar blijft.

Zeker, er zijn mensen met glazen gezichten,
waar je dwars doorheen kunt kijken en mensen zonder gezicht,
die je voorbijhollen, alsof ze aangezogen worden
door een geheimzinnige macht die hen geen rust gunt.
Ik begrijp niets van de mensen. En toch hou ik ervan
en kan ik ze niet missen.
De mensen die mij nodig hebben
en de mensen die ik nodig heb.

Mensen met vragende ogen, met gespannen gezichten.
Mensen die lijden. Mensen die wanhopig zijn en verbitterd.
Mensen die niet meer in staat zijn van wat ook te genieten.
Je probeert ze los te maken uit hun eigen enge gevangenis.
En dan zijn er nog de mensen
die je doen nadenken, de mensen die je doen lachen,
de mensen die blij zijn je te zien en het ook zeggen.
En de vele goede, eenvoudige mensen met een verborgen
onbegrijpelijke rijkdom in hun hart.
Het is dikwijls een feest onder de mensen te zijn!

5 FEBRUARI

GRILLEN EN KARAKTER

De meeste mensen zijn als het weer:
zeer onstandvastig! Ze zitten vol luimen en grillen.
Zeg nu niet: 'Het zijn de vrouwen die wispelturig zijn
en nooit weten wat ze willen.'
Ook de mannen zijn in onze tijd misschien meer dan ooit
onderhevig aan gemoedsstemmingen.

Als je alleen maar leeft op de maat van je gevoel
en de maat van je grillen,
dan ben je de ene keer los en uitgelaten
en de andere keer zit je diep in de put.
Een kleinigheid, een licht misverstand,
een onvoorzichtig woord
kan dan de grootste stormen en buien verwekken.
Dit is heel triestig voor huwelijk, gezin en samenleving.

Het leven is zoveel mooier en gelukkiger
als je karakter hebt.
'Karakter hebben' betekent de kracht bezitten
om tegen jezelf 'neen' te zeggen
en niet altijd toe te geven
aan eigen verlangens en begeerten.
Oefen je elke dag!
Weg met alle grillen.
Laat je gezicht opklaren
en houd het op 'beau fixe'.

6 FEBRUARI

VERZORG JE GEZICHT

Heb je deze morgen in de spiegel gekeken?
Hoe zag je gezicht eruit? Fris, flauw, lusteloos?
Hoe was je gezicht vóór de make-up?
Want dat is je echte gezicht!
Vergeet nooit dat je gezicht eigenlijk voor anderen bestemd is,
dat die anderen erop moeten kijken en dat er niets
zo deprimerend werkt als uren en dagen lang
tegen een onvriendelijk, lelijk gezicht te moeten aanzien.
Je gezicht is meer dan een mooie façade,
meer dan een uithangbord, meer dan een visitekaartje.
Verzorg je gezicht niet alleen voor jezelf,
om jezelf voor de spiegel mooi te vinden,
maar vooral voor die anderen.

De beste verzorging is niet het uitsmeren van schoonheidscrèmes
of het epileren van wenkbrauwen, het aanplakken van wimpers
en het aanbrengen van oogschaduw.
Verzorg je gezicht vooral van binnenuit.
Leg 'licht' en 'vrolijkheid' in je ogen.
Ontspan je mond tot een glimlach.
Maak je gezicht tot een vriendelijk gezicht.
Maar, ik verzeker je, dat kun je slechts als je wat dieper
in je eigen hart schoonmaak houdt.

Haal daar weg al dat getob en gepieker.
Weg ook met dat triestig herkauwen van je dagelijkse ergernissen.
Toon je beste, je vriendelijke, je lachende gezicht
en het zal voor mensen niet moeilijk zijn om van je te houden.

7 FEBRUARI

WAAR VREDE BEGINT

Is men op grote schaal bezig de mensen krankzinnig te maken?
Ik vraag het me soms af. Er worden zoveel zinloze woorden
gesproken, zoveel stompzinnigheid tentoongespreid
en er gebeuren zoveel onzinnige dingen,
dat je gewoon zou gaan wanhopen aan een betere wereld.
De mensen willen vrede. Ze willen liefde. Ze willen geluk.
En ze lopen precies de andere kant op.

Ik lees een tijdschrift over 'vrede'
en zelfs dat steekt vol geweld. Geweld van woorden,
waardoor anderen gehalsrecht worden.
Geweld in zware beschuldigingen aan het adres van enkelingen
die verantwoordelijk worden gesteld voor alle kwalen ter wereld.
Waarom zoveel stenen zoeken om anderen te stenigen?
Als je iemand beschuldigt en veroordeelt, zeg je tegelijkertijd:
'Ik ben beter' en je plaatst jezelf op de rechterstoel.
Maar wie met stenen gooit, krijgt zelf vuile handen!

Ik zal je zeggen waar de vrede begint.
De vrede begint bij jezelf.
Niet op het slagveld waar iemand verslagen moet worden,
maar in je eigen woorden en daden.
Niet aan de conferentietafel begint de vrede,
maar in het afstand doen in je eigen leven
van elke macht die een verdrukking kan inhouden van anderen
en van elk bezit, dat tot uitbuiting leidt.
Weiger elke vorm van geweld in je eigen huis
en in je eigen hart, opdat er plaats zou zijn
voor vrede en liefde en waarachtig geluk.

8 FEBRUARI

MEDICIJN TEGEN SLECHT HUMEUR

Je moet vriendelijk zijn,
niet alleen 's avonds als het werk af is
en niemand je lastigvalt.
Niet alleen als je je met vrienden amuseert
of als er vreemden op bezoek zijn.
Je moet vriendelijk zijn op de eerste plaats thuis
met eigen man of vrouw, met vader en moeder
en alle huisgenoten.

Je moet vriendelijk zijn overal,
zelfs als iemand je op de tenen staat.
Trek 's morgens geen ongezellig en getrokken gezicht,
want dan krijg je die triestige morgenziekte.
Ga op tijd slapen!
Want morgen moet je vriendelijk zijn!

Slecht humeur kan men niet genezen met pillen.
Maak van je ontspanning geen
zenuwslopende nachtelijke bezigheid.
Wees geen slaaf van je tv
en ga weer eens op tijd slapen.
Je zult ondervinden: een goede, gezonde nachtrust
is een krachtig medicijn tegen slecht humeur
en tegen vele andere moderne kwalen.
Als je uitgeslapen bent en vriendelijk,
gaat alles veel beter
en voel je je gelukkiger!

9 FEBRUARI

EEN BRUG OF EEN MUUR

Wat staat er tussen jou en je huisgenoten?
Een muur of een brug?
Je woont met anderen onder eenzelfde dak, in eenzelfde straat.
Je werkt met anderen op hetzelfde kantoor, in dezelfde werkplaats,
je studeert in dezelfde school,
je eet hetzelfde brood
en toch ben je misschien vreemden voor elkaar
en heb je muren van onverschilligheid, wantrouwen,
onbegrip en liefdeloosheid opgetrokken.
Breek deze muren af en begin een brug te bouwen!

Als je jong bent, bouw dan de brug naar je ouders.
Zij zijn bekommerd om je. Tracht hen te begrijpen.
Ben je vader of moeder,
bouw dan de brug naar je lastigste kind.
Wees goed en vooral geduldig.
Geef je les, hou dan van je leerlingen.
Ze zijn meer dan een pak hersens
die volgepropt moeten worden.

Wie je ook zijn mag, begin vandaag nog met je vrij te maken.
Breek alle muren af en open de brug.
De glimlach
is de beste brug naar jouw medemens!

10 FEBRUARI

ZEG VANDAAG NOG IETS GOEDS

Gedraag je nooit als een brombeer met zwarte bril,
die alleen maar grommen kan.
Die nooit iets goeds weet van een ander.
Die een prestatie nooit waardeert,
maar bij de minste fout de tanden laat zien
en heel de omgeving tiranniseert.

Wees ook geen ijsbeer, koud en onverschillig,
die in huis en op het werk alle gezelligheid bevriest
en die met geen glimlach, geen goedheid
en geen vriendelijk woord te ontdooien is.
Wees mens en toon je hart!

Probeer vandaag nog iets goeds te zeggen
van je man, je vrouw, je buurman
of je schoonmoeder.
Dat is niet zo lastig als je denkt
en de reactie is fantastisch!
Je man, je vrouw, je buurman of je schoonmoeder
worden plots heel anders, veel inschikkelijker,
ze glimlachen en alles loopt op wieltjes.

Zeg gemakkelijk 'dank je' voor alles
wat een ander voor je doet, voor het eten dat op tafel komt,
voor elke kleine vriendelijke attentie
thuis, op straat, op trein en autobus.
Met een beetje goede wil kun je
de wereld beter en mooier maken.
Waarom langer wachten?

11 FEBRUARI

WEES NOOIT HARD

Wees zachtmoedig! Je weet hoe klein, hoe arm, hoe eenzaam
de mensen zijn, hoe teer en kwetsbaar!
Je weet dat er tranen zijn die door niemand getroost worden.
Je weet dat er nauwelijks een grotere droefheid is
dan de droefheid van een hart dat door niemand wordt verstaan.
Je weet dat het leven voor sommige mensen
een onduldbare pijn is. Wees zachtmoedig!

Doe je best om mensen te begrijpen,
te helpen. Treed binnen in hun leed, in hun verlatenheid.
Daal af van de heuvel van je zelfgenoegzaamheid,
naar het dal van de mensen die alleen zijn, en die lijden,
naar mensen in de vlakte zonder beschutting of geborgenheid.
Wees nooit hard, ook niet in je oordeel!

Wees zachtmoedig en probeer hun heimwee naar geluk
te verstaan in hun soms dwaze verlangens en begeerten.
Dan zul je zelf gelukkig zijn.
Dan komen in je eigen eenzaamheid, in je eigen zwakheid
van die heerlijke momenten, die je uittillen
boven de alledaagse sleur van het leven.

Je zult een klein hart hebben dat gauw ontroerd is.
Maar ook een enorm goed hart
waarmee je alle mensen in je armen zou willen sluiten.
Wees zachtmoedig! Daarin ligt de uiteindelijke troost
voor alle mensen in de kou van onze
door paperassen en computers geregelde
ijskoude samenleving.

12 FEBRUARI

HOU VAN JE DAGELIJKSE ARBEID

Je geluk ligt voor een groot stuk in de vreugde
die je vindt in je dagelijkse arbeid.
Als je tegen je zin naar fabriek of kantoor gaat;
als je tegen je zin het huishouden doet,
tegen je zin studeert en tegen je zin werkt;
als je alleen maar leeft,
omdat er een vrijdagavond en een zaterdagavond is,
omdat er een discotheek is,
omdat er een tv en een computer is;
als je alleen maar leeft omdat er in de zomer een strand is aan zee
en omdat er een auto is waarmee je vluchten kunt...
Als het je alleen maar om die dingen te doen is,
dan beklaag ik je,
dan mis je duizend kansen
om gelukkig te zijn.

Gebruik hersenen en hart
en hou van je dagelijks werk,
want door je werk ben je verbonden met duizend medemensen
die je op de een of andere wijze nodig hebben.
Daarom, doe je werk met liefde,
dan hoef je niet
te wachten tot vrijdagavond
om een blij gezicht op te zetten.

13 FEBRUARI

OEFENEN IN DE MORGEN

Neen, je hebt geen lelijk gezicht.
Dat geloof ik niet. Alle gezichten zijn mooi
als er een goed hart achter steekt.
Daarom, ga rustig elke morgen voor de spiegel staan
en begin met de volgende geestestraining.
Kijk naar je eigen snoet
en zeg met al je overtuiging:

Mens, wees content dat je leeft.
Vandaag geen kniezen en zeuren.
Niemand heeft iets aan je triestig gezicht.
Het wordt een goede dag.
Wees God dankbaar en leef eenvoudig.
Niet zoveel roken.
Eet en drink niet te veel.
Deel, want ergens lijden mensen
honger en dorst.
Lig niet plat onder je zorgen
en ga op tijd slapen.
Houd je hart vrij van jaloezie en haat.
Doe alles met liefde.

Ziezo, als je deze kleine oefening volhoudt,
kom je lichamelijk en geestelijk in goede conditie.
Je wordt ontspannen en blij.
Geloof me, na een maand ben je een ander mens,
een gelukkig mens.

14 FEBRUARI

HET ENIG BELANGRIJKE

Het is heerlijk: mens te zijn, te leven!
Gewoon mens zijn, naar de lucht kijken, naar de zon,
naar de bloemen en in de nacht naar de sterren.
Gewoon eenvoudig leven, goed zijn, niet alles willen hebben,
niet jaloers zijn, niet zagen en klagen, helpen,
meedoen, troosten, 'n zieke bezoeken,
er zijn als een ander je nodig heeft, je moe maken voor anderen,
en dit alles niet omdat het moet, maar omdat je er zin in hebt,
omdat je mens bent, medemens, omdat je leeft.

Ken je het gevaar dat je in deze tijd bedreigt?
Je leeft in de eeuw van het 'nuttige'!
'Waar dient het voor?' vragen de mensen.
'Welk nut heeft het? Wat brengt het op?'
Men berekent de kostprijzen en de efficiency!
Men heeft het druk. Men is overbelast. Men rekent.
Er moet geld uitkomen. En men vergeet
dat de schoonheid van het leven te vinden is
in momenten dat men niet rekent, dat men gewoon mens is,
dat men gewoon eenvoudig en tevreden leeft.

De mensen leven steeds langer, maar worden niet steeds vrolijker.
Ze menen nog altijd dat het geluk van een mens erin bestaat
veel te hebben, weldoorvoed te zijn en lang te leven.
Verdedig je. Je bent geen machine, je bent méér
dan je functie, méér dan je beroep, je vak, je werk!
Je bent op de eerste plaats 'mens', om te leven, om te lachen,
om lief te hebben, zomaar om een 'goed mens' te zijn.
En dat is het enig belangrijke op deze wereld!

15 FEBRUARI

VRIJ OM TE KUNNEN GENIETEN

Om te kunnen leven, moet je kunnen genieten!
Rustig kunnen genieten! Ik heb het niet over
die dwaze, soms ziekelijke genotsdrang
waardoor zoveel mensen bezeten zijn
en die zoveel mensen in de leegte en in het ongeluk stort!
Het wild begeren van alle mogelijke en onmogelijke dingen
die een consumptiemaatschappij je in de schoot wil werpen,
voert je regelrecht naar de draaikolk waarin je
naar beneden wordt gezogen naar de wereld van de instincten!

Om te kunnen leven, moet je kunnen genieten!
Om te kunnen genieten, moet je vrij zijn,
vrij van elke jacht naar bezit, vrij van elk onzinnig begeren,
vrij van jaloersheid, wrok en haat, vrij van elke passie
die je innerlijk verdeelt en uit elkaar scheurt!
Om te kunnen genieten, moet er een gezonde harmonie
totstandkomen tussen je gevoelsleven, je mentaliteit
en je verhouding tot mensen en dingen!

Als je kunt genieten, kun je lachen en juichen.
Dan ben je dankbaar dat elke morgen de zon voor je opkomt.
Dan voel je je zalig omdat je bed zacht is en je huis warm.
Dan ontmoet je vriendelijke mensen
en komt de vriendschap van God naar je toe
in elke glimlach, in elke bloem, in elk goed woord,
in elke hand, in elke omhelzing!
Als je rustig kunt genieten van de kleine dingen,
dan ben je in een tuin vol zaligheid.

16 FEBRUARI

GEEN KLAAGMUUR

Ik geef toe dat er heel wat dingen zijn,
waarover men kan klagen. Maar ik stel je de vraag:
Heeft dat klagen ooit iemand uit de nood geholpen?

'Klagen' verlamt iedere activiteit en iedere vooruitgang.
De dagen die je vult met klagen,
zijn je slechtste dagen.
Er wordt niets gedaan, je krijgt lood in de benen
en je vergalt het leven
van je huisgenoten, vrienden en kennissen.

Zeker, iedere mens heeft zijn zorgen en zijn leed,
maar zaag er toch niemand de oren mee af.
Je medemens is geen klaagmuur!
Waarom toch altijd dat geklaag over de slechte tijd,
de slechte mensen, het weer
en over echte en ingebeelde ziekten.

Er zijn nog zoveel mooie en goede dingen
waarvoor we dankbaar moeten zijn
en waarover we ons samen moeten verheugen.

17 FEBRUARI

HUMEUR EN FUTILITEITEN

Ben je slechtgehumeurd?
Heb je daar de oorzaak al eens van opgespoord?
Een scheef gezicht of een bits antwoord van je baas?
Een opmerking van je vader of moeder?
Kritiek van een vriendin op je kleding of je haartooi?
Een minder prettig karwei
of een kleine ruzie met je man of je vrouw
over een verloren voorwerp, de kleur van 'n tafellaken
of een tv-programma?

In momenten van zwaar leed –
en wie van ons maakt die niet door –
lijken die dingen vreselijk kinderachtig
en begrijpen we niet hoe ze eenmaal
onze innerlijke vrede konden verstoren.

Wat voor zin heeft het te gaan piekeren over futiliteiten,
als het leven zulke grote vreugden en zulk groot leed kan brengen.
Sla een dagblad open, kijk naar het tv-nieuws,
luister naar de radio en je verneemt
de ontzaglijke zorgen en drama's van je medemensen.
Daarbij verdwijnen je dagelijkse moeilijkheden in het niet.

Slecht humeur en piekeren lossen niets op!
Spaar je energie liever
voor het oplossen van problemen die echt belangrijk zijn!

18 FEBRUARI

NIET ELKE DAG TONEELSPELEN

Welk gezicht heb je?
Is het werkelijk je echte gezicht
of is het een soort masker voor dagelijks gebruik
in omgang met medemensen?

Dat je met carnaval een ander gezicht kiest,
is begrijpelijk.
Iedereen heeft wel eens behoefte
om zot te doen en vindt het lollig
te paraderen met een geweldige neus
of weg te kruipen achter het gezicht van een clown,
een grote meneer, een dikke madam
of een halvegare met een zwarte snor.

Goed, wees clown voor één dag,
dat kan gezond zijn.
Maar speel niet alle dagen komedie.
Verander niet van gezicht
zoals je van jas verandert.
Poeslief voor bepaalde vrienden en vriendinnen,
stom en bot in de huiskring,
hard voor wie je de baas kunt
en knikkend en buigend naar boven toe.
Laat je gezicht altijd de spiegel zijn van je hart,
maar zorg eerst voor een goed hart!

19 FEBRUARI

GEEN VERSLAVING

Wanneer je hart en je hoofd vol zijn van dingen,
waarvan je slaaf bent, dan mis je veel echte levensvreugde.
Zo kun je slaaf zijn van je geld, je computer, internet!
Zo kun je verslaafd zijn aan eten, drinken en roken, aan seks!
Je kunt zelfs slaaf zijn van je hobby!
Het zijn allemaal goede dingen. Ze horen bij het leven.
Maar als een van deze dingen een afgod voor je wordt,
een moderne afgod, waarvoor je in aanbidding ligt,
dan verlies je je werkelijke vrijheid en je levensvreugde.
Je ligt aan de ketting. Je wordt slaaf.

Geniet van alles, maar word nooit en nergens en van niets slaaf!
Gebruik je geld om te leven en te laten leven,
maar laat je niet wurgen door de hebzucht.
Gebruik je auto, je computer zo,
dat ze je samenleven met anderen niet verstoren.
Wees sober in eten en drinken en roken.
Dat is gezond. Je buik mag je baas niet zijn.
Ook de veelgeprezen seks mag je leven niet overwoekeren.
Zelfs je hobby kan je tiran worden
als hij in je leven geen plaats meer laat voor anderen.

Waar lig je gebonden? Maak je vrij!
Alleen de ware liefde voor je medemensen maakt je vrij!
'Bemin en doe wat je wilt,' zei Augustinus.
Bemin, vergeet jezelf, geef jezelf
en duizend onverwachte vreugden zullen
als sterren voor je uit de hemel vallen!

20 FEBRUARI

OPEN VOOR COMPROMISSEN

Wees geen stijfkop!
Koppigheid is zulk een verderfelijk gebrek,
dat het heel je leven kan verpesten.
Koppigheid duidt op kortzichtigheid,
eigenzinnigheid en ikzucht.
Ben je koppig, dan staat bij u mijnheer 'ik' op de voorgrond.
Mijnheer 'ik' weet alles en duldt geen tegenspraak.
Mijnheer 'ik' kan zich nooit vergissen.
Mijnheer 'ik' heeft altijd gelijk en zal nooit toegeven.

In huwelijk en gezin ontstaan hierdoor
de grootste spanningen, moeilijkheden en miseries,
want zo'n eigenzinnig koppige man of vrouw
vernietigt alle vreugden en elk geluk.
Ze worden bokkig, wrevelig, weerbarstig en onhandelbaar.
Voor de samenleving is een eigenwijze stijfkop een echte ramp.

Wees toegeeflijk en meegaand!
Misschien heb je door je koppigheid
een goede vriend verloren,
misschien al heel wat geluk vertrapt,
geluk dat de mens nodig heeft als de lucht om te leven.
Je kunt nog alles herstellen, als je
elke dag opnieuw vecht tegen je eigen koppigheid.
In goedheid, vriendelijkheid en eenvoudige liefde
ligt oneindig meer vreugde dan in koppigheid.

21 FEBRUARI

IEDEREEN WIL MEER

De welvaart tast ons allen aan.
Wij weten niet hoeveel idealisme
zij reeds in ons gedood heeft,
hoeveel bereidheid tot gave zij heeft vernietigd,
hoezeer zij onze belangstelling
heeft gericht op louter stoffelijke dingen.

De hedendaagse mens is niet zo gelukkig
als onze welvaart zou doen geloven.
Integendeel! Bijna niemand
schijnt content met het stuk van de 'koek'
dat hem toegewezen wordt. Iedereen wil meer.
Ambtenaren met een goed inkomen willen meer,
dokters met 20 eigen huizen willen meer,
mensen met een bloeiende zaak willen meer,
bedienden, arbeiders willen meer, iedereen wil meer
en zo zijn we bezig aan de langzame zelfmoord
van onze eigen welvaartsstaat.

Waar iedereen wil krijgen en niemand wil geven
is een gelukkige, welvarende gemeenschap onmogelijk.
We zijn ziek, onze partijen zijn ziek,
ziek van eigenbelang, kortzichtigheid en egoïsme.
Elke crisis is het openbreken van een zweer
die reeds lang kankert in onze instellingen
en in de mentaliteit van onze mensen.

22 FEBRUARI

GROTE BUIK

Onze tijd gaat de geschiedenis in
als de tijd van de hebzucht! Dit zei onlangs een geleerde,
toen hij het had over de 'maatschappij van morgen'.
Hoor je iemand praten over 'vooruitgang',
dan heeft hij het praktisch uitsluitend
over 'nationaal inkomen', 'welvaart', 'macht' en 'techniek'.

Alles is gericht op een puur materiële behoeftebevrediging.
Heel het openbaar leven schijnt afgestemd
op het bijna permanent prikkelen
van de haast animale gulzigheid van het menselijk wezen.
De menselijke hebzucht wordt overal
al dan niet kunstmatig geprikkeld en gevoed.
Als je een standbeeld zou oprichten van deze tijd,
dan zou je een 'grote buik' op een voetstuk moeten plaatsen.
Daarop zet je een hoofd,
gevuld met een rekenmachine en een computer.
Waar je met het hart moet blijven, weet ik ook niet!

Het is hoog tijd
de 'geestelijke' waarden te herwaarderen.
Onze miserie is niet: gebrek aan welvaart,
comfort en façade
maar gebrek aan eenvoud, soberheid,
goedheid en goede gedachten.

23 FEBRUARI

HUMOR ONTSPANT

Als je ziet met wat een dodelijke ernst
mensen bouwen aan hun eigen gewichtigheden,
vol zijn van zichzelf
en zich afsloven voor het ophouden van hun façade,
dan krijg je oprecht medelijden.
Ze hebben de echte levenswaarden gedevalueerd
om zich te begeven in een doolhof
waar ze gewichtig, wetenschappelijk
en met een verschrikkelijke ernst het 'egoïsme' pratikeren.

Ik zou willen bidden: Heer, geef ons zin voor humor.
Geef ons de moed om te lachen
met de overgewaardeerde ijdelheden
en met de stompzinnige zelfgenoegzaamheid van de dikhuiden
die de wereld soms tot ons zendt
om de vrede en de vreugde van ons weg te nemen!

Ja, we moeten meer lachen! Lachen is gezond!
Denk je wel genoeg aan dit facet van je gezondheid?
De lach bevrijdt! De humor ontspant, zuivert,
geeft je gevoel voor betrekkelijkheid.
Humor lacht om eigen gewichtigheid
en maakt je weer als een kind!
Lach en humor bevrijden je van overdreven zorgen
en van die dodelijke sleur waarin je sommige dagen stikken zou.
De lach en de humor scheppen in je hart
nieuwe ruimte voor de mensen om je heen.

24 FEBRUARI

MEER ECHT FEESTEN

Ik zie de mensen naar het feest gaan!
Het is de tijd van carnaval, de tijd om gek te doen,
om je eens buiten je eigen vel te voelen achter een masker.
Je mag doen wat je wilt, hoe zotter hoe liever!

Maar waarom moeten zoveel feesten uitmonden in braspartijen
en andere uitspattingen? Waarom is men zo moe
na het feest, zo doodop? Ieder feest zou
de mens moeten laten proeven van de echte levensvreugde.
Als het feest niet meer is dan het bevredigen van je gulzigheid
en je genotzucht, helpt het je niets vooruit.
Feesten waarvan je achteraf moet walgen,
zijn slecht voor je gezondheid en verstoppen de poriën
waarmee je de levensvreugde kunt inademen.

We moeten ons de vraag stellen
of we niet de zin van het feesten verloren hebben!
Ik ben ervan overtuigd dat we beter zouden kunnen feesten
en er meer deugd aan zouden hebben,
als we de zin van het vasten en de onthechting zouden kennen,
en als we niet zo oververzadigd waren.

Er zijn inderdaad twee manieren van leven.
De ene begint met soberheid en eindigt met het feest.
De andere begint met feesten en eindigt met
hoofdpijn, levensmoeheid, onvoldaanheid en allerlei neurosen!

25 FEBRUARI

GEEN MASKER OP JE HART

Het is voor de mens moeilijk
zijn evenwicht te bewaren
en altijd zijn 'eigen' gezicht te dragen!
Kijk naar carnaval. Zie hoeveel mensen
naar zo'n mombakkes grijpen en in het wilde feest
van serpentines, maskers en confetti
hun verstand verliezen.
Carnaval is mensonwaardig
als het een alibi wordt voor de banaalste uitspattingen.

Vier carnaval in een gezonde geest.
Wees uitgelaten maar niet losgelaten.
Zet een masker op je gezicht
maar niet op je hart.
Wees voor één dag een clown met bellen en toeters,
maar verval niet in braspartijen en zedeloosheid,
opdat je, als het spel voorbij is,
niet moet treuren bij de wrakstukken
van een gebroken huwelijks- of gezinsleven.

Pas op voor de onbekenden,
die, gedekt door een goedgekozen vermomming,
zich mengen in het feest
en met een ziekelijke bedorvenheid zoeken naar een prooi!
Vier gerust carnaval, maar vergeet niet
dat er een vasten komt.
Een tijd om je brood en je rijkdom
te delen met de miljoenen die sterven van honger!

26 FEBRUARI

ONTSPANNEN

Leef toch niet zo gespannen!
Gespannen als je schrijft, gespannen als je leest,
als je luistert en als je werkt!
Denk niet zo gespannen aan je zorgen,
je moeilijkheden, aan de dag van morgen!
Gespannenheid is oorzaak van onnodige vermoeidheid,
en is het begin van overspanning
die leidt tot vroegtijdige nerveuze slijtage!

Als je moet bekennen: 'Ik ben moe
en ik heb toch niets speciaal vermoeiends gedaan',
is dat een teken dat je te gespannen leeft!
Leer 'ontspannen' te leven en ook te werken.
Ontspan je handen, je gezicht, je spieren.

Kijk wat meer naar kinderen
en wat minder naar duizend dure dingen
in winkels en straten.
Kijk wat meer naar je medemensen
en wat minder naar je tv.
Zorg voor innerlijke ontspanning, voor vrede en lach wat meer!
Dan zul je zeker langer en gelukkiger leven!

27 FEBRUARI

HONGER NAAR BLIJVEND GELUK

In onze tijd vol jacht naar geld,
comfort, plezier en genot
worden vele mensen zenuwachtig, onzeker en angstig.
Ze kennen in hun binnenste geen vrede meer.
Ze worden dikwijls gekweld
door een haast onweerstaanbaar verlangen
naar steeds nieuwe prikkels.

Je zult nooit in staat zijn je hart
een voortdurende bevrediging te schenken!
Denk eens heel even terug aan alle genoegens
die de wereld je hart heeft kunnen bezorgen.
Ben je niet een beetje ontgoocheld?
Tijdens en vooral na de dolste roes
kan een mens zich soms doodongelukkig voelen.
Na een kort ogenblik van genot
blijkt dat de winst niets anders is
dan een nog grotere onrust.

Je hart verdraagt geen 'ersatz'!
Je hart zal slechts vrede vinden en rust
in goedheid en schoonheid, in God,
die 'Vader' is en die 'liefde' is. Zonder het te weten
hongert jouw hart naar 'blijvend' geluk
en wee jou, als je je met minder tevredenstelt!

28 FEBRUARI

NAR MET DE NARREN

Als je met carnaval mensen tegenkomt,
dan weet je niet goed wat je eraan hebt.
Als je zo'n Jan Klaassen door de straten ziet bengelen,
weet je niet of daar de secretaris van een zeer geachte instelling
achter 't mombakkes zit
ofwel een arme sukkelaar
die voor één dag eens in een andere wereld wil leven.
Met carnaval is men nar met de narren en lacht men hierom.

Maar als de mensen na carnaval vergeten
hun masker af te zetten,
heeft men geen zin meer om te lachen.
Zorg dus, dat de mensen
die je dagelijks ontmoet, nooit bedonderd
en bedrogen worden door je!
Sta altijd en overal volkomen eerlijk
tegenover je medemensen.

Carnaval is goed voor één of twee dagen,
maar wie van heel het leven een carnaval maakt,
komt vreselijk tekort aan de eerbied
waar iedere mens recht op heeft
en breekt de samenleving af.
Help mee een wereld op te bouwen zonder maskers!
Hou van de mensen om je heen,
dan zul je ze te goed vinden
om ze te bedriegen!

29 FEBRUARI

MAART

Sta op uit de nacht
van de moedeloosheid.
Naar een nieuwe lente toe!

DE LENTE IS DAAR

Je moet elke morgen dankbaar zijn voor de nieuwe dag!
Of ben je bang voor het leven? Weegt het je te zwaar?
Ga je elke avond naar bed met een zucht van verlichting:
'Goddank! Alweer een dag voorbij!'
Misschien verveel je je dood
en is alles zinloos en nutteloos voor je geworden.
Mogelijk zijn de vier wielen van je auto
je voornaamste lichaamsdelen geworden
en heeft de kleine 'lichtbak' je alle gezelligheid ontstolen.
Mogelijk snak je voortdurend naar amusement,
dat je nooit voldoet!

Je bent nu geen mens meer, als je onder de druk
van de heersende mentaliteit
je hebt laten herleiden tot een wezen dat
produceert, geld verdient en verbruikt.
Er bloeien geen bloemen meer voor je, omdat je ze niet ziet!
Er spelen geen kinderen meer voor je.
Er lachen geen mensen meer, omdat je dood voor hen bent!
Er is geen rust, geen vrede en geen vreugde meer,
omdat je elke liefde hebt laten sterven in je hart.

Je zoekt het geluk, waar je het nooit zult vinden,
in levenloze, zinloze dingen, die je nooit verzadigen!
Verander jezelf vanbinnen. Bekeer je.
Word weer mens, want morgen
komt de zon op en binnenkort is het lente
en je zult er niets van merken.

1 MAART

VERANDER VANBINNEN

Ben je moe en lusteloos?
Heb je je laten dooddrukken
door de vele zorgen en moeilijkheden...
zodat de fut eruit is,
de geestdrift, de levensdrang?
Hecht je niet veel waarde meer aan het leven
en is alle vreugde weggestroomd
langs diepe wonden in je hart?

Neem het dan toch niet te tragisch op
en probeer je te herpakken,
niet met alcohol en verdoving,
waarna de pijn des te feller wakker wordt.
Zoek rustig naar het licht, de waarheid, de vrede,
zoek God. Als je God zoekt, komt alles goed.

Ledig elke avond je geest,
zoals je je zakken zou leegmaken.
Gooi er alle zwarte, pessimistische en kwade gedachten uit
en bid God dat Hij in stilte
je vanbinnen zou veranderen
en je vullen met energie,
optimisme en levensmoed
en tot je eigen verbazing zul je spoedig
ontwaken als een nieuwe mens.

2 MAART

TOTAAL VAN STREEK

Er komen in ons leven van die donkere en zwarte dagen
dat ons alles voor de ogen draait,
dat we geen houvast meer hebben, dat we bang worden.
Bang voor onszelf.
Ons gevoelsleven is ontredderd en in alarmtoestand.
Dan komen er van die dwaze dingen door,
die anders wellicht nooit de kans hadden gekregen
aan de oppervlakte te raken.
En dat gebeurt dan gewoonlijk zo onverwachts,
dat wij er totaal door van streek gebracht worden
en gaan denken en menen dat er God weet wat aan de hand is.
We kennen onszelf niet meer terug
en lopen ernstig gevaar voor vertwijfeling en ontmoediging.
Er is zo bitter weinig nodig
om ons uit ons lood te slaan
en ons lam te leggen.

Proberen we echter
er niet meer belang aan te hechten dan het waard is
en er ons alleszins niet te veel over te verwonderen.
Houden we steeds goed vast:
wat er ook gebeure in ons leven,
God is Vader en Hij is de enige
die alles begrijpt en alles vergeeft
en ons altijd onvermoeibaar achtervolgt
met Zijn Liefde.

3 MAART

WAKKER WORDEN

Met de steeds stijgende welvaart
stijgt ook onder de mensen een soort
geestelijke lusteloosheid.
Je ontmoet overal lusteloze en vermoeide mensen,
maar die vermoeidheid heeft niets
te maken met lichamelijke afmatting,
maar wel heel veel met geestelijke dorheid
en een stil verborgen levenspessimisme.

Steek je hersens en je hart niet in je buik!
Als je geen ideaal hebt, dat hoger ligt dan je buik,
dan worden de werkuren een noodzakelijk kwaad
en al je bezigheden een zinloos gedoe.
Dan sta je 's morgens op met een zucht,
dan sla je op de vlucht voor alles wat moeite kost
en zit je tot diep in de nacht
als een hersenloze mummie voor je kijkkast.

Je kunt jezelf genezen door wakker te worden,
je vensters open te zetten naar het 'licht' en de 'zon',
door weer te geloven in het goede en in God,
door je hart vrij te maken en weer te vullen
met oprechte liefde en een gezond optimisme.
Je bent geen nummer in een kleurloze massa
en geen onderdeel van een reusachtig mechanisme.
Je bent 'mens'! Je bent 'kind van God',
geschapen voor de vreugde en het geluk!

4 MAART

TWEE MANIEREN VAN LEVEN

Je leert autorijden. Je volgt de mode.
Je bent thuis in techniek. Je leert een hoop dingen.
En toch, op zekere dag zit je potvast.
Ik krijg een brief. Daar staat in:
'Ik ben nog zeer jong. Maar ik ben al dood. Ik kan niet leven!'

Ik zeg je, men heeft de mensen alles geleerd,
maar men heeft ze niet leren leven.
Velen zitten nu hopeloos vast.
Ze hebben een grondige misvatting van het leven.
Men heeft gezegd: je moet vooruitkomen,
geld verdienen, profiteren, veel hebben,
alsof het geluk in de lijn van de hebzucht ligt.
En de mensen zijn als jakhalzen gaan jagen op 'brood en spelen'.
Ze meenden vrij te zijn, gelukkig te zijn.
Maar ze liggen potvast aan de ketting van hun dwaze begeerten.

Er zijn twee manieren van leven. De ene begint met vasten,
zelfvorming, gewone dingen doen en eindigt met het feest.
De andere begint met het feest en eindigt met hoofdpijn,
levensmoeheid, walg en allerlei neurosen.
Doe je keuze, elke dag opnieuw.
Maar ik ben bang, dat je dit alleen niet kunt.
Daarom is het zo belangrijk als je kunt geloven.
Als je door alle ontgoochelingen en desillusies heen
jezelf geborgen weet in een hogere geestelijke Macht,
die je liefheeft en je trouw blijft.
Met God in je leven gaan er zoveel nieuwe lichten aan!

5 MAART

TERUG NAAR DE EENVOUD

De geestelijke en morele nood groeit met de dag!
'Heb deze nacht rustig nagedacht over zelfmoord,'
zegt me een jongeman. Iemand schrijft:
'Dringend heb ik hulp nodig.
Het is de eerste maal dat ik mij
uitspreek aan een andere mens.
Ik ben moreel kapot.'

Via brieven, telefoons en vele gesprekken
word je binnengeleid in de jungle,
waar mensen elkaar vernederen, martelen
en tot wanhoop brengen.
De jungle, waar de meest dierlijke instincten van de mens
hoogtij vieren: hebzucht, machtsmisbruik, hoogmoed,
lage begeerten, jaloezie, geweld.

Als je dan machteloos bij de vele slachtoffers zit,
die uitgeput en ten einde krachten het leven willen opgeven,
dan heb je zin om in onze geestelijke woestenij te schreeuwen:
Mensen, keer terug naar de meest eenvoudige levenswijze,
naar de meest eenvoudige dingen van het leven.
Naar tevredenheid, naar goedheid, naar vriendschap!
Leer weer te leven!

6 MAART

EEN NIEUWE MORGEN TEGEMOET

We hebben nood aan een nieuwe lente, aan een geestelijke lente.
Het meisje dat me schrijft al dood te zijn,
omdat ze geen zin meer heeft om te leven.
De man die geen vrede meer vindt bij zijn vrouw en kinderen.
De vrouw die aan zelfmoord denkt, omdat er niemand is
die haar nodig heeft, voor wie ze leven kan.
De drugsverslaafde die geen uitkomst meer ziet.
De mensen met een leeg hart en een verward gemoed
in een draaikolk van stromingen en dwaze begeerten.

We hebben de welvaart geproefd en we zijn zat en verdwaasd.
We moeten opstaan. We moeten verrijzen,
nieuw worden met nieuwe frisse gedachten en een nieuw hart.
Dit is mogelijk. Niet met een apotheek van pillen en poeders,
maar met de hulp van die mysterieuze krachten
die diep in ieder mensenhart sluimeren.

Menslief, als je dood bent voor elke vreugde,
voor elke liefde, voor elk geluk, als je niet meer
geloven kunt in jezelf en in de mensen,
probeer dan eens al het lelijke, al het bittere, al het duistere
even af te leggen en jezelf te zuiveren.
Verrijs uit de nacht van je moedeloosheid en je levensmoeheid
tot een nieuwe morgen vol zon, vol vogels en bloemen,
tot een nieuwe lente vol nieuw licht en nieuwe mogelijkheden.
Sta op en verrijs! God heeft de verrijzenis geschreven
in ieder blad van iedere boom.
Dus zeker ook in je arm mensenhart!

7 MAART

NOOIT DE MOED VERLIEZEN

Wat je ook overkomt, verlies nooit de moed!
Als je door je eigen mensen in de steek wordt gelaten.
Als je eigen kinderen al je dromen aan scherven hebben geslagen.
Als de zon verdwenen is uit je leven,
zoek dan de ster, die God ergens voor je heeft aangestoken.
Als je met lege handen staat en je hebt geen parels meer
om iemand aan te bieden, weet dan
dat God geen oogst van je vraagt, geen volle schuren.

Als de harten in je eigen huis hard zijn als steen,
als je de deuren van je medemensen gegrendeld vindt,
als men nergens meer opendoet al klop je dag en nacht,
keer je dan niet wanhopig om in grenzeloze bitterheid.
Onderzoek je eigen hart en maak het klaar voor een feest.
God heeft je lief en zal ergens
een mensenhart voor je openen, om je dat te laten weten.
De regen zal ophouden. De kou is voorbij.
In de straling van een glimlach en de zachtheid van een hand
zul je de lente voelen en weer leven.

Als je je boodschap moet brengen, verloren in de woestijn,
en er is niemand die luistert, weet dan
dat God verborgen antennes heeft uitgezet, die elk woord
uit je hart zullen opvangen en doorseinen
over alle verdorde, onvruchtbare velden heen
tot op dat stukje grond, waar de nieuwe wereld geboren wordt.
Verlies nooit de moed! Verzoen je nooit met de nacht!
Wat er ook gebeurt en wat je ook overkomt, God heeft je lief!

8 MAART

HOE ZIE JE DE FOUTEN

Hoe zie je de fouten van je man,
je vrouw, je vader en moeder, je kinderen?
De fouten van je collega, je werkmakker,
je klasgenoot, je buurman?
Versta me goed. Het gaat niet om fouten van mensen,
die je persoonlijk niet kent, om fouten die je geen pijn doen.
Het gaat om gebreken van die ander, vlak bij je,
met wie je alle dagen leeft en werkt.
Als de fouten van die mensen je de ogen uitsteken,
als je er ruzie om begint te maken,
dan moet je in je hart kijken, dan is de liefde 'dun' geworden.
Je hoeft niet blind te zijn voor de fouten van anderen.
Maar toch, als je echt liefhebt, zie je niet zoveel gebreken.

Liefde blijft altijd een beetje blind op dit gebied.
Als echter liefde en vriendschap kwijnen,
gaat ook deze sympathieke 'blindheid' verloren.
De onvermijdelijke fouten en gebreken van de ander
beginnen je dan te hinderen. Ze schijnen met de dag te groeien.
Je krijgt slechte ogen en je ziet ten slotte
niets anders meer dan fouten en gebreken.
Neem vlug de maat van je hart en test je liefde!
Maak je liefde weer 'dik', dan worden de fouten 'dun'
en licht om dragen,
dan wordt je leven met de ander weer een feest!

9 MAART

NIEMAND IS VOLMAAKT

Iedereen moet werken aan zelfverbetering
en heeft niet het recht te eisen
dat een ander 'volmaakt' is.
In deze tijd van spitstechnologie loopt de mens groot gevaar
door de maatschappij gereduceerd te worden tot een robot,
die tot in de puntjes de gegeven richtlijnen moet uitvoeren.
Dit is al even erg, want een mens is geen machine.
Hij is niet te vangen in vaste formules.
1 + 1 = 2! Dit geldt in de wiskunde, maar niet voor de mens.

De beste mens haalt in het leven meestal maar 1,9 of 1,8.
Zelfs als hij minder haalt, moet je niet verstomd staan
en zeker niet beginnen te schelden.
Als iemand zijn best heeft gedaan, moet je dat
weten te waarderen, wat ook het resultaat is.
Als de maatschappij de mensen bedreigt,
moeten de mensen elkaar redden.

Daarom, hou van de mensen zoals ze zijn.
Er bestaan geen anderen. Zeg tegen je huwelijkspartner,
je huisgenoot, je werkmakker, je vriend, je vriendin:
'Voor mij hoef je niet volmaakt te zijn!'
Dit schept een sfeer van vertrouwen!
Dat geeft warmte en geborgenheid! Wees mens,
die zielsgelukkig is met een medemens,
al is het iemand met gebroken vleugels!

10 MAART

LEVEN MET HOOP

We worden omgeven door leegheid,
stompzinnigheid, hebzucht en lelijkheid!
De honger in de wereld groeit.
Op de wereldmarkten worden de arme landen
nog steeds door de rijken geplunderd.
Kranten puilen uit van moord, misdaden en schandalen.

En wij noemen ons mensen met beschaving, met cultuur.
En wij noemen ons christenen, terwijl we druk bezig zijn
dat vervelende lastige kruis uit dat christendom weg te doen.
We voelen niets meer voor een inspanning, een offer.
We kiezen voor een christendom in een zachte zetel,
met een warm bed, een overvloedige tafel
en naar buiten toe een mooi klinkend modern woord
om ons fijn ontwikkeld egoïsme te camoufleren.

Ik ontmoette onlangs in een voorstad van Parijs
een arme Vlaamse priester levend tussen de armen.
'We hebben in de geschiedenis', zei hij,
'de tijd van de heldhaftigheid en de wilskracht gehad.
Daarna de periode van de romantiek.
In de 19de eeuw de tijd van de verlichting, het verstand.
In de 20ste en 21ste eeuw beleven we de cultuur
van de instincten: seks, geweld, consumptie en ontrouw!'

Laten we dan terugkeren naar eenvoud, soberheid en boete
in deze tijd van verwarring en geestelijke leegheid.
Dan is er hoop!

11 MAART

IK HEB GENOEG

Als ik de grote tenoren beluister van de politiek,
kan ik alleen maar vragen: waarom? Waarom méér verdienen,
méér winsten, méér geld, méér kopen, méér verbruiken?
Waarom die zinloze spiraal van
'je krijgt een frank meer om een frank meer te betalen'.
Waarom? Voor wat en voor wie? Zeker niet voor de armen,
de onproductieven, want die raken altijd verder achterop.
Die zien nooit meer dan een paar kruimels.

Ben ik dan zo'n grote dwaas, als ik vraag
naar de onzichtbare machten die hier het ritme bepalen?
Zijn het de duistere machten van hebzucht
en gulzigheid, of hebben ze andere namen?
Ik heb zin om te bidden. Dat kun je me toch niet kwalijk nemen.
'Heer, verlos ons van ons bezit, waardoor we bezeten worden.
Verlos ons van onze krankzinnige hebzucht.
Verlos ons van dat onderhuids verlangen naar dingen,
die ons toch niet bevredigen
en die onze dwaze honger nog meer doen branden.'

Ik zou heel graag hebben, dat iedereen zou zeggen:
'Ik heb genoeg.'
Ik heb twee ogen zo kostbaar als diamanten,
Een mond om te zingen en te fluiten
en een gezondheid die niet te betalen is.
Ik heb genoeg. Ik heb een zon aan de hemel,
ik heb een dak en ik heb werk.
Ik heb genoeg te eten en ik heb mensen
om lief te hebben. Ja, ik heb genoeg.

---

12 MAART

LAZARUS VOOR ONZE DEUR

Als ik denk aan de honger in de wereld,
zie ik voor m'n ogen miljoenen mensen
als geraamten me aanstaren, droevig en dreigend,
en voel ik hun krachteloze stem
door het merg van m'n beenderen gaan:

Wij heten Lazarus en liggen voor uw deur.
Wij hebben honger.
Wij heten Lazarus en liggen met miljoenen
sinds jaren voor uw deur.
Gij ziet ons niet, maar gij weet
dat we er zijn, dat we
wonen in hetzelfde dorp, dat aarde heet.
Gij zijt beschaafd, zegt men.
Gij zijt ontwikkeld, zegt men.
Wij zijn onbeschaafd en onderontwikkeld.
Gij zijt christelijk.
Gij zegt, dat we broeders en zusters zijn.
Gij zegt: Vrede zij u!
Maar vrede is brood voor ons!
Waarom laat ge ons dan sterven van honger,
waarom krijgen we nooit meer dan de kruimels?
We heten Lazarus
en liggen te sterven voor uw deur,
voor uw deur, rijke mensen!

ZELFBEHEERSING

Ook jij hebt het nodig, je van tijd
iets te ontzeggen!
Je weet toch en misschien heb je het ondervonden:
de meeste miseries in huwelijken, gezinnen en families
komen voort uit het feit dat de een
zich niets kan ontzeggen voor de ander.
Met carnaval mag je wel eens je goesting doen,
maar de vastentijd is een periode om je te oefenen
in zelfbeheersing en versterving.
Iets wat niet alleen de christenen,
maar alle mensen nodig hebben.

Zovelen die overvoldaan zijn, voelen zich toch zo moe.
Spreek niet van vooruitgang en bevrijding,
als je de geest gevangenzet in het kleine bekrompen hokje,
waar de tirannieke goden van 'geld' en 'erop los genieten'
de sleutels houden.
Mensen worden zo altijd minder mens!
Ze worden steriel in hun bovenkamer
en missen zoveel echte vreugden.

Ontzeg je iets in deze tijd van 'ieder zijn goesting'!
Doe het vrijwillig!
Waar lig je gebonden? Maak je vrij!
Het geluk is niet als een vrolijk masker voor één dag!
Het wordt geplant in de bodem van eenvoud,
een beetje onthechting en zelfbeheersing.

14 MAART

ZICH IETS ONTZEGGEN

Wat kun je je ontzeggen
voor jezelf, voor je eigen lieve persoontje?
Ik wed, dat je kunt vasten,
als het gaat om de lijn!
Je kunt de lekkerste hapjes laten,
als je denkt aan je zwakke lever en je bloeddruk!
Maat wat kun je je ontzeggen
voor een ander?
Denk eens diep na!

Wat kun je laten uit liefde
voor je man, voor je vrouw, voor je gezin?
Kun je eens een avond niet uitgaan
of kun je wat minder drinken, omdat je vrouw dat liever heeft?
Kun je de 'luxe' van je buurvrouw missen,
omdat je meer wilt geven aan je man en kinderen?

En wat kun je je ontzeggen voor iemand,
die je niet kent, maar van wie je weet,
dat hij vandaag, vanavond of vannacht
ligt te sterven van honger!
Je zou alles geven om je eigen leven te redden!
En zou je dan voor het leven van een medemens
niet wat meer kunnen missen
dan een pint bier of een snoepje!
Neem nu de maat van je hart!

15 MAART

HOU VAN DE MENSEN ZOALS ZE ZIJN

Kijk eens goed om je heen! Kijk eens heel goed naar de mensen
met wie je elke dag leven moet!
Het is met die mensen dat je vrede moet nemen
en bouwen aan je geluk.
Je hebt die mensen zelf niet gemaakt
en daarom zijn ze misschien niet naar je goesting.
Je kunt niet begrijpen
dat ze zo anders kunnen zijn.

Als je er dagelijks mee omgaat,
sta je verbaasd over hun groot aantal gebreken.
Je ziet op de duur niets anders meer en je denkt:
was ik maar met die of die getrouwd,
het zou veel beter gaan
en je meent, als ik andere ouders of kinderen had,
zou ik veel gelukkiger zijn.

Heel veel mensen zijn hun hele leven ongelukkig
juist omdat ze zich nooit kunnen of willen aanpassen.
In de grond is dat niets anders
dan verborgen egoïsme.
Vergeet een beetje meer je eigen 'ik',
leef in liefde met je medemensen.
Hou van hen, zoals ze zijn.
Dit is de beste weg naar je geluk!

16 MAART

EEN BEETJE ZELFKENNIS

Iedere mens kan zichzelf verbeteren, ook jij!
Als er thuis of op het werk
moeilijkheden zijn, wrijvingen, ruzies,
zeg dan niet: 'M'n vrouw is 'n onhebbelijk schepsel',
'M'n man is onuitstaanbaar',
'M'n baas deugt niet', 'M'n collega verknoeit alles'
'M'n buren zijn onmogelijke mensen' enz.

Zoek op de eerste plaats in je eigen hart
naar je eigen fouten!
Je slaat een belachelijk figuur
door steeds maar af te geven op anderen,
terwijl die anderen zo dikwijls getuige zijn
van je eigen stommiteiten.
Als je meent zelf geen gebreken te hebben,
is dat doodeenvoudig
omdat je ze nog niet ontdekt hebt
en dan wordt het hoog tijd
een beetje aan zelfkennis te gaan doen.

Wanneer een mens zichzelf, zijn eigen kleinheid,
zijn eigen fouten, zijn eigen gebreken en tekortkomingen
kent en erkent,
wordt hij veel milder voor anderen,
wordt hijzelf een heel ander mens,
meer evenwichtig en vooral meer medemens.
Daarom: ken jezelf en verbeter jezelf,
maar a.u.b. begin er vandaag al mee!

17 MAART

ZEG EENS IETS GOEDS VAN EEN ANDER

Gedraag je nooit als een brombeer,
die alleen maar brommen kan,
die nooit iets goeds weet van een ander,
die nooit waardeert wat 'n ander doet,
bij de minste fout zijn tanden laat zien
en heel de omgeving tiranniseert.

Wees mens en toon je hart!
Ook dat is 'broederlijk delen'!
Zeg vandaag nog iets goeds
van je man, je vrouw, je kinderen,
je ouders, je buren, je werkmakkers.
Al deze mensen zullen plots
heel anders worden, veel inschikkelijker.
Ze zullen blij zijn
en alles loopt op wieltjes.

Nu nog iets heel belangrijks!
Zeg gemakkelijk 'dank je'
voor alles wat 'n ander voor je doet,
voor het eten dat op tafel komt,
voor elke kleine attentie thuis,
op straat, op trein en autobus.
Met 'n beetje goede wil kun je elk uur, elke minuut
de wereld beter en mooier maken!
Begin onmiddellijk en wacht niet
tot het manneke uit de maan afkomt!

18 MAART

EEN GEVAARLIJKE KWAAL

Als je hart alleen maar vol is van jezelf,
van je eigen aanbeden 'ik',
dan zul je veel nutteloze en domme miserie kennen.
Je zult veel afzien, dat verzeker ik je,
als je niet in staat bent
je hartstochten te beheersen
en je verlangens te milderen...

Egoïsme is een gevaarlijke kwaal,
die als een dodelijk virus
al je geestelijke krachten ondermijnt.
Je wordt onrustig, zenuwachtig.
Je wordt jaloers
en dat is de stomste pijn die bestaat.
Je wordt boos.
Je wilt ten koste van alles
een paradijs voor jezelf en elke avond
zit je ontgoocheld op een stuk puin.
Er is geen paradijs voor jou alleen.

Luister! Ook jij zult pas gelukkig zijn,
als je jezelf vergeet
en wat meer leeft
en wat beter zorgt voor anderen.

19 MAART

JALOERSHEID

Je moet niet jaloers zijn!
Jaloersheid misvormt je en maakt je lelijk!
De vrouw die overdreven jaloers is op haar man,
verliest al haar bevalligheid en wordt onuitstaanbaar.
De man die overdreven jaloers is op zijn vrouw,
wordt een tiran die het huiselijk leven ondraaglijk maakt.

Jaloersheid is dat 'knagende gevoel'
dat niet alleen in het huwelijk zoveel verwoest,
maar ook in het gewone dagelijkse verkeer van mensen
alle vreugde en elke vriendschap bederft.
Wees niet jaloers
en laat je ook niet verleiden tot dat gevaarlijke spelletje,
geïnspireerd door de jaloezie:
Jij gsm – ik gsm!
Jij mooi huis – ik mooi huis!
Jij naar Mallorca – ik naar Mallorca!

Ruïneer jezelf niet!
Staar je niet blind op het goed van een ander!
Geniet van hetgeen je bezit
en koop je niet arm... uit jaloezie!

20 MAART

WE HEBBEN KOORTS

Waarom kijk je zo lelijk als je de tram mist
en voor één keer te voet moet lopen?
Je weet toch: in het Oosten lopen mensen
dagenlang tussen de berries van een rijkemanskoets
voor een handvol rijst!
Waarom klaag je over een lichte ongesteldheid
en maak je je zorgen over een rimpeltje of een sproet?
Je weet toch: duizenden dragen jarenlang
in hun lichaam een ongeneeslijke kwaal
en duizenden worden gemarteld om hun geloof,
hun huidskleur of om helemaal niets.

Waarom sakker je, als je moet aanschuiven,
in de regen lopen, staan wachten, je diner uitstellen?
Denk je dan nooit aan hen, die geen benen hebben
of in bed moeten blijven en die dolblij zouden zijn
als ze nog eens konden aanschuiven of in de regen lopen?
Als je je eten niet op tijd hebt, vergeet je dan
dat miljoenen nooit voor een gedekte tafel zitten?

Wat zijn wij toch belachelijke en verdwaasde wezens,
dat we ons leven en het leven van anderen vergallen
om zoveel kleine beuzelarijen,
terwijl we zo blij en zo dankbaar moesten zijn, elke dag opnieuw,
om zoveel goede dingen die we niet eens verdienen.
We hebben koorts en onze koorts heet:
krankzinnige zelfzucht!

21 MAART

GEEN RUZIEMAKEN

Elke ruzie is in de grond
niet de moeite waard en daarbij zeer nadelig
voor je geestelijke en lichamelijke gezondheid!
Een of andere prul is 99 keer op 100 de oorzaak van elke ruzie!
Een kleine tegenvaller, een kleine onbezonnenheid,
een ondoordacht woord en die fameuze mijnheer 'ik' in je
is gekwetst en wordt boos.
Je legt alles verkeerd uit.
Vrouwlief huilt om 'n niks
en manlief gooit met de deuren.
Zo menselijk, hé!

Maar nu komt het!
Als je 'n beetje verstand hebt,
vind je jezelf vlug kinderachtig stom!
Maar dat toegeven valt niet mee!
Die dikke egoïst die in iedere mens woont,
laat niet toe dat je buigt,
en als niemand je gelijk geeft,
drijft hij je in de rol
van de verongelijkte onschuld!
Dan speel je komedie.
Zeg, als je nog eens ruziemaakt,
maak dan ruzie tegen die domme mijnheer 'ik'
in je eigen hart!

22 MAART

WOEDEAANVAL

Als je opvliegend bent en je gemakkelijk kwaad maakt,
dan moet je eens even goed luisteren.
Je hebt geen recht om je woedend te maken,
want je woede maakt alles veel erger,
verhoogt de spanningen in je huwelijksleven, in je familie,
je vriendenrelaties en je werkkring.
Daarbij worden je zenuwen geschokt.
Woede is een ongezonde emotie.
Als je boos wordt,
ballen zich onwillekeurig je vuisten,
je stem wordt luider en scherper,
je hart begint wild te kloppen, je spieren spannen zich.
Psychologisch gezien maak je je klaar voor een gevecht.
Woede is een overblijfsel van de oermens in je zenuwstelsel.
Dit verhoogt de bloeddruk
en heeft nog andere zeer nadelige gevolgen.

Wees toch niet zo dwaas!
Woede is de domste en allerslechtste reactie
op een ergernis of een belediging.
Als je je woedend voelt worden,
ga dan vlug gemakkelijk zitten
of liever liggen.
Het is heel moeilijk
om woedend te zijn als je ligt.

23 MAART

ONGELUKKIG

Word niet te gemakkelijk moedeloos,
want in een toestand van moedeloosheid
zie je alles veel zwarter dan het is.
Je voelt je diep ongelukkig
en je weet soms niet waarom.
Je meent dat niemand echt van je houdt
en je kunt urenlang zitten treuren en huilen.
Je bent overgevoelig geworden
en alles stemt je droef.
Je hebt geen zin meer om te werken, te eten, uit te gaan.
Je bent ervan overtuigd
dat je het ongelukkigste wezen ter wereld bent.
En toch is dat niet waar!

Je bent je eigen gevangene.
Je zit met al je gedachten en heel je fantasie
hopeloos vast in je eigen leed en miserie!
Er is maar één oplossing voor je: kom uit jezelf!
Vergeet jezelf en ontdek de nood van anderen.
Anderen hebben je nodig! Doe iets!
Doe mee aan alle acties voor mensen in de kou.
Doe het liefst in stilte en met respect voor de 'Mensen in nood'.
In de glimlach van de ander zul je
weer vreugde vinden en moed.

24 MAART

GEEN PROBLEEM

'Het' probleem van vandaag is,
dat de mensen vol problemen zitten.
Ze maken thans van alles een 'probleem'.
Gaat het niet meer in het huwelijk... probleem!
Loopt de jeugd niet in de rij... probleem!
Komen er moeilijkheden in 't dagelijks leven... probleem!
Problemen en nog eens problemen – een echte ziekte!
Bevrijd je uit dat net van problemen!

Wees verstandig!
Niet alle moeilijkheden zijn problemen!
Een probleem is iets wat je moet oplossen!
Maar er zijn een hoop moeilijkheden,
waar niets aan op te lossen is,
die je moet aanvaarden.
Ze zijn strikt verbonden met het leven zelf.

De moeilijke dagen in het huwelijk
moet je niet ontvluchten,
maar moedig samen dragen.
De moeilijkheden van het 'jong zijn' en 'volwassen worden'
moet je niet ontlopen,
maar dapper doorworstelen.
Wie meent met een probleem te doen te hebben
telkens hij het kruis op z'n schouders voelt,
raakt hopeloos in de war
en wordt ten slotte zelf een probleem!

25 MAART

EEN ZUIVER GEWETEN

Het slechtste wat je kunt hebben
is een slecht geweten.
Het is een kwaal diep in je,
die je wel wat kunt vernissen
met een glimlachje en wat uiterlijk fatsoen,
maar die je langzaam maar zeker ondermijnt.
Je wordt onrustig, je lacht veel minder,
je maakt meer ruzie, je gevoelsleven raakt overstuur.
Een slecht geweten is voor je ziel
wat een slechte spijsvertering is voor je lichaam.
Het begin van een hoop miserie en ongeluk.

Met een zuiver geweten
schijnt voor je de zon veel mooier,
zijn de mensen veel vriendelijker,
de avonden veel rustiger en de nachten vol vrede.
Met een zuiver geweten blijf je jong en aantrekkelijker.
Met een zuiver geweten ben je elke dag in de hoogste hemel.

Zorg dus niet alleen voor je huis, je auto en je kleren
maar ga tot diep in de binnenkamers van je hart.
Houd er grote kuis
en schep nieuwe ruimte voor God.
De God van je jeugd,
die steeds van je houdt
en met zijn vrede staat te wachten
voor je deur.

26 MAART

HET ENIGE ANTWOORD

Als je een denkend mens bent, zoek je op 'n bepaald
ogenblik van je leven een antwoord op vragen
die in het publiek meestal niet gesteld worden,
uit vrees dat er geen antwoord op is.
Je neemt geen vrede meer met knappe antwoorden,
zoals wetenschap en filosofie die aanbieden.
Je komt in je diepste binnenste in opstand tegen lijden en dood.
Niet tegen lijden en dood in 't algemeen,
maar tegen dat soms onmenselijk leed en dat sterven
dat een concrete medemens te gronde richt.
Je kunt je er niet mee verzoenen.

Er moet een antwoord zijn! Maar dat kan maar bevredigen
als het diep genoeg is om alle mensen te omvatten
en om zin te geven aan het leven van de man
die levenslang in 'n karretje moet zitten,
aan het leven van een zieke die ongeneeslijk is,
aan het leven van een moeder met een zwaar gehandicapt kind,
aan het leven van een bejaarde die niets meer te verwachten heeft.

Zo'n antwoord vind ik in geen enkele filosofie of ideologie.
Als het absurde van lijden en dood het bloed
in m'n aderen doet stollen, is voor mij God het enige antwoord,
het enige licht en de enige kracht
die het bloed in m'n aderen weer doet stromen.
Dat is alles wat ik zeggen kan. God is liefde
en het is de moeite waard Hem te ontmoeten of tenminste
op weg te gaan naar Hem toe!

27 MAART

WAAROM ZOVEEL LEED

Weet je, dat er mensen zijn
voor wie het leven ook in onze welvaartsstaat
een echte calvarieberg is?
Weet je, dat velen diep in hun lichaam, in hun hart, in hun ziel,
verschrikkelijk lijden, alle soorten miseries, pijnen,
ontgoochelingen, vernederingen, beledigingen,
door ziekte of verminking
getekend in hun lichaam,
door bedrogen of verraden liefde
gewond in hun hart?
Ze voelen zich verstoten, verlaten, onterfd.
Ze willen soms dood zijn
om het leed van al die dagen en nachten
niet meer te moeten dragen.

Waarom zoveel leed, zoveel onuitwisbaar leed
bij zoveel mensen? Is dat zinloos?
Is dat een roep
naar verbittering, wrok en opstandigheid?
Of is het niet eerder voor ons allen een eis
tot meer liefde, edelmoedigheid
en voor henzelf een uitnodiging naar ongekende verten,
om door alle tranen heen
een nieuwe wereld te ontdekken, de wereld van God,
de wereld van de echte vreugde, van het echte geluk!

28 MAART

WONDER MENSENLEVEN

Een mensenleven is zo wonderlijk, zo onbegrijpelijk.
Sommige dagen schijnt de zon en je weet niet waarom.
Je bent tevreden. Je ziet de mooie kanten van het leven.
Je lacht, je danst, je dankt. Je werk gaat vlot.
Iedereen is vriendelijk tegen je. Je weet niet waarom.
Misschien heb je goed geslapen. Misschien heb je een vriend
gevonden en voel je je geborgen.

Maar ineens verandert weer alles.
't Is alsof een te hevige zon de wolken aantrekt.
Er komt een soort droefheid over je die je niet kunt verklaren.
Je ziet alles zwaar en zwart.
Je meent dat de anderen je niet meer moeten hebben.
Je zoekt in bagatellen een reden om te klagen en te kankeren.
Je denkt dat deze stemming niet meer voorbij zal gaan.
En je weet weer niet waarom dit zo is.
Misschien ben je moe? Je weet het niet! Waarom is het zo?

Omdat een mens een stuk 'natuur' is, met lente en herfst,
met de warmte van de zomer en de kou van de winter.
Omdat een mens het ritme van de zee volgt: ebbe en vloed.
Omdat ons bestaan een voortdurende repetitie is
van 'leven' en 'sterven'. Als je dit begrijpt, kun je
vol moed en vertrouwen verder, want dan weet je
dat na elke nacht weer een nieuwe morgen komt.
Als je geloven kunt, zul je zelfs ervaren
dat dit regelmatige sterven nodig is
om weer dieper en vreugdevoller te leven.

29 MAART

VERZOEN JE MET HET LEVEN

Ik zag weer een man verschrikkelijk lijden
om het onherstelbare verlies van zijn vrouw.
Hij deed me denken aan een andere man die eens voor me zat,
eerst als een blok graniet, met een keiharde trek over z'n gelaat.
De woorden die hij sprak, klonken eerder als een vloek.
'Dat kan niet. Dat mag niet. Mijn vrouw is dood. Verongelukt.
Ik kan ze niet missen. Ik maak er een eind aan.'
'Probeer je te verzoenen,' zei ik zacht.
'Ik kan niet. Ik wil niet,' barstte hij uit. 'Ik maak er een eind aan!'

Soms kan het leven afschuwelijk zijn voor mensen.
Arthur Miller schrijft in een van zijn toneelstukken:
'Ik droomde dat mijn leven een kind van me was.
Maar het was een mongooltje en ik liep weg.
Maar het kroop steeds weer op mijn schoot. Tot ik dacht:
als ik het kan kussen, kan ik misschien slapen.
En ik boog mijn hoofd over zijn gezicht
en het was heel moeilijk, maar ik kuste het.'

Ja, ik geloof dat je uiteindelijk
je leven in je armen moet nemen,
je leven zoals het is, je ermee verzoenen,
hoe hard en zwaar het ook is. Als je het eenmaal gekust hebt,
wordt het anders, draaglijker. Maak je toch geen illusies.
Het levensgeluk is geen doorlopende vertoning.
Het diepe levensgeluk gaat en komt en duurt meestal niet lang.
De rest van de tijd is: eraan denken en erop wachten!
Verzoen je met het leven zoals het is. Vandaag. Nu.
Om dat beetje geluk dat je wacht niet te missen.

30 MAART

VERLIEZEN EN LOSLATEN

Als je even nadenkt over het leven, stoot je onvermijdelijk
op de fundamentele onmacht van de mens.
Er gebeuren dagelijks een hoop dingen, waar je
niets aan doen kunt en die je niet kunt verhinderen,
of je nu veel of weinig geld hebt,
of je een eenzame bent met veel verdriet
of iemand die schijnbaar volkomen geslaagd is in het leven.

Je bent als mens een verliezer.
Je kunt niets vasthouden. Alles valt je door de vingers.
Je droomt en je bouwt en je zegeviert
en ineens komt de pijn, de ouderdom, de nacht.
Soms plots als een bliksemflits.
Een accident noemt men dat.
Je kent zulke mensen van vlees en bloed, jong en oud,
die wegvallen, verdwijnen en nooit meer terugkeren,
misschien zelfs zeer dierbare mensen.
Je zou ze willen vasthouden, zoals je jezelf wilt vasthouden.
Je zou een gelukkig moment willen doen voortduren,
een mooie dag nooit willen zien eindigen en toch,
je moet verliezen, afgeven, elke avond een dag achterlaten.

Nu moet je niet gaan huilen om je machteloosheid.
Als je eenmaal je totale onmacht ten volle ervaren hebt,
ben je rijp voor God en krijgt alles een zin en een doel:
je angst, je pijn, je gezond zijn en je ziek zijn,
je leven en je sterven.
Pas als er geen God, geen onsterfelijke liefde is
aan de andere Oever, wordt alles doelloos, zinloos, absurd!

31 MAART

APRIL

De zon komt op
met iedere goede mens
die over de wereld gaat.

IK HOU VAN JE

'Menslief, ik hou van je!'
Heb je nooit dat verlangen gevoeld om in je vreugde
alle mensen in je armen te sluiten en gelukkig te maken?
Er leeft in ons een eindeloos zoeken naar het oneindige,
naar iets wat je geheel bevredigt en voor altijd!
Maar alles, ook de mooiste ontmoeting,
is zo voorlopig dat het vreselijk pijn kan doen.

'Menslief, ik hou van je!'
Je bent even kwetsbaar als ik en even alleen!
Je gaat dezelfde weg naar hetzelfde doel, naar hetzelfde einde!
Gehaast, gejaagd, gelukkig, angstig, ieder in zijn eigen ritme!
Maar we zijn samen onderweg. Niemand is aangekomen.
We lopen samen rond in deze wereld als in een superbazar:
kijken, kiezen, nemen, kopen, geven, weggooien!
Dit begint ontzettend te vervelen. Dit wordt volkomen zinloos,
als we dat diepste verlangen in ons
om liefde te geven en liefde te ontvangen
verdoven met dingen die je betaalt
omdat je dat stomme geld in je handen hebt.

We moeten 'n nieuw soort kapitaal investeren,
willen we als mensen niet verkommeren in ons diepste binnenste!
Dat fameuze kapitaal van menselijke goedheid,
menselijke toewijding en vriendschap!
We hebben twee werelden om in te leven:
De wereld van het geld en de wereld van het hart!
Menslief, kies met mij de wereld van het hart,
waar je als een kind kunt genieten van het leven!

1 APRIL

MEDEMENS ZIJN

Wist je, dat 'mens-zijn' betekent 'medemens-zijn'?
Daarom is het goed zich van tijd tot tijd eens af te vragen:
'Ben ik nog wel voldoende mede-mens?'
Als je je opsluit in je eigen 'ik',
alleen denkend aan en zorgend voor je eigen persoontje,
dan ben je een volkomen mislukking
voor je huisgenoten, je vrienden en kennissen.
Op deze wijze zul je nooit gelukkig worden.
Alleen aan zichzelf denken is een soort zelfmoord
van de 'mens' in je!

Geest en hart onderscheiden je van het dier.
Je geest dient om te denken aan anderen
en je hart om anderen lief te hebben.
Als ik nu totaal onverschillig sta tegenover mijn medemensen,
dan ben ikzelf als mens reeds gestorven,
dan kan ik geleerd zijn, rijk, van adel, uiterst bekwaam
en met een zeer hoge positie.
Ik ben dood, nutteloos, onbruikbaar voor de gemeenschap.
Vele van deze dorre, ijskoude elementen
doen onze samenleving onleefbaar worden
en maken menig huis onherbergzaam!

2 APRIL

MORGENGEBED

'Heer, geef me de zon, een bloem, een glimlach,
de ogen van een kind! Heer, geef me de vreugde!'

Kom met deze bede elke morgen uit je bed.
Kijk niet zo vreselijk ernstig en gewichtig.
Ik weet het, je kunt best met heel wat problemen zitten.
Maar blaas ze toch niet op tot zware zwarte wolken
die je hele hemel verduisteren.
Je hoeft geen superoptimist te zijn,
maar voor 'n zwartkijker
gaat de zon 's morgens onder.
Als je materieel en lichamelijk oververzadigd bent,
zul je geestelijk ten onder gaan.
Leef je gespannen of overspannen,
dan kan gecommercialiseerde ontspanning
je toestand nog verergeren.

Bid om de ogen en het hart van een kind,
dat juichend over verboden grasperken loopt naar een bloem,
dat jubelt om een kleine vis in het water
en dat vraagt wie de sterren aansteekt in de hemel.
Je moet weer verwonderd en opgetogen kunnen zijn
om duizend goede dingen elke dag om je heen.
Dan zal de vreugde spontaan in je groeien
en je zult van veel moderne ziekten gespaard blijven!

3 APRIL

BRENG VREUGDE IN HET LEVEN

Werp alle zorgen van je af,
want zorgen voor morgen
komen steeds een dag te vroeg.
Wees optimist.
Er is nog liefde en licht genoeg in de wereld
en ook om je heen als je maar kijken wilt
en openstaat voor kleine dingen.

Er zijn mensen die beweren
dat het leven donker en droevig is,
maar ze hebben de vensters van hun hart
gesloten voor de warmte van de zon.
Ze leven moedwillig in de schaduw
van donkere gedachten en duistere gevoelens.
Ze leven binnen muren die ze zelf gebouwd hebben.

Leven is echter opgang.
Leven is een toekomst uittekenen met lijnen,
waarmee men bergen tekent, stijgende lijnen!
Daarom, schep vreugde in 't leven!
Al is de hemel vol wolken
en de wereld vol strijd,
vertrouw op God. Verlies nooit de moed.
Draag zon in het hart
en alles, alles wordt weer goed!

4 APRIL

OEFEN JE IN DE GLIMLACH

Vind je ook niet? De mensen glimlachen te weinig.
Kijk je ook altijd zo doodernstig?
Daarom is het zo somber en koud op vele plaatsen.
Je moet beslist gaan oefenen in het glimlachen.
Met de glimlach ben je trouwens veel aantrekkelijker
en straal je warmte uit.

Als je glimlacht, gaat alles veel vlotter,
maak je minder ruzie, kun je meer verdragen
en zul je meer presteren.
Als je glimlacht, gaan ook je huisgenoten glimlachen,
je collega's en werkmakkers
en groeit alom de vriendschap.

Zorg voor rendement!
Produceer een glimlach!
Glimlach nu maar,
want het kost niets en brengt toch zoveel op.

5 APRIL

GOEDHEID

De goedheid is aantrekkelijk!
Als de goedheid woont in je hart, maak je gemakkelijk vrienden,
ben je dikwijls een echte haven
voor ongelukkigen, armen en eenzamen.
De goedheid manifesteert zich nooit in groot vertoon.
De goedheid uit zich in vriendelijkheid, zachtmoedigheid, begrip,
luisterbereidheid, tederheid, vergevingsgezindheid
en vooral in eenvoudige dienstvaardigheid.

De goedheid is de eerste luitenant van de liefde.
Zonder goedheid is liefde een leugen.
Als je goed bent voor anderen, zul je nooit je macht misbruiken,
dan zal de vuist nooit doorslaggevend zijn.
Er is te weinig goedheid in deze wereld. Daarom
zijn er mensen, die over lijken gaan naar macht en prestige toe.
Daarom vallen er bommen.
Daarom is er geen vrede en kan er geen vrede zijn.

Goede mensen vallen echter nooit op, in geen enkele groep.
En toch zijn zij de enigen die het leven draaglijk maken.
Dankzij de goede mensen is er vreugde en vriendschap.
In de duisternis van deze tijd is elke goedheid
als een zacht licht dat de wereld verlicht.
En als je christen bent, moet je weten dat de christelijke
boodschap geen boodschap is van Gods almacht en Gods
rechtvaardigheid, maar op de eerste plaats een boodschap van
Gods genade, barmhartigheid, vergevingsgezindheid,
een boodschap van Gods goedheid.

6 APRIL

VRIENDELIJKHEID

Je moet eens opletten!
Als je lelijk kijkt,
kortaangebonden bent,
dan lijdt daar iedereen onder,
op de eerste plaats je eigen huisgenoten.
Dan is het altijd wat.
Vandaag is er een ruzie, omdat de soep te koud is
en morgen omdat ze te heet is.

Ben je baas op een kantoor of in een werkplaats,
ga dan niet als een donderwolk over je personeel.
Zit je achter het loket in een station,
op de post of bij de belastingen,
trek dan geen gezicht als een lijkbidder
en wees niet bot tegen de mensen
die je hulp nodig hebben.

Het leven is kort en voor de meesten zo al triestig genoeg.
Denk eraan. Anderen hebben je nodig om gelukkig te zijn.
Zet je medemensen in de zon.
Schenk je beste glimlach!

7 APRIL

LEREN LEVEN EN STERVEN

Oppervlakkig gezien ken je heel wat mensen.
Maar er is één mens die je van kop tot teen moet leren kennen,
zonder hem evenwel altijd te doorgronden
en de waaroms te kunnen achterhalen van al z'n gevoelens
en begeerten, die soms op stormachtige wijze doorbreken.
Er is één mens met wie je dagelijks moet leven,
en waar je je zomaar niet van kunt ontdoen.
Die mens zit in je eigen huid.
Die mens ben jezelf.

En nu ga ik je iets heel vreemds zeggen!
Je moet om te leven leren sterven
en je moet om gelukkig te zijn je van veel dingen ontdoen!
Je moet je ontdoen van je ziekelijke zelfzucht,
je eigenzinnigheid en je gulzigheid op alle gebied.

Maar hoe? Ik vraag je geen dwaze dingen.
Het gewone dagelijkse leven is je beste leermeester.
De lange eentonige uren, altijd hetzelfde werk en hetzelfde ritme,
de pech, de misverstanden, het onbegrip, de vernederingen,
de wensen die niet in vervulling gaan,
de onvermijdelijke wrijvingen
zullen je slijpen als een diamant.
Als je maar 'ja' kunt zeggen en niet opstandig en verbitterd wordt.
Het doet pijn, ik weet het. Soms gaat het niet.
Maar er is geen andere weg naar diepe vrede en waar geluk,
dan de weg die loopt in de schaduw van het kruis naar Pasen toe,
naar de vreugde toe, naar de verrijzenis toe!

8 APRIL

WAT JE NODIG HEBT

Je hebt een lichaam maar ook een hart en een ziel.
Als je te veel aan het lichaam denkt,
word je een egoïst en een zeer onsociaal wezen,
dan kan het eten en drinken nooit goed genoeg zijn,
dan ben je bang voor hard werken,
dan zoek je naar comfort en luxe,
en als je dan ergens pijn voelt,
word je het meest vervelende schepsel ter wereld.

Verzorg je lichaam goed, maar zorg op de eerste plaats
voor je hart en je geest.
Goedheid heb je nodig,
goedheid, liefde voor anderen,
vriendelijkheid, genegenheid, hartelijkheid.

De geest die je bezielt,
zal wonen in je huis.
Het hangt van jou af of je huis een hemelhuis is
ofwel een koude kille ruimte tussen een hoop stenen.
Voel je je in deze harde wereld niet in staat
tot goedheid en liefde,
buig dan het hoofd en probeer te bidden tot God,
die van stenen brood kan maken.
Dat Hij je ijskoude hart ontdooie,
opdat het een beetje zou lijken op Zijn Hart,
dat liefde is.

9 APRIL

OVER ELK LEVEN HANGT EEN KRUIS

Waarom zoveel leed, zoveel onbegrijpelijk leed,
misschien ook bij jou, in je huis, in je hart?
Leed dat je niet zeggen kunt,
omdat het reeds jaren in je binnenste knaagt.
Leed waar je niet om gevraagd hebt.
Ongelukken en tegenslagen die je achtervolgen?
Een mislukt of verkild huwelijk?
Een langdurige ziekte zonder uitzicht op genezing?
Onbegrip, ondankbaarheid,
een jarenlange ruzie in de familie,
een belediging,een hard woord,
waar je 's nachts van wakker ligt?
Misschien een grote eenzaamheid op je oude dag?

Er hangt een kruis boven elk leven.
Lijden en dood wachten voor elke deur.
Als je opstandig wordt, groeit de verbittering
en komt er een verschrikkelijk litteken in je hart.
En het kruis wordt nog zwaarder.
We hebben geen keus. We moeten op de knieën
voor het mysterie van het lijden,
op de knieën voor God, de enige
die in onze donkerste nacht
nog sterren kan doen schijnen.

10 APRIL

DIE ELLENDIGE DWARSBALK

Je stoot vroeg of laat met je kop tegen die ellendige dwarsbalk
die je leven maakt tot een kruis. Je wordt ziek!
Je hebt een accident! Die je liefhebt, sterft!
Je carrière wordt gebroken! Je wordt bedrogen!
Je kunt niet meer mee! Je wordt oud!
Deze dwarsbalk kan alle vormen en afmetingen aannemen.
Alles gaat goed en plots die verschrikkelijke dwarsbalk.
Hij kan je zoveel pijn doen dat je ontgoocheld, ontmoedigd
en ontredderd, dood zou willen zijn.

Dit kruis is een realiteit in ieder mensenleven.
Maar steeds minder mensen zijn ertegen opgewassen.
Ze aanvaarden het niet meer en ze worden overspannen.
Je hebt geen keuze! Je draagt je kruis,
ofwel zal dat kruis je verpletteren!
Maar je kunt het pas dragen, als je de zin
en de functie van het kruis leert begrijpen.

Het kruis brengt je terug tot je waarheid,
tot je juiste afmetingen van arm, zwak,
kwetsbaar, klein mensenkind.
Het is als een antenne
waarmee je een boodschap van God kunt opvangen.
Kijk op naar het kruis van Goede Vrijdag.
Het zal je niet verlossen van je lijden,
maar het zal je verlossen van de zinloosheid ervan!
Je zult alles heel anders en veel beter zien
door ogen die geweend hebben.

11 APRIL

PARKEREN IN DE ZON

Je loopt echt niet zo lang rond op deze wereld.
Je krijgt tussen de eeuwigheid voor je geboorte
en de eeuwigheid na je dood heel even de tijd
om te parkeren op onze kleine planeet!
Let dus op je parkeermeter. De wijzer kun je niet terugzetten
of verder doen lopen door er wat geld in te steken!
Je verblijf hier is op onverbiddelijke wijze beperkt.
Er is geen enkele instantie die hier iets voor je kan doen.
Je leven is als je handtekening in zeezand.
Een kleine wind en alles is verdwenen.
Wat te doen? Ik zou zeggen: zeker niet treuren.
Maar proberen je leven te parkeren in de zon,
en niet in een wespennest van allerhande ruzies,
zenuwslopende zorgen en problemen!

Mooie dagen maken! Enthousiast zijn over het licht,
over de liefde, over de goede mensen en de goede dingen.
Vriendelijk en hartelijk zijn voor de oude man
die weet dat zijn parkeertijd om is, voor de zieke,
de gehandicapte, de misdeelde, de ontgoochelde,
de bedrogene en de vele ongelukkigen
die geen plaats meer vonden in de zon.

Maak mooie dagen voor hen en voor alle mensen om je heen.
Meer hoef je eigenlijk niet te doen om zelf gelukkig te zijn.
Vul je hoofd met blije gedachten,
je hart met tederheid en liefde en je mond met een lach!
Parkeer in de zon en laat de parkeermeter maar lopen!

---

12 APRIL

TIJD VOOR BEZINNING

Heb je nog tijd voor bezinning?
Is er nog ergens een moment van stilte in je leven
om te denken en te mediteren
over de zin en het 'waarom' van alles?
Of laat je rustig elke avond je koker
vullen met een portie tv
of heb je al je vrije tijd nodig voor je auto en de sport
of wordt je aandacht opgeëist door je kleding,
de lengte van je rok en de stijl van je make-up?

Wees jezelf! Weet dat je leeft!
Laat je denken niet vormen
door de kolommen van een krant,
een illustratie of sensatieverwekkende lectuur!
Zet zelf je hersens in beweging!

2000 jaar geleden liep een man
door de straten van een stad met een kruis,
verguisd en geslagen
en toch kreeg Hij het klaar in alle eeuwen
en nu nog de mensen tot bezinning te brengen,
ze te doen nadenken over de diepste zin van hun bestaan.
Probeer eens iedere dag een ogenblik van stilte
en bezinning in je leven in te lassen.
Je zult je meer mens voelen!
Het zal je verbazend veel goeddoen!

13 APRIL

WEES NIET ALTIJD MET JEZELF BEZIG

Ben je echt gelukkig? Ja, diep in je hart echt gelukkig?
Deel dan elke dag
'n beetje geluk mee aan anderen!
Anders gaat het verloren!
Ben je niet gelukkig? Lach je maar weinig of helemaal niet?
Ben je ontevreden en voel je je onvoldaan,
dan denk je waarschijnlijk te veel aan je eigen persoontje,
aan je geld, je gezondheid
en je eigen vele kleine belangen.

Wie altijd met zichzelf bezig is,
kan niet gelukkig zijn,
omdat hij niet meer kan beminnen.
En niet meer kunnen beminnen,
dat is het einde van elke vreugde,
het begin van de hel!

Probeer het eens met de goedheid.
Tracht jezelf eens te vergeten
en toon je hart, vooral thuis!
Wees lief voor iedereen.
Laat nooit de zon ondergaan over een ruzie.
Want van een ruzie die wortel schiet in je hart,
word je vroeg oud en lelijk!

14 APRIL

GA KIJKEN IN JE EIGEN HART

Ben je ooit in je eigen binnenste geweest?
Ben je ooit gaan kijken in je eigen hart?
Als je alleen maar aan de buitenkant leeft
en alleen maar interesse hebt voor de façade,
de make-up en de goede naam,
dan hangt je geluk aan de slinger van uiterlijke wisselvalligheden,
dan ben je vandaag gelukkig en morgen ongelukkig,
vandaag goedgezind en morgen moedeloos en neerslachtig.

Ga vandaag eens binnen bij jezelf en doe iets aan je 'interieur',
aan het 'interieur' van je hart.
Je werkt uren aan het poetsen van je auto.
Je hebt alle tijd voor het kiezen van je kleding.
Je wordt niet zenuwachtig onder de haardroger.
Waarom besteed je zo weinig tijd aan de 'verzorging' van je hart?
Je weet toch dat de gevoelens die daar geboren worden,
je hele leven bepalen.
Is je hart vol verwarring, donker en onvoldaan,
dan groeien er gevoelens van ontgoocheling,
verbittering, jaloezie en wanhoop.

Ga binnen in je eigen hart,
doe dat in een uur van stilte,
van gebed en meditatie.
Je zult verbaasd zijn over het effect!

15 APRIL

ARME RIJKE MENSEN

De armste mensen wonen in de rijke landen!
Ze eten te veel! Ze drinken te veel! Altijd bezig, altijd gejaagd!
Ze kennen geen rust en geen vrede!
Als er geen werk, geen feest of sensatie is,
vervelen ze zich dood!
Ze hebben alles, ze profiteren van alles
en kunnen van niets meer genieten.
Ze kunnen niet meer beminnen, zomaar, spontaan en voor niet!
Bij alles wat ze doen gaat het om geld,
om bezit, om macht en prestige!
Ze bezoedelen de lucht die ze inademen!
Ze bezoedelen het water dat ze drinken!
Brutaal gezegd: ze bevuilen hun eigen nest!

De rijkste mensen zijn dikwijls de armste mensen!
Ze kunnen niet meer gelukkig zijn. Ze zijn ongeschikt
voor de gewone, eenvoudige vreugden van het leven.
Het uiterlijk vitalisme dat in een gecommercialiseerde ontspanning
gestimuleerd wordt, is een camouflage van de radicale onmacht
van oververzadigde lichamen, lege harten en verwarde geesten.

Arme rijke mensen van het Westen! We hebben verlossing nodig!
Verlossing uit de verveling, de verwarring en de wanhoop!
Deze verlossing komt niet uit de apotheek!
Zij ligt in een terugkeer naar eenvoud en armoede,
in een niet meer geketend zijn aan geld, bezit, macht en prestige!
Als je het geluk hebt in God te geloven,
zul je zelf de wegen van verlossing vinden!

16 APRIL

LEVEN IS DE MOEITE WAARD

Zeg eens, leef je ook tegen je goesting?
Heb je niet de indruk,
als je de mensen bekijkt,
dat velen precies spijt hebben dat ze leven.
Ze zien in het leven altijd de verkeerde kant uit
en hebben geen oog meer voor al het goede en het schone.
Ze kijken naar slijk en modder en vergeten de sterren.
Ze zitten gevangen in de zorgen
en zijn blind voor de vele kleine vreugden
van elke dag.

Ben je gelukkig getrouwd?
Is er vrede in huis?
Wees dan dankbaar
en zaag toch niet over futiliteiten.
Schijnt de zon, zeg dan niet:
'Morgen gaat het regenen.'
Geniet van hetgeen je hebt en wees tevreden.
Leef graag en werk graag!
Er is zoveel goeds te doen! Wees enthousiast!
Het leven is de moeite waard.

17 APRIL

ROEP OM DE LENTE

Veel mensen zijn ziek van verveling,
levensmoe, omdat ze oververzadigd zijn.
Het huis staat vol. De tafel is rijk gedekt.
Er komt geen 'nieuwe' dag. Alle dagen hetzelfde: consumptie.
De muren zijn dik en altijd even koud.
Nooit komt er nieuw leven.
Ze zien de bloemen niet meer, de vogels niet meer.
Hun papegaai en hun hond zijn al even dood als zijzelf.
Ze gaan een avondje uit tot in de morgen,
om te slapen als de zon schijnt.
Ze gaan naar de dokter, naar de zenuwarts, naar de psychiater.
Want nooit voelen ze zich echt goed.

De gewichtige mensen zitten rond tafels
in luxueuze gebouwen tussen glas en beton,
doodernstig in eindeloze palabers over grote en kleine problemen.
De dossiers stapelen zich op. Ze groeien als reuzenpaddestoelen,
de kasten vol, de kantoren vol, de wereld vol,
tot het pikdonker is. Waar wil je met zo'n wereld naartoe?

Roep om de lente. Roep om de zon.
Laat je vangen door het wonder van het licht en het leven.
Wat meer vrolijkheid, wat meer frisse levenslust
en heel wat problemen verdwijnen vanzelf.
De leeuwerik zingt, omdat hij geen huishuur moet betalen.
Zie naar de hemel en zing,
omdat de zon gratis voor je schijnt.

---

18 APRIL

ZONDER VALLEN GEEN OPSTAAN

Ken je één enkel leven dat nooit en nergens
getekend werd door lijden en kruis,
één enkele mens die niet weet wat pijn en verdriet is?
In ieder normaal mensenleven is er een tijd van kommer en zorg,
van nacht en duisternis, van angst en vertwijfeling,
maar ook een tijd van vreugde en zonneschijn,
van vrede en rust, momenten van zaligheid en hemel.
In ieder mensenleven komen de donkere dagen,
de 'kruis'-dagen, of je nu gelovig bent of niet.

Als je in zulke dagen niet ten onder gaat in bitterheid,
opstandigheid en wanhoop, zul je de dagen van verrijzen kennen,
de dagen van nieuw leven, van voller en vrijer leven.
Ik ben ervan overtuigd dat lijden en kruis een diepe zin hebben.
Ze maken je rijper, ze louteren je,
ze maken je los van een hoop waardeloze, zinloze dingen.
Het is dikwijls zo dat wat je eerst aanvoelt als een ramp,
achteraf een genade blijkt te zijn!

Ik geloof dat het met de mens is als met de natuur:
op en af, lente en herfst, ebbe en vloed.
Als je nooit verdriet hebt gekend,
zul je nooit diepe vreugde kennen.
Zonder vallen en in de put zitten,
geen opstaan en geen verrijzen.
Als je gelovig bent, zeg ik je dit:
Jezus van Nazaret heeft alles z'n diepe zin gegeven
door zelf deze weg te gaan!

19 APRIL

JE ZULT STERVEN EN VERRIJZEN

'Je zult verrijzen!'
Een ongelooflijke boodschap! Een fantastische vreugde!
'Je zult sterven!' Je façade zal instorten!
Moderne filosofen zeggen je: de dood is
een definitief einde. Daarom is het leven zinloos, absurd.
Opstaan, eten, werken, eten, slapen,
maandag, dinsdag, woensdag, donderdag, vrijdag.
Altijd hetzelfde ritme. Kleurloos! Hopeloos! Triestig!
'Zelfmoord', zegt Albert Camus,
'is het enige echt ernstig filosofisch probleem!'

Je kunt je in je diepste binnenste niet verzoenen
met het zinloze en hopeloze van een definitief doodgaan.
Sterven is, biologisch beschouwd, het natuurlijke einde
van een natuurlijk levensproces. Toch weet je
dat er iets aan de binnenkant van je leven ligt,
wat je dieper eigen is dan je lichaam.

Je zult sterven, maar je zult weer leven!
Je zult verrijzen!
Als je dit kunt geloven,
zal het je zo overweldigen
dat je zult dansen en springen van vreugde.
Je dagen zullen nieuw worden!
De zon zal schijnen!
De mensen zullen lachen en blij zijn!
Je hebt een stuk van het 'verloren paradijs' teruggevonden!

20 APRIL

ECHTE LIEFDE

Iedere mens stelt zich de vraag: Wat is liefde? Wat is echte liefde?
Omdat zijn levensgeluk afhangt van het soort liefde
dat hij kent, beleeft of ervaart.
Je opvatting over liefde moet je niet zoeken in sensatiebladen
en sekspublicaties. Daar draagt de liefde
de vingerafdrukken van gewetenloze zakenlieden.
Ze hebben de liefde als een diamant in de riolen gesmeten.

Echte liefde heeft te maken met 'gave' en 'overgave',
met de diepe vreugde van het 'gegeven-zijn' voor de ander,
van het 'hart hebben' voor de ander, met tederheid en zachtheid,
met vriendelijkheid en vergevingsgezindheid,
met het afstand doen van macht en bezit en van geweld
en eigenlijk met het afstand doen van jezelf.
Tweeduizend jaar geleden schreef een zekere Paulus,
vooral door de christenen goed gekend,
de 'magna charta' van de liefde, die vandaag nog even actueel is:

Als je wilt weten hoeveel je van deze liefde bezit,
dan moet je het woord 'liefde'
vervangen door je eigen naam. Ik lees:
De liefde zoekt overal het goede! De liefde is niet jaloers!
De liefde beeldt zich niets in! De liefde zoekt zichzelf niet!
Zij laat zich niet kwaad maken en rekent het kwade niet aan.
De liefde verheugt zich niet over de fouten van anderen.
Zij is blij om het goede dat gedaan wordt. Zij verdraagt alles.
Zij gelooft alles. Zij hoopt alles. Zij duldt alles!
Geloof me, deze liefde is de enige liefde die standhoudt.
Deze liefde maakt nooit stukken!

21 APRIL

WIE IN VERRIJZENIS GELOOFT

Pasen is het feest van de verrijzenis!
Het feest van de jeugd! Het feest van het eeuwige leven!
Wie gelooft in de verrijzenis
wordt nooit oud, kan altijd opnieuw beginnen,
heeft na de zwartste nacht
steeds een lichtende morgen!
Wie gelooft in de verrijzenis
wordt nooit angstig voor het leven,
nooit wanhopig voor lijden en dood!

Wie gelooft in de verrijzenis
verzuurt en vergalt zijn leven niet
en laat zich niet vangen in de fijngesponnen netten
van onoplosbare problemen, die alleen meer onoplosbaar zijn,
omdat men de hele mens met ziel en geest en al
in het graf wil steken!

Ik geloof in de verrijzenis!
Ik geloof in het leven!
Ik geloof in de vergiffenis van de zonden,
dat slechte mensen, als die er zijn,
weer goede mensen worden!
Ik geloof in de liefde als de absolute macht,
die mensen en wereld
en heel de kosmos beweegt!
Ik geloof in God, die liefde is!

22 APRIL

FEEST VAN DE VREUGDE

Kom mee in de zon!
Voel je de 'lente' niet groeien in je hart?
Dit is de tijd voor vernieuwing,
voor een nieuwe hoop in een vermoeide wereld!
Ik geloof in de verrijzenis, omdat ik in de liefde geloof,
omdat ik de zinloosheid van het bestaan niet aanvaarden kan!

Kom mee in de vreugde!
Verrijs uit de duisternis en de uitzichtloosheid
van materialisme en zelfbevrediging,
uit de banale zorg voor gevulde buiken en beurzen.
Vernieuw jezelf en zuiver je hart!
Ieder hart heeft van tijd tot tijd een grote kuis nodig
om uit het stof te raken!

Vergeet je mislukkingen en herbegin weer
met de overgave van jezelf, zonder een prijs te vragen,
en je zult weer vreugde vinden.
Je kunt niet leven zonder vreugde
en de vreugde is dood, als je in weelde en welvaart verdronken,
je eigen leegheid en je eigen grenzeloze onvoldaanheid
met pillen probeert te vergeten.

Kies voor de verrijzenis!
Kies voor de lente! Dorre takken vallen af!
Alleen in alles wat nieuw en vernieuwd is,
vieren we het feest van de vreugde!

23 APRIL

HET LEVEN HEEFT WEER ZIN

Je christendom is een godsdienst
die de liefde als kenteken dragen moet.
Wil je een moderne christen zijn,
wees dan geen geestelijke dikhuid,
die de stroom van Gods liefde voor zichzelf alleen wil,
'mijn God', 'mijn ziel', 'mijn zaligheid',
'mijn hemel'. Onthoud goed: wie op z'n eentje
in de hemel wil komen, komt er nooit.

Wees geen naam-christen,
die op deze wereld vecht voor een aardsparadijselijk bestaan
en het geloof erbij neemt,
omdat hij op de eeuwigheid hoopt als op een smakelijk dessert.
Wees vooral geen te laat geboren farizeeër,
die alle niet-christenen voor zwarte schapen houdt
en alle niet-praktiserenden als verdoemden beschouwt.
Wees echt en trouw
en laat de vreugde van God in je groeien!

Christus is verrezen! Dit is historisch!
Wees blij, het leven heeft weer zin
en is niet gedoemd te eindigen in een put!
Je bent met miljoenen anderen
op weg naar een stralende toekomst,
die je 'hemel' noemen kunt!

24 APRIL

EEN NIEUWE MENS WORDEN

Pasen! Tijd van vernieuwing!
Tijd voor nieuwe mensen in een nieuwe wereld!
Hoog tijd om op te staan uit de duisternis en de nacht
van een onuitstaanbaar egoïsme.

Ik doe mijn venster open en kijk!
Niets is er veranderd! De zon en de wolken en de lucht!
De bomen en de huizen en de straten! De mensen en de dingen!
Ik zie ze niet veranderen! En toch!
De mogelijkheid zit erin een nieuwe mens te worden!
Een mens op weg naar het licht!
Een mens die zich afkeert van de hebzucht.

Verrijzen! Opstanding is wel nodig voor allen
die gestorven zijn, gestikt in eigen egoïsme!
Maar verrijzen is alleen mogelijk als je eerst bereid bent
je hebzucht en je eigenwaan te kruisigen!
Het zijn niet de medicamenten die je vernieuwen!
Nieuw leven krijg je nooit van buitenuit met allerlei lapmiddelen
die je hoogstens een tijdje rechthouden
in een zekere euforie om je eigen put te vergeten!
Nieuw leven wordt geboren binnenin,
in stilte en gebed, in soberheid en bezinning!
Pasen roept je op tot echt diep en geestelijk leven!

Pasen! Leef voluit! Leef in de vreugde! Christus is verrezen!
Elke dood is overwonnen! Dat is het einde van elk pessimisme!

25 APRIL

ZOEK EN BRENG WAT ZON

Heb je het goed? Ben je gelukkig?
Zit je in de 'zon'?
Denk dan heel veel aan anderen en gun ook hen
een plekje in de zon!
Want vergeet nooit,
ook je buren, ook je concurrenten,
zelfs je vijanden hebben recht
op een beetje 'succes', op wat vreugde
en een handvol 'geluk' in het leven.

Hinder nooit een ander
op zijn weg naar het geluk
en in zijn zoeken naar wat 'zon'.
Schep vreugde om je heen.
Het is veel te donker in de harten van de mensen.

Breng 'zon' in je gezin,
in je straat, in je dorp of stad.
Breng zon aan de ouden van dagen, aan de zieken,
aan de armen en de sukkelaars
die altijd in de schaduw zitten.
Maar zon kunt je slechts brengen
in de mate dat je liefhebt. De zon in je hart
staat op en gaat onder met de liefde.
Alle mensen in de zon!

26 APRIL

LIEFDE IN DE POLITIEK

Heb je ooit gehoord van 'liefde' in de politiek?
Neen, liefde in de politiek is een utopie, zegt men,
iets voor idioten en naïevelingen!
Er is geen liefde in de politiek.
Alleen berekening. Een afwegen van machtsverhoudingen.
Een vechten voor invloed, meer invloed!
Een nooit opgeven van eigen belangen, partijbelangen!
Een nooit toegeven aan tegenstanders!

'Liefde' is zwakheid in de politiek, zegt men.
En daarom is er geen vrede,
geen levensminimum voor de kleinsten en de armsten,
geen ruimte voor minderheden,
geen eten, geen huis, geen school, geen hospitaal,
geen welvaart voor miljoenen hongerlijders over de wereld.
Daarom zijn er zoveel geweren, zoveel kogels,
zoveel kanonnen, tanks, zoveel bommen en granaten.
Daarom zijn er zoveel soldaten, te veel soldaten,
te veel doden, te veel gekwetsten, te veel slachtoffers,
en zijn de ogen van zovele moeders moegeschreid.

Ik zou willen horen van 'liefde' in de politiek,
van eenvoudige echte liefde,
die als een frisse lente onze politiek zou vernieuwen.
Ik wens alle politici méér dan al hun miljoenen,
ik wens hen 'een hart'!

27 APRIL

WAAR LIGT HET ONDERSCHEID

Het leven is als een lot uit de loterij!
Je weet nooit wat je winnen gaat.
Veel mensen menen echter dat ze een slecht lot getrokken hebben
en wat nog erger is, ze zijn ervan overtuigd
dat hun buurman die wat meer feestviert, het goede lot heeft.
En toch, ik moet je zeggen: de loten verschillen niet zo heel veel;
de een kan zich wat meer 'franjes' permitteren
dan de ander, maar dat is ook alles.
Het verschil zit in de wijze van bekijken
en de wijze van aanvaarden
en dat hangt van jezelf af.

Ik heb al heel wat mensen ontmoet, alle soorten van mensen,
en naar hun diepste geheimen geluisterd,
maar nooit ben ik een mens tegengekomen
die het 'lot', het grote, volmaakte gelukslot getrokken had.
Ze hadden allen ergens iets wat tegenzat.
De gelovigen noemen dat het 'kruis'.
Bij de anderen was het 'ik heb geen chance'.

Daar waren mensen bij die door lijden en veel miserie heen
toch blije, vrolijke mensen zijn gebleven. Anderen gingen
onder de druk van moeilijkheden tegen de vlakte
en waren verbitterd en opstandig geworden.
Ze hadden dikwijls hetzelfde meegemaakt
en toch was het resultaat zo heel anders.
Het leven is als een lot uit de loterij;
maar je kunt er zelf toch heel veel aan doen!

28 APRIL

ZEUREN VERZUURT HET LEVEN

Wist je dat 'zeurkous' volgens het woordenboek
zowel mannelijk als vrouwelijk is?
Ken je de spreuk: 'Er is zoveel liefs te zeggen, beste zeurkous!'?
Om over na te denken!

Je bent toch zo gemakkelijk aan 't zeuren,
als je je zin niet krijgt,
als iemand nu niet precies doet wat je zegt.
't Kan ziekelijk worden, weet je?

De toon van je stem wordt dan zo vervelend en zo oereentonig!
Met dat gezanik en gelul over honderd en één futiliteiten
maak je het leven echt zuur!
Een zeurkous ziet het al regenen wanneer de zon nog schijnt.
Alle tijden zijn dan slechte tijden.
Nooit raakt een zeurkous uitgepraat over dingen
die niet deugen en over mensen die niet in de smaak vallen.
Ik krijg dikwijls de indruk dat een zeurkous daarvan geniet,
terwijl het ieder ander de keel uithangt!

Laten we de zeurkous dan maar vlug begraven!
Tenminste als ze woont in ons eigen vel!
Doe eens een 'licht' aan in je hart,
dan komt er vanzelf 'licht' in je ogen,
dan zul je mooie dingen zien en lieve mensen!
En dan is het echt geen kunst om iets moois en liefs te zeggen!
Ik voel de wereld al warmer worden!

29 APRIL

DE WITTE KERN VAN EEN VLAM

Ik wens je de vreugde!
Ik wens dat je de vreugde mag ontdekken,
de kern van elk levensgeluk!

Maar denk eraan: vreugde
en plezier is niet hetzelfde!
Plezier is voor je lichaam, voor je zinnen
en daarom zo voorbijgaand.
Een plezierige dans- of drinkavond kan je
enkele uren alles doen vergeten,
maar er blijft je 's anderendaags niets meer over
dan misschien wat hoofdpijn.

Vreugde ligt veel dieper in je ziel!
Vreugde is als de witte kern van een vlam
die je hele wezen doorzindert.
Niemand kan je juist zeggen wat vreugde is.
Vreugde moet je zelf ervaren!

Vreugde komt plots
als een wonder gevoel over je heen,
wanneer je jezelf vergeet,
een goed mens wordt
en eindelijk beseft
dat God nabij is als een Vader
die alles begrijpt en al je noden kent!
Ik wens je de vreugde als de witte kern van een vlam!

30 APRIL

MEI

Alleen de liefde
is een huis
om eeuwig in te wonen.

FEEST VAN DE ARBEID

1 mei. Feest van de Arbeid,
een dag om te vieren, maar ook een dag om even na te denken.
Daarom deze eenvoudige vraag! Werk je graag
of vind je een werkdag een ongeluk?

We zijn er erg op vooruitgegaan.
We hebben een zekere welstand veroverd. Akkoord.
Als 'n mens tegenwoordig dorst krijgt, gebeurt het maar zelden,
dat hij nog gewoon 'water' drinkt.
En wie vindt een stuk gewoon brood nog lekker?
De meeste mensen rijden per auto
en kijken vanuit gemakkelijke zetels naar televisie.
Iedereen wil het goed, gemakkelijk en zeer comfortabel,
maar weinig mensen hebben nog zin om te werken.
Dat is een gevaar.
Ik vraag me af of deze vooruitgang niet bezig is
ons, mensen, van binnenuit te ruïneren.

Het Feest van de Arbeid moet ons leren
de geestelijke, intellectuele en lichamelijke arbeid te herwaarderen.
Vreugde te vinden in een gewone werkdag.
Zolang je vreugde vindt in je gewone dagelijkse werk,
leef je in de ruimte van het geluk!
Werk je met tegenzin,
dan is elke dag een 'rotdag'
en is een Feest van de Arbeid totaal zinloos!

DE MOEDER, HET HART VAN HET GEZIN

De meimaand is de maand van alle moeders.
In winkels word je ertoe aangezet iets te kopen voor moederdag.
Vergeet echter nooit dat het mooiste geschenk
je eerbied is, je grote zorg en je kinderlijke liefde voor haar.

Draag je moeder hoog op de handen.
Het is een wonderbaar iets, een moeder.
Onze moeder begrijpt ons, zij werkt voor ons,
zorgt voor ons, bemint ons, bidt voor ons
en het enige kwaad dat zij ons ooit doet,
is te sterven en ons te verlaten.
Als je nog een moeder hebt, houd ze dan in ere
en wacht niet tot ze dood is om haar bloemen te brengen.
Wees goed voor haar en dat niet alleen op moederdag.

Als je moeder oud is en misschien
sukkelt met haar gezondheid, wees dan dubbel bezorgd.
Zij droeg je door de morgen van het leven,
jij moet haar liefdevol door de avond van het leven dragen.
De moeder is het 'hart van elk gezin,
de band die allen samenbindt,
het "vuur" in de haard, dat allen verwarmt'.
Hoe oud je ook wordt
en wat je ook misdaan hebt,
voor moeder blijf je altijd: haar kind!
Echte moeders zijn in staat tot de onmogelijkste
en meest wonderbare dingen.
We kunnen moeder nooit missen!

2 MEI

SPONTANE LIEFDE

Weeg je liefde niet af op een krentenschaal.
Zit niet vooraf uit te meten hoeveel je zult geven,
hoe ver je zult gaan in je liefde.
Laat je liefde spontaan zijn.
Afgewogen en afgemeten liefde is geen echte liefde.
Dat is berekening. Dan mis je de vreugde.
Dan ben je niet gelukkig met je liefde.
Dan leef je tevreden en onverschillig
en gaan alle dagen als een vervelende trage trein aan je voorbij,
maar dan wordt het nooit warm in je binnenste.
Dan heb je nooit zin om te dansen en te zingen.

Spontane liefde is iets fantastisch.
Spontane liefde voor je man, je vrouw,
je kinderen, je vader en moeder,
voor een verlaten kind in de straat,
voor een mens die lijdt of voor iemand die verstoten wordt.
Spontane liefde is een gave, die je 'mens' maakt.

Niet wat je hebt, wat je bezit aan materiële goederen,
maakt je overvloed uit, maar wel hetgeen je geniet.
Als je kunt genieten van een bloem,
een glimlach, het spel van een kind,
ben je rijker en gelukkiger dan de rijkste rijkaard.
Spontane liefde voor de mensen en de dingen
om je heen weze je voornaamste bezit.
Dan kun je voor de rest veel missen!

3 MEI

WAT MOEDERS DOEN

Nooit was je met iemand zo innig verbonden,
nooit met iemand zo intiem verenigd,
als met je eigen moeder.
Zij heeft je gedragen, gevoed, gevormd,
vlees van haar vlees, bloed van haar bloed.
Je hebt je leven gedronken
uit de kelk van haar liefde.
Je geboorte, je menswording
was een triomf voor haar.
Het is jammer als je vandaag
geen vreugde meer bent voor je moeder.

Echte moeders zijn fantastisch, de oudere,
zowel als de jongere, de kersverse moeders.
Zij doen geen uitvindingen,
hebben geen zetel aan de universiteit,
bouwen geen bruggen, geen wegen, geen steden.
Zij doen oneindig veel meer.
Zij maken de mensen voor morgen.
Moeders brengen in de wereld
het allervoornaamste: de liefde.

God bemint ieder kind met het hart van zijn moeder.
Waar moeders capituleren, sterft de liefde
en waar de liefde dood is, kan geen mens nog
in God of in het leven geloven!

4 MEI

GEBORGENHEID

Iedere mens die op de wereld komt,
is zijn leven lang op zoek naar geborgenheid.
Hij wil een thuis vinden, zekerheid en menselijke warmte.
Wie geen geborgenheid vindt, is een geschonden mens.
iemand die zich niet goed voelt in zijn eigen vel.
Een kind moet tedere, zachte geborgenheid
vinden bij een vader en een moeder.
Een jongen zoekt geborgenheid bij een meisje en omgekeerd
en mensen zoeken geborgenheid in huwelijk en vriendschap.

De grond van elke geborgenheid is: liefde!
Liefdeloosheid en zelfzucht
verstoren iedere geborgenheid en maken van de mens
een thuisloze, een alleenstaande, een gehavend wezen,
steeds gejaagd en nooit voldaan.
Het drama van deze tijd is, dat we elkaar
geen geborgenheid meer kunnen bieden.
We kunnen elkaar geen thuis meer geven,
omdat we de 'liefde' verleerd hebben,
omdat we de bron van alle liefde, God, verlaten hebben!

Ik wil je gewoon maar zeggen: probeer
in een stille overgave, aan God de 'liefde' terug te vragen.
Als je in God geborgen bent, kun je weer
je medemensen herbergen,
een warme thuis geven.

5 MEI

MINDER BEGEREN

Om gelukkig te zijn moet je niet op de eerste plaats
je bezittingen vermeerderen,
maar wel je begeerten verminderen.
Velen gaan precies averechts te werk.
Ze zijn ontevreden met wat ze hebben
en proberen dingen te krijgen
die ze op geen enkele manier kunnen gebruiken,
maar ze willen die dingen, omdat de buurman ze ook heeft,
omdat de reclame ze opdringt
en vooral omdat ze ermee de mensen kunnen overdonderen
die ze niet kunnen verdragen.

Doe hier niet aan mee!
Je geraakt in de schuld!
Je hebt een nutteloos ding méér
en morgen krijg je weer zin in iets anders.
Vroeg of laat ga je toch ontdekken
dat je met al die luxedingen
niet gelukkiger wordt.

Je bent rijk en gelukkig,
niet als je veel bezit,
maar als je veel kunt missen.
Zoek geen rijkdom te bezitten,
maar probeer een rijkdom te zijn
voor anderen!

6 MEI

WAAR ZIJN DE BLOEMEN GEBLEVEN

Zeg 'ns! Waar zijn de bloemen gebleven?
De bloemen van de mooie en de goede dingen
in het journaal, in de dagelijkse krant
en in de dagelijkse gesprekken?
Ze zijn gestikt en gestorven
in een lawine van berichten over haat, geweld,
moord, grote en kleine schandalen.
Niemand heeft de bloemen gezien. Niemand erover gehoord.
Ze zijn gestikt en gestorven
in de portefeuille van sensatiespeculanten
en op de lippen van de ongeluksprofeten!

Zeg 'ns! Waar zijn de bloemen gebleven?
De bloemen van de kleine attenties voor elkaar.
De bloemen van het geschenk-zijn voor elkaar.
De man voor de vrouw. De vrouw voor de man.
Alle mensen voor mekaar!
Ze zijn doodgegaan in ons eigen oorlogje binnenshuis,
in onze kleine ruzie met de buurman, in onze eigenzinnigheid,
in het niet heenkomen over onze soms dwaze gevoeligheden,
onze prikkelbaarheid.

Zeg 'ns! Waar zijn de bloemen gebleven
van dat klein beetje blije geborgenheid
dat we elkaar moeten bieden?
Je hebt een hart en er is een mens
die je nodig heeft.
Blijf niet blind en doof!

---

7 MEI

DE WEG NAAR HET HART

We kunnen boodschappen terug laten komen via de maan
en ruimtevaarders naar de sterren sturen,
maar we vinden het steeds moeilijker om de weg te vinden
naar de geest en het hart van hen die we liefhebben.

'Hij is gewoon onbereikbaar voor me,' zegt een vrouw.
'Ik kan geen contact met haar krijgen,' zegt een man.
'Ik kan praten tot ik erbij neerval,
maar dat kind luistert gewoon niet,' zeggen ouders.
Hoelang is het geleden dat je samen met je man
of je vrouw arm in arm gewandeld hebt?
Speel je ooit met de kinderen?

Soms kan een handdruk, een lichte schouderklop, een streling
een sfeer van genegenheid scheppen,
die veel dieper gaat dan woorden.
Nabijheid, tederheid, aanraking zijn dingen
die zo vaak ontbreken bij mensen die hulp nodig hebben,
ook bij zieken, bij eenzamen, bij lijdenden.

Een liefdevolle aanraking doet soms meer
dan een hoop mooie woorden.
Maar zorg ervoor dat het geen aanraken is
om in bezit te nemen, om te hebben.
Heb lief, niet met handen om te grijpen,
maar met een hart om te geven!

8 MEI

SAMENLEVEN

Trouwen is gemakkelijk, maar 'getrouwd zijn'!
Dat is wat anders!
Vele huwelijken vallen uiteen.

Daarom is het uiterst belangrijk, dat je de liefde
en het wederzijds respect voortdurend doet groeien.
Een kleinigheid kan je huwelijk ten zeerste verbeteren:
een lovend woord, een compliment,
een met aandacht uitgezocht cadeau.
Je moet je dagelijks oefenen in het begrijpen en aanmoedigen
van elkaars sympathieën en elkaars smaak.
Probeer nog eens gezellig samen te praten.
Een intiem gesprek, een gedeelde vreugde
en een samen gedragen leed
versterken de banden.
Mevrouw, wees zó dat je man graag thuiskomt:
hartelijk, begrijpend en met een verzorgd uiterlijk.
Beste man, sta niet onverschillig tegenover je vrouw.
Wees geen egoïst, geen knorpot.
Heb nog eens wat tijd voor je vrouw.
Alleen 'echte' liefde houdt stand!

9 MEI

NIET WACHTEN TOT HET TE LAAT IS

Je hebt misschien nog een vader en een moeder!
Je bent misschien getrouwd!
Wees dan goed, vriendelijk en vol attenties,
vooral thuis!
Want als een vader of moeder, een man of vrouw sterft,
komt het zeer dikwijls voor, dat de achtergebleven
kinderen of huwelijkspartner grote spijt krijgen
over hun soms liefdeloze houding.

Ook jij zult je dan op de eerste plaats herinneren
de ogenblikken, dat je hard en brutaal was
tegen een oude vader of moeder,
als die eens gemorst hadden.
Als man zul je je vooral herinneren
hoe weinig begrip en waardering
je soms had voor je vrouw
en als vrouw zul je gaan inzien
dat je man dikwijls ontgoocheld moet zijn geweest
door je grillen, je dwaze jaloezie
en je gebrek aan toewijding.

Dan zul je pas goed aanvoelen
hoe die ander in stilte dikwijls veel geleden heeft.
Dan zul je ongezien schreien:
'Had ik nog maar eens vijf minuten om alles te zeggen
en alles weer goed te maken, één keer vijf minuten!'
Maar het is steeds te laat om spijt te hebben,
als men wacht tot iemand dood is!

---

10 MEI

DE ENIGE KANS

Als het lijden je treft, wees dan niet opstandig.
Zeg toch niet: 'Ik kan het niet aanvaarden!
Het is te zwaar en té onrechtvaardig!
Ik heb het niet verdiend!'

Het lijden is een mysterie!
Het grijpt je plots aan, brutaal en zonder medelijden:
een ongeval, ziekte, gebrek,
wangedrag van een kind,
dood van een geliefde.
Je stikt bijna in het verdriet
en je zou willen vloeken.
Dit is wanhoop en maakt alles erger.

Probeer te aanvaarden...
Je kunt misschien een nieuwe mens worden,
dieper en rijker vanbinnen,
milder en meer begrijpend voor anderen.
Probeer te aanvaarden...
Het is je enige kans.
Het lijden vergroot en verruimt je hart
en opent je voor nooit gekende vreugden.
Je zult door je eigen leed gelouterd
een haven zijn
voor vele mensen in grote nood.

EEN VERHAAL ALS EEN SPROOKJE

Je moet goed, lief, hartelijk en vriendelijk zijn voor de mensen.
Vol attentie zijn, vooral voor zieken, gehandicapten, bejaarden
en voor mensen die door het leven aan de kant werden gezet.
Je moet bloemen brengen aan levende mensen!
Niet wachten tot ze dood zijn en dan meewarig
zeggen: 'Ze hebben niet veel gehad!'

Waarom hebben zoveel mensen niets aan het leven?
Omdat ze geen vriendschap hebben,
geen mensen kennen die van hen houden.
Omdat ze nergens een teken
van sympathie en genegenheid vinden.
Omdat voor hen nooit een bloem staat te bloeien!
En toch, bloemen doen wonderen!
Het hoeven geen dure, kostbare bloemen te zijn!
Gewoon eenvoudige bloemen! Een glimlach,
een goed woord, een simpel gebaar zijn ook bloemen!

Het kleinste bloempje dat met een warm hart gegeven wordt,
vertelt aan degene die het ontvangt, een mooi verhaal.
Een zuiver heerlijk sprookje over een klein stukje hemel op aarde,
waar de mensen engelen zijn, waar voor elke angst,
voor alle pijn en voor iedere traan een zachte troost bestaat,
waar de mensen zoals de bloemen bloeien voor elkaar.
Ik hoor uit de mond van duizend zieken,
gehandicapten, bejaarden en eenzamen eenzelfde kreet:
'Breng je bloemen nu, vóór ik dood ben!'
Zorg voor het sprookje! Nu! Vandaag!

---

12 MEI

GEWETENSONDERZOEK

Moederdag! Moeders zijn de altijd zorgende,
steeds in de schaduw werkende vrouwen,
zonder achturendag, zonder verlofgeld en zonder stakingsrecht.
De meest vergeten en toch de meest belangrijke groep
van vrouwen met de grootste verantwoordelijkheid.

Winkels en magazijnen sporen aan: vier moeder,
maar dit is niet zo belangeloos.
We zijn een gecommercialiseerde beschaving,
waar het edelste dienstbaar wordt gemaakt aan de portemonnee.
De moderne publiciteit ziet in de vrouw enkel en alleen
een fascinerend lokmiddel om de verkoop te stimuleren.
In film- en tv-programma's verschijnt de vrouw
meestal alleen maar als 'seks-artikel'!

Moederdag moet leiden tot bezinning
over de eigenlijke schoonheid van de vrouw
en het ondoorgrondelijk mysterie van haar moeder-zijn!
Moederdag moet niet oproepen tot het kopen van geschenken,
maar moet ons aanzetten tot een gewetensonderzoek.
Wat heb je als kind voor je moeder gedaan?
Voor dat wezen, dat om je bestaan geleden en gewerkt heeft,
dat je met zoveel zorg en tederheid jarenlang omgaf.
Wee je, als je geen eerbied hebt voor je moeder,
als je voor haar onverschillig, koud en hard bent.
Alle liefdeloosheid in familie is wraakroepend,
maar liefdeloosheid ten overstaan van je eigen moeder
is 'monsterachtig'!

13 MEI

MOEDERDAG

De vrouw is een wonderlijk wezen.
De vrouw is de eerste en intiemste woning van iedere mens.
In haar schoot vindt hij zijn allereerste geborgenheid.
Als 'n mens niet meer veilig is in de moederschoot,
vervallen we, ondanks alle beschaving, in zuiver barbarisme.
Daarom is een slogan als 'baas in eigen buik' walgelijk.
Waarom spreekt men niet over 'baas in eigen hart
en in eigen hoofd', doelend op de zware verantwoordelijkheid
van mensen die van hun seksuele omgang
een monument van liefdeloosheid maken?

Men klaagt dat de wereld geen hart heeft, geen warmte,
geen menselijke sfeer, geen geborgenheid.
Kan een vrouw dat alles niet geven?
Er is heel wat te doen over de emancipatie van de vrouw. Terecht.
De vrouw is geen speelbal voor de man, geen wezen in zijn dienst
en geen prooi om te verslinden.
Maar kun je dan van emancipatie spreken
als men ook nog van de vrouw een productiemachine wil maken?

We hebben de vrouwen meer dan ooit nodig
om de gastvrijheid terug te brengen, de tederheid,
de zachtheid, de fijnheid, de charme,
alle dingen die het leven mooi en aangenaam maken.
We hebben ook de moeders nodig.
En als we moeder vieren, vieren we onze eerste liefde
en onze vreugde om het bestaan,
en ook ons geloof in de toekomst.

---

14 MEI

EEN GEZONDE BODEM

Ik zie dat een plant, een boom alleen maar groeit,
groot en sterk wordt in goede, gezonde bodem!
Zo is het ook met de mens en met de jonge mens!
Hij kan maar groeien, groot en gelukkig worden
als hij in gezonde bodem staat!

Het gezin is de bodem! De school is de bodem!
De maatschappij, de publieke atmosfeer is de bodem!
Het hangt van zijn voedingsbodem af of iemand menselijk
kan groeien of als mens gaat verdorren en afsterven!
Een mens neemt het voedsel voor zijn groei naar
geestelijke volwassenheid op via de wortels van hoofd en hart!
De voedingsbodem van de mens is echter grondig aangetast.
Gezinnen en scholen zijn dikwijls kale en saaie vlakten,
waar de jonge mensen niet meer worden gevormd
en de weg naar waarachtig geluk niet meer vinden.

Als ik verbitterde, hangende, liggende, luie jonge mensen zie,
hun hart vol duisternis,
dan voel ik de dorheid, de armoede van de voedingsbodem!
Zoals we behoefte hebben aan zuivere lucht, aan helder water,
zo hebben we dringend behoefte aan heldere, zuivere gedachten:
goedheid, vriendschap, moed, vertrouwen, inzet
en belangeloze liefde!
Het is erg als bomen sterven in vergiftigde grond.
Het is een ramp als mensen sterven
bij gebrek aan een gezond milieu!

15 MEI

GRATIS RECEPT

Ik zou alle mensen gelukkig willen zien,
ook jij! Daarom vraag ik je!
Houd je hart vrij van haat, jaloezie
en van al die duistere gevoelens
die je omlaaghalen.

Bevrijd je geest van alle overdreven zorg
en van alle gepieker over zaken
waar je toch niets aan kunt veranderen.
Leef eenvoudig en sober,
want weelde en losbandigheid
verwoesten de mooiste gaven van je hart
en storten je in de grootste geestelijke verwarring.

Werk hard en verwacht geen onmogelijke dingen.
Zorg voor een gezonde nachtrust.
Lach veel. Kijk zonnig.
Vergeet jezelf en denk eens wat meer aan anderen.
Praat regelmatig met God
en behandel je medemensen
zoals je zelf behandeld wilt worden.

Dit is een kosteloos, maar verbazingwekkend recept.
Probeer dit een week lang vol te houden.
Je zult verbaasd staan.
Geef dit recept door aan vrienden en kennissen.
We maken een nieuwe wereld.

16 MEI

EEN LEPELTJE HONING

Toen ik deze morgen een lepel honing naar m'n mond bracht,
aarzelde ik plots en ik vroeg me af:
Hoeveel vlieguren van hoeveel bijtjes
vertegenwoordigt deze lepel honing?
Ik voelde vreugde en dankbaarheid, want ik geniet van honing.
Iemand heeft de bijtjes op weg gestuurd.
Iemand heeft de bloemen doen bloeien en de zon doen schijnen,
want als het regent vliegen de bijtjes niet.
Iemand heeft de bijtjes gevraagd gratis te werken
en iemand heeft de bloemen ingegeven gratis te bloeien.
Iemand moet veel van je houden om zo'n organisatie op touw
te zetten voor dat lepeltje heerlijke honing van je in de morgen.
Hier is ergens een intense liefde ingebouwd.
En je voelt je wat ellendig omdat je daar zo weinig aan denkt.
Je wordt je plots bewust van de vreselijke oppervlakkigheid
en de geestelijke afstomping van onze verzakelijkte levenswijze.

Je leeft tussen de wonderen en je bent nooit meer verwonderd!
Je hebt geld, maar een wonder kun je niet kopen,
zoals iemand zei: met geld kun je een hond kopen,
maar nooit het kwispelen van zijn staart!
Begrijp je dat? Misschien begrijp je er helemaal niets van!
Je moet met de bomen gaan praten. Ze zijn gastvrij.
Ze geven je schaduw en laten de vogels in hun takken wonen.
En luister naar de bloemen. Ze vertellen je van de bijtjes.
Het is allemaal zo wonderlijk, zo eenvoudig en zo mooi.
Met een lepel honing in je hand kun je blij en gelukkig zijn,
kun je God danken voor heel de schepping!

17 MEI

DE MENS HEEFT RUST NODIG

Weet je, als je piekert,
als je ruziemaakt, en steeds weer praat
alsof je het ongelukkigste schepsel ter wereld bent,
kun je alleen daardoor reeds ziek worden. Ja ziek.
Je krijgt hoofdpijn.
Je bederft je eetlust en je slaap.
Je werkt iedereen op de zenuwen,
vooral je eigen huisgenoten
die er ook hoofdpijn van krijgen.

Draag nooit je gepieker, je woede of je ruzie
mee naar de volgende dag.
Huwelijken lopen verkeerd, gezinnen vallen uiteen,
vriendschappen brokkelen af, omdat de een de ander
wil straffen met stom te lopen
of hem de oren van de kop te zagen.

Probeer vlug over alles heen te komen.
Blijf niet op een stoel zitten of in een zetel hangen
om alles voortdurend te herkauwen.
Ga wat tuinieren, wat schoonmaken
of maak een wandeling.
Een lichamelijke inspanning zal je tot rust brengen,
en je geest naar boven richten.
Want boven alles heb je innerlijke rust en vrede nodig
om gezond en gelukkig te zijn.

18 MEI

DE ESSENTIËLE DINGEN VAN HET LEVEN

Weet je dat de meest essentiële dingen van het leven gratis zijn?
Je hoeft er nooit voor te betalen! De lucht in je longen,
de zon, waar je niet voor op 'n knop hoeft te drukken.
Die vanzelf komt en het licht aansteekt voor een nieuwe dag!
Aan wie heb je je ogen betaald en de motor van je hart,
die geruisloos, zonder enige milieuhinder klopt?
Vind je het niet fantastisch dat dit alles volkomen gratis is
in een wereld waar alles met geld betaald moet worden?

Dingen die essentieel zijn voor je leven, zijn gratis!
Ook dingen die essentieel zijn voor je geluk,
zijn gratis! Vriendschap en liefde!
In de grote magazijnen vind je duizend dingen te koop,
maar nergens kun je een handvol vreugde kopen
als 't thuis triestig is, nergens vind je
levensmoed en vriendschap in een pakje!
Met het geld van de wereld kun je niet één gram liefde kopen!

Er is een nieuwe ziekte ontstaan: de 'verdikking van het ik'.
De meest aangetasten zijn eenzame dikhuiden geworden.
Ze hebben een dik vel, kopen daar dure kleren rond,
bouwen daar een weelderig huis omheen.
Ze hebben alles wat met geld te koop is
en missen de essentiële dingen, die gratis zijn!
Hoe zit het met je verdikking? Praat 'ns met de zon!
Adem 'ns heel diep! Luister 'ns naar het kloppen van je hart
en kijk 'ns naar je mooie ogen. Wees gevoelig
voor 'n glimlach en een lieve attentie!
En wees dankbaar!

19 MEI

RECHT OP LEVEN

Het allereerste en meest onaantastbare
recht van een mens is: recht op leven!
Voor dat recht is ieder persoonlijk
en zijn we allen samen zwaar verantwoordelijk!
Alvorens over abortus te spreken,
moet dit recht absoluut veilig gesteld!
'Vrije abortus' en 'baas in eigen buik' zijn afschuwelijke slogans!
Men is tegen de oorlog en tegen het geweld,
maar men wil het geweld in de moederschoot legaliseren.
Dit is de zuiverste hypocrisie!

Met alle respect voor de echt dramatische noodtoestanden
waarin met veel begrip en mildheid geholpen moet worden,
vraag ik me af waarom in alle talen gezwegen wordt
over alles wat eraan voorafging.
Kan men geen zinnig woord vinden over de verantwoordelijkheid
van mensen in hun seksuele relatie?
Of is dit te pijnlijk voor hypergevoelige egoïsten?
De mannen zijn hier soms schuldiger dan de vrouwen!
De gentleman is in feite een barbaar
telkens als hij een vrouw als lustobject gebruikt en misbruikt.

In de emotioneel geladen discussie over abortus
wacht ik op het woord 'liefde' of het woord 'zorg',
zorg voor al wat zwak en machteloos is!
Als we de poorten openzetten voor de jungle,
waar de macht van de sterkste gelegaliseerd wordt,
gaan we regelrecht naar het totale failliet
van de menselijke beschaving.

---

20 MEI

IETS GOEDS ZEGGEN

Heb je vandaag al iets goeds
gezegd van een ander?
Het is zeer belangrijk!
Heb je de gewoonte,
als je over anderen spreekt,
slechte dingen te zeggen,
dan deug je zelf niet,
dan mankeert er iets aan je zienswijze,
dan ben je blind of hopeloos scheel,
dan zou ik niet graag met je samenwonen en samenwerken.

Ben je echter geneigd heel spontaan
goede dingen te vertellen over anderen,
dan hoef ik verder niets van je te weten,
dan hou ik van je
en zou ik graag met je omgaan,
want dan ben je een goed mens.

Wil je gelukkig zijn in het huwelijk,
zeg iets goeds van je man, je vrouw.
Meen je dat de ander 99 gebreken heeft
en maar één hoedanigheid,
praat dan over die éne goede hoedanigheid.
Dan komen er vanzelf
nieuwe hoedanigheden bij.
Zeg vandaag nog iets goeds van een ander
en je steekt de zon aan in alle harten.

21 MEI

EEN GEVAARLIJKE MODE

Ontrouw is een gevaarlijke mode aan het worden!
De moderne mens schijnt geen bindingen voor het leven meer
te kunnen verdragen, omdat zulke bindingen altijd offers vragen.
De mens van nu ligt, ondanks alle woordenkramerij
over medemenselijkheid en solidariteit,
alleen maar in aanbidding voor zijn eigen 'ik'.
Hij blijft alleen trouw aan zijn 'ik', hoe opgezwollen ook,
en vindt hiervoor allerlei psychologische argumenten
in een onvolwassen wetenschap.

Nu 'ontrouw' in de mode komt, begint men als vanzelf
ook te spreken over de 'ideale scheiding'!
Maar, lieve mensen, een 'ideale scheiding' is een 'sprookje'!
Volgens een sociologisch onderzoek bij gescheiden vrouwen
heeft 82 % van de vrouwen spijt over hun beslissing
en voelen ze zich ongelukkiger.
Jaren geleden heeft iemand gezegd:
'De slechtste verzoening gaat nog altijd boven
de beste scheiding' (Miguel Cervantes).

De scheiding brengt vaak bittere ontgoochelingen mee,
erg voor de partner, maar erger voor de kinderen
die totaal onschuldig door deze ontrouw meestal
reeds vanaf het begin tot mislukken in het leven gedoemd zijn.
We moeten koste wat het kost de 'trouw' gaan herwaarderen!

22 MEI

DENKEN MET HET HART

Zonder het zelf te beseffen, denk je met je hart.
Je kijkt met je hart naar de mensen en de dingen.
Van je hart hangt je verhouding met je omgeving af.
Waar je hart naar uitgaat, dat zul je verdedigen
met heel je verstand en met al je wilskracht.
Je hart kiest de mensen en de dingen waarvoor je leven wilt!
Je hart kiest de ideologie, de politiek,
het systeem, waarvoor je vechten wilt!
Maar ook, het hart verduistert of verlicht het verstand.

Onthoud dit goed! De enige norm voor het hart is: de liefde.
Is je hart vol egoïsme en vol wantrouwen,
dan zal je verstand nooit een weg naar vrede vinden.
De mensen houden niet van elkaar
en daarom juist zullen ze het nooit eens worden.
Het enige wat ze bereiken is een wankel machtsevenwicht,
gebaseerd op wederzijds wantrouwen.
Dat men zwijgt over vrede, zolang dit niet meer betekent
dan het internationaal samenhokken op een koude planeet
of het liefdeloos samenzitten in eenzelfde huis, in eenzelfde land!

De vrede, de vreugde, het geluk in de wereld
zijn geen verstandelijke aangelegenheden,
maar zaken van het hart!
Elke samenleving is rot in de wortel
zolang het 'hart' van de mensen niet gesaneerd is!
Daarom is de eerste opdracht van iedere mens
ook jouw opdracht: cultuur van het hart!

23 MEI

MIJNHEER 'IK'

Ken je mijnheer 'ik'?
Het is een zonderlinge, maar geen zeldzame figuur.
Hij woont zowat overal.
Mijnheer 'ik' is vol van zichzelf.
Hij leeft en werkt alleen voor zichzelf.
Mijnheer 'ik' voelt zich het centrum van de wereld.
Hij is doof voor elke oproep,
voor elk woord van een ander,
blind voor elk gebaar en voor elke blik.
Hij is echt gefascineerd door zijn eigen 'ik',
volkomen in beslag genomen
door zijn eigen gedachten en zijn eigen belangen.
Mijnheer 'ik' is nooit vrij, nooit beschikbaar!

Je zegt: die ken ik,
dat is mijn buur, mijn collega,
die woont in mijn straat.
Kijk eens heel diep in je eigen hart,
want misschien zit hij ook daar.
Zet hem buiten!
Verzoen je nooit met mijnheer 'ik'.
Wees sociaal
en voel je samen met je medemensen,
deel hun zorgen, hun vreugden en hun verdriet.
Egoïsme is onzin! Schrijf dat in je hart!

24 MEI

ANDERE LEEFREGELS

Het is doodjammer dat zoveel mensen
hun 'thuis' verloren hebben.
Het gezinsleven
is op zoveel plaatsen gestrand
op nieuwe, moderne, maar volkomen zinloze leefregels.
Door de nieuwe technische verworvenheden,
de algemene welvaart en een verbazend comfort
zijn nieuwe gewoonten ontstaan.
Je hebt een auto in de garage staan
en je kunt niet meer thuisblijven!
Je hebt een tv in huis
en je zit de hele avond aan het scherm geplakt!
Je kunt in de shopping goedkoop gaan eten
en je zit thuis niet meer rond de tafel!

Leef je nog? Of word je geleefd
en geleid en gedraaid en gekneed
op de lopende band voor standaardproducten?
Veel zuivere vreugde en schoon geluk gaat verloren.
Laat je auto eens staan
en geniet van een gezellig samenzijn thuis!
Draai dat laatste halfuur tussen de dag en de nacht je tv-knop toe
om wat te keuvelen en vertrouwelijk in familie samen te zijn!
Probeer altijd op de meest eenvoudige wijze gelukkig te zijn!
Zoek het vooral niet in levenloze en zinloze dingen.
Zoek het op de allereerste plaats 'thuis'
in een liefdevol samenzijn met de jouwen!

25 MEI

WEES NOOIT EENZAAM

Je bent geen astronaut ergens in de ruimte,
die moeite heeft om tussen de mensen terug te keren.
Je leeft midden tussen de mensen,
hopelijk tussen mensen die je heel nabij zijn, die je liefhebt,
met wie je leven dagelijks innig verbonden is.
Zo zul je nooit eenzaam zijn.

Maar als de mensen om je heen
allemaal vreemden en vijanden voor je geworden zijn,
omdat je jezelf gelanceerd hebt in een baan
van zelfgenoegzaamheid, hoogmoed en egoïsme,
dan stroomt alle vreugde uit je weg en word je eenzaam.
Dan haat je de mensen
die de rode lichten hebben gemaakt om je tegen te houden.
Dan haat je de mensen met hun vele auto's
omdat ze je in de stad geen parkeerruimte laten.
Dan haat je zelfs de man die brood voor je bakt,
omdat hij het te duur verkoopt.

Het is voor ieder van ons nodig van tijd tot tijd ons hart,
de moedercapsule van ons leven, grondig te inspecteren.
Is er geen kortsluiting? Heeft je hart nog voldoende zuurstof
om ook anderen te laten leven?
Is het misschien beschadigd door de wrijvingen,
of is het zodanig afgekoeld, dat iedereen het koud krijgt?
Wil je veilig landen in een oceaan van vrede,
dompel dan je hart regelmatig
in een bad van goedheid en eenvoudige, tedere liefde,
voor die mensen daar zo vlak bij je!

26 MEI

BRUGGEN VAN LIEFDE

Eenzaamheid is een eiland. Je voelt je alleen,
zonder menselijk contact, zonder verbinding met het vasteland.
Er zijn geen bruggen, geen schepen
die regelmatig varen voor je centen,
je hebt de bakker, de melkboer om niet te sterven van honger.
Je hebt de postbode met je pensioentje
en met de rekeningen van gas en elektriciteit.

Misschien was het vroeger anders! Je was geborgen
in liefde, in huwelijk, in de menselijke warmte van een gezin,
in de gezellige kring van vrienden! Maar de bruggen van de liefde
zijn zo dikwijls glazen bruggen, die makkelijk in scherven storten!

Toch: je kunt best alleen zijn, maar je mag niet eenzaam zijn
of beter de eenzaamheid mag geen dodelijke wonde zijn in je
hart.
Je moet er zelf iets aan gaan doen! Je moet met je eigen liefde
zelf bruggen bouwen en herbouwen naar andere mensen toe.
Bruggen van liefde vergen veel geduld en een totale inzet.

Trek je niet altijd terug! Verzoen je niet met je eiland.
'Een mens is geen eiland,' zegt Thomas Merton,
'maar een stuk van het continent, een deel van het geheel!'
Daarom, geef nooit de moed op!
Leef vandaag, niet gisteren of morgen!
Het is de moeite waard! Er zijn nog zoveel kansen
om gelukkig te zijn! Laat ze toch niet verloren gaan!

27 MEI

EEN THUIS HEB JE NODIG

Je hebt een thuis nodig om gelukkig te zijn!
Zonder thuis ben je op de dool
en mis je duizend kleine vreugden van het leven!
Thuis kun je rusten als je moe bent!
Thuis word je begrepen in nood en tegenslagen!
Thuis vind je warme genegenheid
als het leven hard en koud is!
Thuis ligt je geluk, een stil en wonderlijk geluk
dat in café, op het werk en op straat nooit te vinden is!

Zorg zelf voor een goede, gezellige thuis.
Je bent zwaar verantwoordelijk voor je eigen huisgenoten,
wanneer je iets afbreekt van je eigen thuis.
Wees geen bruut, geen koppige zwijger,
geen televisieslaaf en ook geen lastpost!
Bouw je thuis op, niet met dure tapijten,
stemmige draperieën en hypermoderne meubelen,
maar met goedheid, vriendelijkheid
en met de beste gaven van je hart
en iedereen om je heen zal gelukkig zijn
met dat stukje hemel uit je hand!

28 MEI

JE BENT EEN ENGEL

Engelen zijn mensen, die ‘licht’ doorgeven.
Waar ze komen, wordt alles helder en klaar.
Engelen zijn mensen die een soort oorspronkelijke vreugde
uit het paradijs hebben meegekregen.
Geloof me, engelen zijn wezens van vlees en bloed,
die op een onzichtbare wijze de wereld rechthouden.
Diep in hen voel je iets van het mysterie
van een ondoorgrondelijke goedheid, die je zomaar omarmen wilt.
Ik voel God in deze mensen tot me komen
met zijn tederheid en zijn bezorgdheid.

Je bent met iets bezig. Je komt niet klaar.
En via een onzichtbare antenne krijgt ergens iemand
een ingeving, een soort bevel om je te benaderen en je te helpen,
je een steun te zijn, je een duw te geven of om je te troosten.
‘Je bent een engel,’ zeg je dan tegen een man, een vrouw.
Het leven wordt licht en alle pijn is weg!
Maar engelen kun je niet krijgen op bestelling.
Ze komen dikwijls heel onverwacht, wijzen je de weg
en verdwijnen weer! Naamloos, zonder te wachten op dank!

Er zijn nog engelen in de wereld! Maar er zijn te weinig engelen,
daarom is er nog zoveel duisternis en zoveel ellende!
God is op zoek naar engelen onder de mensen van nu.
Maar te veel mensen zien Hem niet meer, horen Hem niet meer.
Ze hebben hun eigen antenne gestoord of afgebroken!
Kom, je bent een engel en er zijn in je eigen omgeving
mensen genoeg voor wie je een engel kunt zijn!

29 MEI

TIJD VOOR VRIENDSCHAP

Als je tijd hebt voor iemand, kijk dan niet op je klok.
Goed afgemeten wat tijd maken voor iemand,
dat is geen vriendschap.
Heb je zelf ooit ervaren
wat het betekent iemand naast je te hebben
die deelt in je vreugde en in je pijn?
Weet je wat het betekent een brief te krijgen
die je in ogenblikken van ontmoediging
kunt lezen en herlezen,
een bezoek te ontvangen van iemand die wel
niets verandert aan je pijnlijke situatie,
maar die er een heel andere kijk op geeft.
Heb je ooit iemand ontmoet die je zei:
'Och, je bent helemaal niet slecht! Je bent niet verloren!
Niets is verloren! Moed houden!'

Er zouden veel minder mensen lijden onder spanningen
als ze wat meer echte vriendschap zouden ontmoeten.
Denk hier dikwijls aan en weet
dat je eigen huisgenoten en de mensen
met wie je werkt je beste vrienden moeten zijn.
Zorg voor kleine attenties, een compliment,
een goed woord, eens samen gezellig gaan eten,
een begrijpend luisteren, een dankbare zoen.
Niets houdt je zo dynamisch en maakt het leven zo vreugdevol.
De warmte van de vriendschap
bewaart de lente in je hart!

30 MEI

PLUK DE BLOEMEN EN DE STERREN

Ik hou van de mensen, die leven rond mij!
Ik hou van de vreugde en zo komt de vreugde tot mij!
Ik hou van de vriendschap en zo pluk ik de sterren
en is mijn dag vol zaligheid!
Ik hoef niets te bezitten om van alles te genieten.
Er is zoveel als ik naar kleine dingen kijk
en naar kleine, eenvoudige mensen.
Er zijn zoveel verrassingen en zoveel wonderen
die ik ontdek met de ogen open en met de ogen toe.
Er ligt in alle dingen een souvenir van het verloren paradijs.
Ik weet dat het niet gemakkelijk is in de hemel te komen,
maar ik weet heel zeker dat het onmogelijk is
als de hemel niet in mij komt.

De hemel moet op aarde beginnen overal
waar mensen vrienden zijn en goedheid doorgeven.
Maar er zijn wolken aan iedere hemel.
Ik ben niet altijd in stemming
en vriendschappen slijten en worden als gedroogde pruimen.
Ook dat is geen probleem waarover ik treuren zou.
Vriendschappen als gedroogde pruimen.
Ik giet er wat water op en ze worden weer dik!

Leven is een boeiend avontuur met God en de mensen
in een wereld van licht en duisternis.
Ik wil niet de held zijn en niet de martelaar, maar de kabouter
die de vergeten bloemen plukt en lacht
om de groten der aarde die zetelen op macht en rijkdom.

31 MEI

JUNI

Zoek de vreugde
die als een vlam overspringt
van hart tot hart.

DE MANNEN

Als ik luister naar wat uit de wereld tot mij komt,
hoor ik gedonder van kanonnen en het ontploffen van bommen,
hoor ik gehuil van machteloze mensen, van vrouwen en kinderen,
en zie ik een graf open- en dichtgaan
over een massa onschuldige weerloze wezens.
Als ik luister, hoor ik heel de natuur kreunen en klagen
om zoveel zinloze vernietiging.

Dan zie ik daarachter de mannen staan,
die rond de stafkaart de doelwitten uitkiezen voor de bommen,
de mannen van de anarchie, die de maatschappij willen ontwrichten,
de mannen met de witte jassen uit de chemische industrie,
de mannen van de wetenschap, van het geld en de techniek.
De man, de koning van de schepping, wat een ironie!
Je hoort weinig over de man als vader.
Natuurlijk, nu er in de handel wat te verdienen is aan vaderdag
komt vader wel een paar dagen voor het uitstalraam.

Maar er is weinig echte waardering voor de vaders.
En toch zijn zij de enige mannen die iets betekenen
voor het leven, voor de vreugde en de liefde in deze wereld.
Zij zijn het fundament en het dak van het huis en van deze wereld,
waar de moeders voor kleur en warmte zorgen.
De vaders verwekken en beschermen het leven.
'Vader zijn' is 'haven zijn', steun voor kleine, zwakke mensen.
Een echte vader is met een jaarlijkse stropdas niet te waarderen.
Van tijd tot tijd een paar armen of armpjes om z'n hals
doen hem meer goed dan alle dassen ter wereld.

1 JUNI

EEN VEILIGE HAVEN

Ik moet zeggen dat ik me erger aan 't wijsje van Annie Schmidt:
'Vader is een nul, vader is er enkel en alleen maar
voor de centen en de rest is flauwekul!'
De vaders zijn uit de tijd!
Dit is een progressisme van het soort,
waarin de 'achterlijken' vooropgaan
en de idioten het woord voeren.

Zeker, de figuur van vader is in deze tijd anders geworden.
Vader is niet meer de alwetende, de enige
die het voor het zeggen heeft en die vrij gaat waar hij wil,
maar is het daarom nodig hem te reduceren tot een nul,
tot iemand die niet méér waard is dan z'n loon
en daarvoor op vaderdag heel even gevierd wordt.

Laat de schrijvelaars maar schrijven en de praters maar praten.
Nooit werd er zoveel onzin uitgekraamd als in onze tijd.
Neem het maar niet te zwaar en niet te ernstig.
Denk zelf na, je hebt wellicht meer en betere hersenen
dan veel van die eendagsprofeten die een goede pen hebben,
maar een slecht verstand,
te weinig ontwikkeling en te veel pretentie!

De taak van vader zal in wezen dezelfde blijven!
'Veilige haven' zijn voor ieder kind, een haven,
waar altijd de lichten branden, waar rust, vrede en vreugde zijn.
Waar een kleine mens zich veilig voelt en groeien kan,
waar hij zich geborgen weet.

2 JUNI

MAAK DAARVOOR PLAATS IN JE HART

Het is erg als je je portemonnee verliest
en 't is nog veel erger als je je gezondheid kwijt bent,
want wat heb je dan nog aan 't leven?
Toch ontmoet je mensen
met een dikke portemonnee en een prima gezondheid
en die blijkbaar ook niets aan 't leven hebben.
Ze zijn onvoldaan en kijken
alsof ze een worm in het hoofd hebben.

Wat missen deze mensen dan? Ze missen, denk ik, de Geest!
Alleen vuur doet ijzer gloeien, wat voor ijzer het ook is!
Alleen in wie de Geest van God gloeit en leeft
vind je warmte en alleen deze warmte verwarmt de omgeving.
Het is de Geest die je weer soepel maakt,
die je scherpe kanten afrondt,
en die je weer de rechte weg wijst
als je verkeerde paden opgaat.

Waar deze Geest leeft, brengt Hij liefde, blijdschap, vrede
in de gezonde en de zieke,
in de gelovige en de ongelovige,
want de Geest waait waar Hij wil!
Wie je ook bent, vraag en zoek de Geest.
Maak plaats in je hart, ruim de rommel op
en laat de Geest van God binnen,
met zijn liefde, zijn blijdschap, zijn vrede!

3 JUNI

WAT MET GELUK TE MAKEN HEEFT

't Is vreemd! Maar het geluk komt niet mee
met de rijkdom en de welstand!
Wee de verzadigden!
Zij die van alles zat zijn, kennen geen vreugde meer!
Daarom zijn de rijken maar zelden echt blije mensen!
't Is vreemd! Maar het geluk komt ook niet mee
als je niets anders dan je eigen zin doet.
Niemand kan je precies zeggen wat je moet doen
om gelukkig te zijn.
Het geluk is geen artikel dat je ergens
in een hoekje van het leven moet zien te vinden.
Het geluk is voor iedereen anders.

Er zijn wel wegen die je niet moet gaan,
wil je gelukkig zijn.
Herinner je je nog iets
van die goede oude tien geboden?
Misschien heb je ooit gemeend,
dat juist die tien geboden je geluk in de weg stonden.
Als je nu een klein beetje levenservaring hebt,
dan weet je beslist dat de tien geboden
machtig veel met het geluk te maken hebben
en dat de mooiste dagen van je leven lagen
in tijden dat je met een rustig geweten
de tien geboden onderhield
en in oprechte liefde leefde.

4 JUNI

LOSLATEN EN WEGGEVEN

Ik weet dat het leed van zoveel mensen niet op te lossen is
met een paar mooie woorden. Ik vraag me soms af:
wat heeft 'n mens eraan als hij zo onbereikbaar ver
in zijn eenzame miserie zit? Probeer elke dag opnieuw
te houden van het leven en te houden van de mensen!
Als het je moeilijk valt, zoek dan iedere morgen
al je moed bij elkaar om wat lichter tegen alles aan te kijken.

De mensen zijn toch geen engelen die je op hun vleugels dragen,
en het leven met zijn tegenslagen en ziekten
en ontgoochelingen kan je zeker zwaar drukken.
Maar als je dan alle registers van een klaaglitanie opentrekt,
kom je alleen maar dieper in de put! Zwarte gedachten
trekken altijd nieuwe miseries over je kop!
De enige remedie is 'overgave'!
Overgave in liefde voor het leven en voor de mensen om je heen!

En: vandaag leven! Je verleden dichtdoen.
Je kunt er toch niets aan veranderen!
Alleen 'n venstertje openhouden op de mooie herinneringen!
En morgen, niet te bezorgd aan denken!
Wat heb je vandaag in handen?
Kijk 'ns! Je gezondheid! De zon in de lucht! Je eten en drinken!
Een kind dat naar je lacht! Misschien 'n bloem in je huis!
Als je maar kon geloven
dat er achter dat dikke mysterieuze gordijn
van nood en miserie een vader staat, een God, die van je houdt!
Als je maar kon bidden!

5 JUNI

EIGENLIJK VERRASSEND MOOI

Heb je ooit gedacht
aan de zin van je leven? Of leef je zo maar lompweg,
als een olifant, die gedachteloos door alles heentrapt,
of als een kangoeroe, alleen maar
om je zakken te vullen?
Is het worstelen en wroeten en vechten van de mensen
om het grootste bezit en de meeste rijkdom
niet dwaas als ten slotte toch
iedereen evenveel grond krijgt op 't kerkhof?

Is niet alles zinloos, als we vergeten
dat we een ziel hebben
als een vlam in ons, die eeuwig is?
Als je alleen voor je lichaam leeft, leef je niet als 'mens',
al ben je een nette mijnheer
of een dame die de etiquette kent.

Geloof in het beste deel van jezelf, in je eigen ziel
en stel je in deze dagen
open voor Gods Geest, die alles nieuw maakt,
dan zul je zeer gelukkig zijn,
dan zul je weten waarom de bloemen bloeien,
de zon schijnt en de vogels fluiten,
dan zul je graag kinderen zien lachen en spelen,
dan zul je ontdekken dat het leven
eigenlijk verrassend mooi is.

6 JUNI

DE GEEST, DIE WE NODIG HEBBEN

We hebben een 'gezonde geest' nodig!
Geen geest van afbraak.
Geen geest van haat en onvrede.
Geen geest van opstandigheid.
Geen geest die klaagt en aanklaagt.
Geen geest van protest.
Geen geest van willekeur en wanhoop.
Geen geest van blinde woede.

Een 'geest van liefde en vriendschap' hebben we nodig.
Wie met een hart vol haat en bitterheid
de oude maatschappij tot in de grond wil afbreken,
bouwt geen nieuwe wereld, maar maakt de jungle klaar!
Wie het geweld verheerlijkt, is geen vernieuwer, maar een beul.

We moeten leren 'samenleven'!
Jonge mensen met oude mensen!
Het Westen met het Oosten.
Het Noorden met het Zuiden.
De christenen met de niet-christenen.
De gelovigen met de niet-gelovigen.
Geen muren meer! Over alle grenzen heen
alle volkeren, rassen, stammen en talen over heel de wereld!
Samenleven in een gezonde geest,
een geest van liefde, Gods Geest!
De vrucht van deze geest is: blijdschap, vrede,
goedheid, welwillendheid voor elkaar, optimisme,
dingen die vandaag in ons moeten groeien.

---

7 JUNI

OPTIMISME

Kijk niet altijd naar beneden,
naar de donkere kanten van het leven.
Wees geen zwartkijker.
Je bederft je eetlust, je slaap,
je wordt bleek, neerslachtig en op den duur ziekelijk!
Kijk naar de goede, mooie en zonnige kanten van het leven
en wees optimist!

Optimisme is de wonderbaarste en goedkoopste vitamine
om lang, gezond en gelukkig te leven!
Voor optimisme heb je echter een gezonde geest nodig,
geen geest van profiteren, die alleen maar vreugde vindt
in eten, drinken en zich amuseren.
Vreugde die eindigt op de bodem van het glas
of met de laatste tonen van het orkest
of bij de laatste kus, is geen echte vreugde!
Die ligt veel dieper.

Echte vreugde groeit uit een geest van liefde
die als een vlam overspringt van hart tot hart.
Gods Geest!
Ik wens je Gods Geest in deze dagen,
opdat vreugde, vrede en tevredenheid je deel mogen zijn,
een stuk van het paradijs!

8 JUNI

WONDERBARE VRUCHTEN

Ik sta verbijsterd over de onmacht van de mensen
om elkaar te begrijpen, gelukkig te maken en lief te hebben.
Pers, radio en tv brengen dagelijks een dodelijke dosis
oorlog, geweld, moord en menselijke verbeesting.
Iedereen doktert aan de vrede en aan een betere wereld,
maar niemand schijnt bereid te 'vergeven' en 'vrede te sluiten'
en niemand schijnt bereid zichzelf te verbeteren.
Iedereen wil wel eindeloos 'babbelen' en praten
en zo zijn we in Babel terechtgekomen
en zijn we bezeten door de geest van Babel,
de geest van verwarring, afbraak en verduistering!

Kunnen we in deze dagen niet eens proberen
wat stilte te maken om te zoeken naar de geest van het licht,
de Geest van God, die we eigenlijk niet kunnen missen.
Als deze geest gaat wonen en werken in je hart,
zul je eenmaal de fantastische vruchten plukken,
die van ons samenleven weer een stuk paradijs maken.

Ze dragen de volgende namen:
liefde, blijdschap, vrede, geduld, vriendelijkheid,
goedheid, trouw, zachtheid en eenvoud.
Deze vruchten vallen je niet zomaar in de schoot.
Je moet geloven en je moet de mantel van je egoïsme afleggen.
Ik wil je niets opdringen. Ik zou je alleen maar willen helpen
omdat ik de vreugde wil zien in je hart
en de vrede over heel je wezen!

9 JUNI

INNERLIJKE OMKEER

Welke geest bezielt je?
Is het een geest van egoïsme, hebzucht,
jaloezie en hoogmoed?
Dan zijn in je hart en om je heen
alle zonnestralen geblokkeerd.
Dan voel je je niet oprecht blij en gelukkig!

Geluk wordt niet bepaald door gezondheid,
geld, genot en luilekker leven.
Geluk en ongeluk groeien uit je innerlijke gesteltenis,
uit je denken en voelen en uit alles
wat er bewust of onbewust omgaat in je diepste binnenste.
Voel je je ontevreden en miserabel,
begin dan onmiddellijk met je vanbinnen te veranderen,
richt je gedachten naar de zonkant,
laat je gevoelens niet langer beheersen
door donkere passies.

Vernieuw je in deze dagen en als je christen bent,
zet dan alle vensters van je hart wijdopen
voor die fantastische bovenmenselijke kracht van de Geest,
die je herscheppen zal. De Geest van God,
die je in armoe en nood zal overweldigen
met liefde, blijdschap, vrede, goedheid
en een onbegrijpelijk wonderbaar geluk.

10 JUNI

BEGRIPVOL

Wees mild voor je medemensen!
Ja, je moet mild zijn in je oordeel, in je uitspraken over anderen.
Ieder ander heeft natuurlijk fouten en gebreken genoeg
om je toe te laten hem te kraken.
Maar vergeet niet dat je zelf ook uiterst kwetsbaar bent.
Mensen moeten mild zijn voor elkaar in deze harde tijd.
Ze leven niet meer in gemeenschap.
Ze hebben mekaar schijnbaar niet meer nodig.
Daarom ook schrijven mensen op hun bungalow
ergens in de mooie Kempen: 'Laat ons met rust!'

Begrip, mildheid en zachtheid moeten het leven
voor ons allen weer leefbaar maken,
vooral voor mensen met een moeilijk karakter
of een overdreven minderwaardigheidsgevoel,
en voor de overgevoeligen.
Er worden zoveel mooie dagen kapotgemaakt,
door harde woorden en striemende verwijten.
Oordeel niet en je zult niet geoordeeld worden.
Vergeef en je zult vergiffenis ontvangen.
Wees vriend en je zult vrienden hebben.

Als je van jezelf weet dat je te hard en ongenadig bent,
ga dan op zoek naar de mildheid
en je zult vrede vinden voor je eigen hart.
Want alle hardheid en wrevel in je omgang met medemensen
komt zelden van buitenuit,
maar meestal uit een slecht verluchte
en slecht verlichte kamer van je eigen hart.

11 JUNI

TROOST

Het leven kan hard zijn, zeer hard!
Het leven kan je soms tot in het diepste van je ziel verscheuren!
In zulke ogenblikken van ontreddering en radeloosheid
zoekt 'n mens troost! Troost!
Je kunt niet leven zonder troost!
Troost is echter geen alcohol,
geen slaappil, geen spuit,
die je slechts even verdoven,
om je daarna in een nog zwartere nacht te storten.

Troost is als een milde zalf op 'n diepe wonde.
Troost is als een onverwachte oase in een grote woestijn,
die je weer doet geloven in het leven.
Troost is als een zachte hand op je hoofd,
die je tot rust brengt.
Troost is als een zacht gelaat vlakbij
van iemand die je tranen begrijpt,
die luistert naar je gemarteld hart,
die bij je blijft in je angst en je wanhoop
en die je een paar sterren laat zien.

Troost is de Geest van God,
die alleen door open deuren binnengaat
en als cadeau
'vrede', 'blijdschap' en 'liefde' bij je op tafel zet,
de gaven waarvan je leven kunt.

12 JUNI

DRIEMAAL ACHT

Onze tijd is vermoeiend en zenuwslopend.
De dokters hebben de handen vol met
de bloeddruk, de zenuwen en het hart van de mensen.
Als je je laat meeslepen door het helse tempo
van het jachtige leven, vooral in de steden,
word je nog halfgek.

Neem nu, je hebt goed geslapen, bent rustig opgestaan,
je voelt je ontspannen en vol optimisme,
maar bij je ontbijt neem je de krant,
je ziet de misdaden, leest de ongelukken,
de nationale en internationale geschillen
en bij de laatste slok koffie zucht je:
'De wereld gaat naar de bliksem.'
Je mooie rust is naar de vaantjes.
Verder word je door de dag bewerkt
door het getoeter van auto's, het gerinkel van telefoons,
het lawaai van machines, het rumoer van de straat,
het geweld van de motoren, het geschreeuw van de baas enz.

Leer het geheim om in deze heksenketel
gezond te blijven naar lichaam en geest!
De formule is 3 x 8!
8 uur werken,
8 uur slapen,
8 uur lachen, eten, spelen, zingen en bidden.
3 x 8! Dat is voor jou de redding!

---

13 JUNI

WEES JEZELF

Hoe meer je slachtoffer wordt van het
angstwekkend toenemende materialisme,
hoe meer je persoonlijk leven wordt
doodgedrukt door de moderne massificatie,
des temeer verlies je de eigenlijke vreugde om het bestaan.
Je lichaam wordt je hoogste goed
en het losweg van alles profiteren
het enige doel van je leven.
Je gaat onder in een niet-denkende, hersenloze massa,
zonder zin en zonder kleur.
Je geest en je hart worden overwoekerd
door een massa verlangens en begeerten
die met geluk niets te maken hebben,
maar die door de consumptiemaatschappij worden opgedrongen.

Wees jezelf.
Verweer je tegen de reclamestroom
die je wil reduceren tot een koop-machine!
Verweer je tegen zovele gangbare normen
die dikwijls alleen maar het 'gouden kalf' als basis hebben.
Wees jezelf! Je hebt je eigen verstand!
Je hebt je eigen hart!
Laat je niet misleiden door valse lokmiddelen!
Wees jezelf en ga je eigen weg,
in eenvoud, soberheid en liefde.
En je zult misschien voor de eerste keer, de echte vreugde vinden!

14 JUNI

LIEFDE IN EIGEN HUIS

Het allergewichtigste wat je te doen hebt in 't leven is:
Liefhebben, beminnen.
Dat wordt in alle talen bezongen en dat is juist!
Het is het begin en het einde van je levensgeluk.
Als je mislukt in de liefde,
misluk je in 't leven!
Ik heb het hier niet over die goedkope liefde
van zoveel films en boulevardromans.

Echte liefde is 'leven voor anderen'.
Die anderen, dat zijn op de eerste plaats
je man, je vrouw, je kinderen, je vader en moeder.
Als je geen hart hebt voor dezen,
die behoren tot je eigen vlees en bloed,
dan ben je een mislukkeling, een bruut.

Als je in je eigen huis niet leeft voor elkaar,
dan is er geen liefde in huis en geen geluk,
dan glijdt heel je leven
als zand door je vingers!
Met je hart en je handen vol liefde
breekt de vreugde los in je binnenste
en zul je gelukkig zijn!
Je zult een groot en waardevol medemens zijn
al ben je dan geen minister of bankier!

15 JUNI

VRIENDSCHAP

Je kunt alles doorstaan, als er maar een vriend naast je staat,
ook al kan die niets anders
dan een woord zeggen of een hand uitsteken.
Een vriend in je leven
is als brood en wijn, een weldaad.
Een vriend in je leven is de krachtigste troost in elke nood.
Een vriend is echt menselijke goedheid
waarin je een teken van goddelijke goedheid voelt.
Geloof me, het duidelijk antwoord van een sociaal assistent,
de best bedoelde hulp van een officieel organisme
is voor een 'mens in nood' niet zoveel
als het simpele gebaar, het hartelijk woord van een vriend.

Waarom zei die man zondag aan de telefoon: 'Ik ben wanhopig.
Ik wil niet meer leven. Ik heb al mijn spaarcenten
aan de psychiater gegeven en aan de apotheker voor pillen
en als die op zijn, is alles weer hetzelfde!'
En die vrouw donderdag: 'Zeg iets. Ik ga een dwaasheid begaan.
Ik heb vier kinderen. Ik heb alles, maar ik ben het leven moe.'

Was er dan niemand die een vriend voor hen kon zijn
en hen een beetje geborgenheid kon bieden
in deze wereld waar alles wankelt?
De psychiaters kunnen het niet meer aan.
Mensen worden slachtoffer van een psychische milieubezoedeling.
Met pillen is hier niet uit te komen.
Het gaat om de meest eenvoudige menselijke goedheid
waarin een ander mens geborgen kan zijn!

16 JUNI

EEN SLECHTE GEWOONTE

We leven in een twistzieke wereld!
Die eeuwenoude twistzucht,
die wortelt in dat hoekje van ons hart,
waar we nog onbeschaafd en egoïst zijn.
Ieder mens heeft zo'n ongecultiveerd hoekje, ook jij.

Je doet graag je eigen zin!
Je geeft niet gemakkelijk toe!
Thuis twist je misschien om een aangebrande soep,
op straat om een auto die verkeerd manoeuvreert,
op kantoor omdat je het altijd beter weet,
op het werk omdat je te hard moet werken
en te weinig verdient.

Dit twisten is bij velen niets anders
dan een heel slechte gewoonte.
Je hoeft maar 'wit' te zeggen, dan zegt de ander 'zwart'
en het zit er altijd tegen.
Daarom een goede raad.
Als je absoluut wilt twisten,
dan kun je beter de 'twist' weer leren dansen.
Zeg het voort!

17 JUNI

ZOEK VREDE MET JEZELF

Zoek de reden van je moeilijkheden, je botsingen,
je mislukkingen niet altijd buiten jezelf,
bij je man, je vrouw, je collega's, je werk.
Je zult er enorm veel bij winnen
als je eens bij jezelf gaat zoeken.

Bezinning over jezelf, de waarheid
aanvaarden over eigen fouten en gebreken
is de enige weg naar zielenvrede
en begrip voor de anderen.
Beschouw je toch niet als een slachtoffer van de anderen
alvorens je zeer ernstig onderzocht hebt
in hoever je slachtoffer bent van je eigen 'ik',
je eigen wispelturigheid en eigen grillen.

Je verwacht meestal te veel van anderen
en te weinig van jezelf.
Waarom kijk je naar de vele gezichten die je hebt liefgehad
en zeg je bij jezelf:
'Nee, ze hebben niet aan mijn verwachtingen beantwoord.
Het is gedaan!'

Vraag je vandaag nog af
in hoever je zelf voldaan hebt aan de verwachtingen van anderen!
Misschien ontdek je dan hoe moeilijk het voor die anderen is
om van je te houden.
Misschien heb je heel wat goed te maken.

18 JUNI

CRISIS

Ik heb de indruk
dat men het in heel wat huwelijken te vroeg opgeeft.
Weet goed, dat na 5 à 6,
soms pas na 10 jaar overal een crisis komt.
Het nieuwe is eraf.
De gebreken bij de ander krijgen drakenkoppen
en je meent dat alles reddeloos verloren is.
Heel het hemelhuis van je dromen
stort in elkaar en velen geven het op.

Dan is het tijd om een nieuwe eenheid te bouwen,
niet gebaseerd op het feit dat de ander
zo lief en zo teder is
of zo stoer of zo sterk,
maar omdat je met een vaste wil
wat meer gaat zorgen
en je toewijdt aan de ander.

En dan gebeurt het wonder!
Alles wat je verloren waande
komt terug, veel rijker en veel dieper
en je gaat weer echt houden van de ander
en er komt een dag dat je
blij zult zijn die crisis te hebben doorgemaakt.
Dus goede moed! Geef het niet te rap op!

19 JUNI

NEEM DE VREUGDE ERNSTIG

De lawine van informatie over alles
wat verkeerd loopt in de wereld
maakt me soms misselijk.
Dat alles weegt op het hart van de mens, is verpletterend.
De lichtpunten die soms even doorbreken,
worden meestal onmiddellijk weer gedoofd.
De mensen krijgen de dood in de schoenen geschoven,
de dood van alle mooie dingen en van alle goede mensen.
Hoe moet je dan leven en gelukkig zijn?
Ik zeg je: slik niet alles wat men je dagelijks voorschotelt.
Neem je part dat je dragen kunt en laat de rest liggen.
Maak je los van alle vaste en opgeschroefde problemen.

Er is één zaak die we niet ernstig genoeg nemen: de vreugde!
We beweren wel dat lachen gezond is, maar we houden ons
veel te weinig bezig met deze kant van onze gezondheid.
Het gaat niet om de dwaze lach van de idioot,
maar om de lach die groeit uit een innerlijke tevredenheid
en een diepe inwendige vreugde.

Ik wens dat je nog ergens in je hart
een beetje kind bent gebleven,
niet om kritiekloos in het leven te staan,
maar om weer verwonderd en blij te zijn
met het bloeien van een bloem, het fluiten van een vogel,
om weer te geloven in de goedheid van de mensen,
om weer te geloven in het wonder dat elke dag opnieuw begint
als je je ogen opendoet voor de duizend kleine dingen
om je heen waarmee de engelen je weg versieren.

20 JUNI

LOOP NAAR HET BOS

De voet op de gaspedaal en maar rijden!
Och kom. Stop en stap uit. Loop naar het bos!
Een agenda vol afspraken, van de ene vergadering naar de andere!
Loop naar het bos!
Levensmoe en opgesloten in een eigen eng wereldje
van overdreven of nutteloze dingen!
Loop naar het bos! Het is lente!
Daar staan de bomen op je te wachten.
De heerlijke bomen, die zwijgend genieten van de stilte
en van het sap dat stijgt tot in de toppen van hun takken.
Daar zijn de vogels voor je aan het zingen.

Waar blijf je, mens, om te luisteren.
Daar is de rust, een onuitsprekelijke vrede.
Je wilt intens leven. Maar intens leven is geen
gejaagd leven, al rennend dag in, dag uit of onder de druk
van honderd en een zich opdringende dingen.
Je wilt alles weten, alles meemaken, alles verteren.
Om er een maagzweer van te krijgen.

Loop naar het bos. Neem je boterhammen mee en fris water.
Leg je aan de voet van een boom en geniet van zalig nietsdoen.
Dan komen de beste gedachten op je af, en de mooiste dromen.
Dan verdwijnen de problemen die je tussen muren hebt.
Daar krijg je een heldere geest,
een kalme ziel en een vreedzaam hart!
En je zult me zeggen: als ik dat maar kon!
En ik zal je antwoorden: je bent al op weg!

21 JUNI

EEN STUKJE HEMEL

Een gewone eenvoudige daad van naastenliefde
is meer waard dan een conferentietafel
vol mooie, gewichtige woorden over 'het' probleem.
Een kleine daad van liefde is meer waard
dan urenlang palaberen en twisten
om gelijk te krijgen.

Kom, man, pak je vrouw vast,
geef haar een flinke kus
en je zult zien dat je allebei gelijk krijgt.
Toe, vrouw, wees nog eens echt lief
zoals in die eerste goeie tijd
toen er geen problemen waren.

Mensen, maak het leven toch niet zo ingewikkeld
en zwaar voor jezelf en voor elkaar.
Je goede wensen van gisteren
moeten vandaag levend worden!
Eenvoudige oprechte liefde maakt alles zo licht,
een knipoogje, een glimlach, een handdruk,
een kus, een kleine spontane dienst
en de zon komt op!
Er is voor iedere mens een stukje hemel
als we het voor elkaar maar niet zo dikwijls afbreken!

22 JUNI

WEES ZACHTMOEDIG

Ons samenleven is soms zo hard, zo meedogenloos.
Onze taal dikwijls zo vol dreiging en geweld.
We protesteren, we contesteren, we vechten, voor wat?
We zeggen: voor een menselijke samenleving!
En we ontmenselijken onze samenleving
door het verliezen van alle respect in onze verhoudingen.
We geloven nog altijd in macht en gelijk hebben
en zoeken via alle wegen de sterkste te zijn.
Ons levensgevoel is verschraald en verarmd.

Als je je eigen zwakheid en kwetsbaarheid kent,
help je de ander zijn eigen zwakheid te aanvaarden,
en dan groeit de tederheid.
Zachtmoedig word je als je weet
hoe breekbaar alle dingen zijn en hoe eenzaam de mensen.
Een zachtmoedig hart is een klein hart. Het is gauw ontroerd,
maar het is ook groot, het kan alles in zich bevatten.
De mens met zo'n hart kan alles in zijn armen sluiten.

Denk eens aan de vele, vele mensen
die door ziekte, gebrek, armoe, tegenslag
langzaam uit het leven worden weggeschoven.
Ze hunkeren naar een glimlach, wachten op een goed woord,
verlangen naar vriendschap en meeleven.
Denk aan de zieken, de bejaarden, de gehandicapten,
die zelden of nooit nog een warme hand voelen,
die in hun eigen eenzaamheid begraven zijn.
Bekleed je met tederheid en zachtmoedigheid voor alle mensen
en laat niemand meer in de kou staan!

23 JUNI

KLEINE DINGEN

Zoek je geluk in kleine dingen,
ja, in kleine dingen.
De grote dingen zijn te duur
en je moet er altijd te lang op wachten.

Je zult nooit gelukkig zijn,
als je niet blij kunt zijn
met je gezondheid, met je man, je vrouw,
je kinderen of, als je alleen staat,
met een eenvoudige eerlijke vriendschap.

Je zult nooit gelukkig zijn,
als je geen vreugde kunt vinden
in de zon die schijnt,
in de bloem die bloeit,
in het kind dat naar je lacht.

Als je meent dat het geluk ergens anders ligt,
in 'n pint, een whisky, een discotheek, een verre vakantie,
heb je een totaal vals idee van het 'geluk'.
Geloof me, het 'geluk' zit werkelijk in de kleine dingen
die je elke dag voor het grijpen hebt.

Geloof dus in het leven, geloof in jezelf,
geloof in de liefde, geloof in je medemensen
en houd toch op met klagen en zagen.
Geniet van hetgeen je hebt
en wacht niet tot morgen om gelukkig te zijn.
Wees gelukkig vandaag, nu!

---

24 JUNI

TIME IS MONEY! EEN LEUGEN

Mensen zeggen: time is money! Tijd is geld!
Want geld is de bodem van hun bestaan geworden!
Daarom zitten zovelen vast! Vast in het slijk der aarde!
Je hebt geld nodig, maar je weet nooit wanneer je genoeg hebt!
Time is money! Dat is niet waar!

Als je tijd van leven alleen maar tijd voor geld is,
pleeg je zelfmoord in je time-is-money-machine!
Je vindt geen vreugde meer, geen geluk.
Daarom wil je geld, veel geld om vreugde en geluk te kopen
en dan kom je in de gecommercialiseerde ontspanning terecht!
Geld! Overal geld! Het gaat om geld,
in de fabrieken, in de kantoren, in de supermarkten,
op de sportpleinen, zelfs in de ontspanningsoorden!
We kennen een fantastische vooruitgang,
maar de mensen zien er niet gelukkig uit.
Het leven en het werken zijn geen vreugden meer!

Ik was laatst op een groot verzekeringskantoor
waar ontelbare bedienden in grote ruimten achter glas zaten.
Toen de klok vijf uur wees, ontstond er een wervelwind.
De bedienden sprongen op en verdrongen elkaar aan de uitgangen.
Is dit het resultaat van onze vooruitgang, wat hebben we bereikt?
Daarom, schiet op de klok van 'tijd is geld'!
Leef en doe wat je doen moet met liefde!
Niet geld, maar liefde moet de bodem van je bestaan zijn!
Want alleen in de liefde groeien de bloemen van de vreugde!

25 JUNI

DE ECHTE DWAZEN

Wil je een gemeenschap opbouwen,
ik bedoel een huwelijk, een gezin, een vereniging,
dan moet 'liefde' de basis zijn. Iedereen weet dat.
Iedereen geeft je gelijk, als je zegt dat het gaat om de liefde
en dat zonder liefde het leven niet mogelijk is.

En toch zijn zoveel huwelijken, gezinnen, leefgemeenschappen,
ontspanningsverenigingen zo vol wrijvingen, zo vol onbehagen,
dat het leven er op sommige dagen zwaar en ondraaglijk wordt.
De aanleiding ligt oppervlakkig gezien meestal in kleinigheden:
misverstanden, ongelukkige woorden, een verkeerde houding.
Dan is de sfeer kapot. Het enthousiasme eruit.
De diepste reden van het mislukken en kwijnen
van zoveel, soms mooi begonnen gemeenschapslevens
is de hebzucht en de diepgewortelde menselijke trots.

Liefde begint met afstand doen van je hebzucht en je trots,
om 'leven', om 'vreugde', om 'troost' te zijn voor anderen.
Als je met zo'n liefde alleen staat in een groep
word je beschouwd en nog meer behandeld als een dwaas.
Men buit je uit. Maar dan moet je standhouden tot er twee of
meer zijn die zo willen leven en dan gebeurt er een wonder.
Dan wordt samenleven een feest.
Dan is niet meer degene die liefheeft een dwaas,
maar degene die een dag lang zijn mond niet opendoet,
omdat hij ergens werd overgeslagen of zijn zin niet kreeg.
De hebzucht en de hoogmoed zijn de tegenpolen van de liefde.
De echte dwazen zijn degenen die niet kunnen leven
omdat ze niet in staat zijn lief te hebben.

---

26 JUNI

HEB GEDULD MET JEZELF

Het is niet allemaal zonneschijn in het leven.
Je hebt ook wel eens een kwade dag,
een dag dat het niet gaat,
dat er niets gaat,
dat alles je tegensteekt.

Misschien heb je al dagen gekend
dat je er echt genoeg van had,
dat je eigenlijk dood wilde zijn.
Als altijd alles tegenvalt,
nooit eens een beetje meevalt,
dan wordt het leven zwaar,
dan kan het zo donker zijn,
dat je nergens nog
een opening ziet.
Dan kun je zo wanhopig en zo opstandig worden,
dat je zou willen vloeken
tegen God, tegen het leven, tegen alle mensen.

Neem in zulke ogenblikken
nooit een beslissing!
Heb geduld met jezelf en wacht
tot je ten minste één nacht
een beetje geslapen hebt!
Geloof je in God,
kijk dan naar boven.
Als je volledig bent uitgekaart,
heeft God nog altijd een troef!

27 JUNI

WELKE GEEST BEZIELT JE

De bezoedeling van de geest is veel dodelijker
voor het menselijk geluk dan de bezoedeling van water en lucht.
Als de menselijke geest verpest is
door hebzucht, geldzucht, winstbejag en prestigedrang
kan hem de leefbaarheid van het milieu geen barst schelen.
Alles, ten slotte ook water en lucht en heel de natuur,
wordt opgeofferd aan de hebzucht en de grootheidswaanzin
van enkelingen en kleine groepen.

De geest in de mens is de meest fantastische kracht op aarde,
scheppend of vernietigend.
Ook alles in je eigen leven
wordt bepaald door de geest die je bezielt.
Ben je bezeten door een geest van oeverloze kritiek,
van onverdraagzaamheid, liefdeloosheid,
jaloezie en eeuwige onvoldaanheid,
dan zijn je dagen donker en somber,
dan breng je een stukje hel op aarde
voor jezelf en voor anderen!

Ik wens je in deze tijd de geest
van goedheid en liefde, van optimisme en grote mildheid,
de Geest van God, die de stenen harten wegneemt
en die je de beste vruchten in de schoot werpt,
de echte diepe levensvreugden, die de rijkste mensen
met al het geld van de wereld nergens kopen kunnen.

28 JUNI

KINDEREN EN VOLWASSENEN

'Kinderen zijn gelukkig,' zeg je. 'Ze hebben geen zorgen!'
Dat is juist, behalve voor die kinderen
die hun geluk verloren,
omdat grote mensen als bulldozers over hen heengingen.

Heb je nooit 't gevoel, dat kinderen
zich schijnen te verwonderen
over de dwaze bekrompenheid van de volwassenen.
Als grote mensen onder elkaar bezig zijn,
hebben ze het meestal over cijfers.
Willen ze iemand leren kennen,
dan vragen ze wat hij bezit, hoeveel hij verdient,
hoeveel diploma's hij heeft en welke relaties.
Hebben ze het over een huis, dan zeggen ze: '15.000.000 fr.',
en dan zien ze het staan. Dan weten ze wat voor 'n huis het is.
Als je aan kinderen over een vriend vertelt,
dan zullen ze vragen: 'Verzamelt hij vlinders?
Kan hij fluiten? Kun je ermee spelen?'
Heb je het over een huis, dan zullen ze
vragen naar de kleur, naar de bloemen voor het venster,
en of er duiven op het dak zitten.

Al wat kinderen aanraken
krijgt een fris en natuurlijk uitzicht vol kleur en warmte.
Grote mensen snappen er niets van. Die zijn nu eenmaal zo.
Die praten over 'verdienen' en 'geld'.
'Daarom moeten kinderen veel geduld hebben
met grote mensen,' zegt de kleine prins.

29 JUNI

LEER LACHEN MET JE TEGENSLAG

Je moet elke dag leren beter,
blijer en gelukkiger te leven dan gisteren.
Je moet vooral niet proberen elke dag rijker te worden
en groter in de ogen van de anderen.
Denk eens ernstig na over je leven
en over de eigenlijke waarde van de dingen
en wees geen slachtoffer van je emoties,
geen slaaf van je passies
en hang je niet op aan nutteloze verwachtingen.
Nooit zul je gelukkig zijn
als je geen controle houdt over je gevoelsleven,
als je dag bedorven wordt door een schram op je auto,
een kwaad woord thuis of op het werk, een mislukte afspraak,
een minder goed examen of een tv-programma dat je mist.

Leer jezelf beter kennen en neem dan jezelf in handen.
Als je zelf nooit gelukkig kunt zijn,
zul je ook nooit anderen gelukkig kunnen maken
en dat wil je toch!
Daarom, leer juist oordelen!
Kleine tegenslagen zijn 'kleine' tegenslagen.
Ze mogen je niet 'ondersteboven' slaan.
Hang je triestig gezicht voorgoed aan de kapstok binnen de kast,
dan kun je misschien eens lachen met je eigen miseries!

30 JUNI

JULI

De diepste vreugden
van het leven
wonen in de stilte.

LIEFDE IS ALS DE ZON

Wat denk je van de zon?
De zon is voor de meesten de gewoonste zaak van de wereld.
En toch doet ze voor jou en voor mij elke dag een wonder.
Ze steekt iedere morgen het licht en het vuur aan over de wereld.
Ze vecht tegen de wolken om ons te zien
en ons een mooie dag te geven.
's Nachts gaat ze naar de andere kant van de aarde
om onze tegenvoeters in de zon te zetten.
Doof de zon en we zitten
in de zwartste duisternis en de ijzigste kou.

Zo is het met de liefde!
Is eenmaal de liefde opgegaan in je leven,
dan brengt ze licht en warmte en welbehagen.
Als je de liefde hebt, kun je veel missen!
Dan doet het je geen pijn je iets te ontzeggen
voor de vreugde en het geluk van een ander.
Dan heb je geen behoefte aan luxe, rijkdom
en de laatste uitvindingen op het gebied van comfort en welvaart.
Als je de liefde hebt, kun je inderdaad veel missen!

Daarom: houd de liefde vast!
Als de liefde ondergaat in je leven,
worden de schaduwen steeds groter
en raak je stilaan in de nacht en in de kou.
De liefde is als de zon.
Wie ze heeft, kan veel missen.
Maar wie de liefde mist, mist alles!

1 JULI

EEN VRIJE MENS

Als je nog eens vijf minuten tijd hebt,
weet je wat je dan moet doen:
Niets, eens niets doen, eens niet bezig zijn.
Maak het eens stil om je heen! Sluit je radio, je tv!
Sluit je illustraties, je kranten, je tijdschriften.
Maak je los uit de vangarmen van de consumptiemaatschappij,
die met de zuignappen van de reclame als een vreselijke inktvis
alle resten van vrijheid en geest uit je wegzuigt!

Maak het stil om je heen. Maak het stil in je binnenste.
En neem de koorts! Je moet weten hoever je al dood bent,
begraven in de materie, in dat knellende keurslijf van
geld verdienen, kopen, verbruiken, profiteren, mode volgen!
Ik weet iets tegen consumptiekoorts, wellicht
het enige wat helpt, namelijk soberheid, ascese!
Geen verwringing van de natuur. Geen zinloze zelfkwelling.
Maar een lichamelijke zelftucht, die leidt naar
geestelijke bevrijding, naar innerlijke vrede en diepe vreugde.

Een levensversobering
die je ogen opent voor hogere en schonere dingen
dan geld, seks en drugs.
Soberheid maakt je ontvankelijk voor de wereld en de mensen.
Je grijpt niet meer, je streelt. Je bijt niet meer.
Je ondervraagt niet meer, je bewondert.
Je werkt. Je zorgt. Je speelt. Je wordt blij, levenslustig!
Je wordt een vrij mens!

2 JULI

SAMEN GELUKKIG ZIJN

Een man schrijft me: 'Zopas heb ik
'n zoveelste ruzie met mijn vrouw bijgelegd.
We zijn beiden vastbesloten helemaal vooraan te beginnen
en wederzijds meer begrip aan de dag te leggen.
Nooit meer oorlog in ons gezin!'

Hoe is het bij je thuis, in je huwelijk, in je gezin?
Huiselijke incidentjes zijn onvermijdelijk,
maar laat een incident nooit uitgroeien
tot een wederzijdse belegering.
Smeed in je hart geen wraakplannen.
Als je de andere toch wilt doen betalen,
laat die dan betalen met een kus, niet anders,
want als je het vuur van de twist laat smeulen,
zal er op zekere dag een bom ontploffen in je huis.
Ga nooit slapen zonder verzoening en knoop dit goed in je oren:
Het leven is veel te kort om lang met elkaar overhoop te liggen.

Er zijn nog vele gelukkige huwelijken en gezinnen.
Huwelijken waar men samen vreugde beleeft,
ook in moeilijke situaties.
Gezinnen waar men samen lacht en weent.

3 JULI

GELATENHEID

Er zijn vandaag de dag veel onrustige mensen,
gejaagde en angstige mensen,
mensen die precies hun leven lang op de vlucht zijn.
Ik ga proberen je een goed recept te geven
voor blijvende gemoedsrust!

Laat je motor niet te hard draaien.
Haast je als het moet,
maar lig niet de hele dag te draven.
Werk en eet kalm, rustig
en zet je van tijd even in een gemakkelijke stoel als een plant.
Rook en drink niet te veel
en maak van je ontspanning
geen zenuwslopende jacht naar genot.

Erger je niet en laat je niet meeslepen
in gewaagde geld- en hartkwesties.
Verspeel je geluk van vandaag niet
door overdreven zorgen voor morgen.
Doe je best en daarmee uit!

Als je in God gelooft
en Hem liefhebt als een echte Vader,
dan zul je zelfs de zwaarste stormen
trotseren en kalm blijven
als een kind met deze rustige gedachte:
'Vader staat aan het stuur!'

4 JULI

ARME RIJKEN

Ik heb in een arm land mensen ontmoet
die ik niet meer kan vergeten.
Ze waren heel arm en toch, ze hadden iets
wat ik moeilijk kan begrijpen.
Er was een lieflijkheid over hen heen en een blijheid
die ik niet kan beschrijven.
Ze hadden me nooit ontmoet
en toch was ik geen vreemde voor hen.
De spontaniteit, de glimlach waarmee ze naar me toekwamen,
hun diensten aanboden, hun huis openden,
was ontroerend.

In hun armoede vond ik ze ineens geweldig rijk.
Een rijkdom aan levenslust, gastvrijheid en vreugde,
die bij ons zo zeldzaam worden.
Het waren geen miserie-mensen die stierven van honger,
maar mensen zonder luxe die alleen in onze ogen gebrek leden.
Wat missen zij en wat missen wij?

In zijn onverzadigbare honger naar steeds meer
wordt de rijke zo dikwijls een arme drommel,
die de meest eenvoudige vreugden van het leven mist,
omdat hij niet meer in staat is
de meest eenvoudige dingen van het leven te genieten.
Wat ben je met een mooie villa, een fijne slee, een verre reis,
als je hart leeg is? Zeker, je mag gerust veel hebben,
maar het eerste en allervoornaamste wat je nodig hebt,
is liefde en vreugde in je hart!

5 JULI

DE PRAATZIEKTE

Het praten is 'in'! Het doen is 'uit'!
Nooit is er zoveel gepraat als in deze tijd.
Nooit kwam er zo'n lawine van lege, holle en zinloze woorden
over de hoofden van de mensen.
Iedereen wil praten. Iedereen wil het woord.
Maar weinigen hebben iets te zeggen,
omdat weinigen de stilte en de inspanning
van het denken kunnen verdragen.

Laat je toch niet aantasten door dat 'praatvirus',
dat thans van koffiekransjes en caféfilosofen is overgeslagen
op de veelvuldige congressen, sessies, symposia en teach-ins.
Inleiding, referaat en natuurlijk debat of representatief panel,
liefst van mensen die het tegenovergestelde zeggen.
Want iedereen moet praten, geleerde woorden gebruiken
die je misschien zelf niet verstaat
en alles versieren met enkele moderne nietszeggende woorden
zoals 'ik dacht', 'naar mijn gevoelen', 'ergens' enz.

Kom, bid alle dagen dit eenvoudige actuele gebed:
'Heer, help me m'n grote mond te houden,
totdat ik weet wat ik zeggen ga. Amen.'
Bedenk daarbij dat het beter is wat meer te zwijgen
en dom te lijken
dan te spreken, en daardoor te bewijzen
hoe dom men werkelijk is.

6 JULI

HIJ HAD NIETS

Ken je het verhaal van een koning die op sterven lag?
De dokter had gezegd: 'Je zult genezen,
als je het hemd van een gelukkig mens kunt aantrekken.'
Dagenlang zwierven toen zijn hovelingen door het land
en vonden ten slotte een gelukkig mens,
maar die bezat geen hemd.

Dit om je nogmaals te zeggen dat het geluk
niets te maken heeft met rijkdom en bezit.
Het geluk komt nooit via de bankrekening of de postcheque.
Vermaak en plezier en een verre zonnige vakantie kun je kopen,
maar een onbezorgd en tevreden hart, dat een mens
laat genieten van wat hij heeft, is nooit te koop.
Waarom zijn zoveel schatrijke en verwende mensen
in hun luilekkerleven zo onvoldaan en soms diep ongelukkig?
Ze hangen vast aan het materiële,
omdat ze alles voor zichzelf alleen willen,
hebben ze hun hart laten stikken. Wees niet jaloers
op dit soort mensen. Zorg voor een tevreden hart,
dan zal het geluk je volgen
en laat anderen maar gaan zoeken.

Het geweten is de barometer van het geluk.
Een slecht geweten doet de barometer dalen.
Een zuiver geweten doet hem voortdurend stijgen.
Een zuiver geweten maakt je vrij,
brengt je altijd rust, vrede en waarachtige vreugde.
Met een zuiver geweten ben je rijk.

7 JULI

EEN DIAMANT

Misschien ben je een echte diamant.
Maar een diamant is niet aantrekkelijk,
als hij niet geslepen is.
Er zijn mensen die zeer fijn
en zeer aantrekkelijk zouden kunnen zijn,
maar ze blijven ruw en ongeslepen.

Het 'niet-geslepen zijn' zit altijd in kleine dingen.
Je bent een ergernis in de auto, als je mee chauffeert
en je zeg hebt over elk manoeuvre.
Je maakt je hatelijk, als je overal kritiek levert,
als je in een rij naar voren probeert te dringen,
als je altijd staat op te scheppen,
als je niet tegen verliezen kunt,
als je steeds over je kwalen praat,
als je niet naar een gesprek kunt luisteren,
als je een ander in het gezicht hoest.
Arme diamant, diep in je binnenste,
die geen kans krijgt om te schitteren,
om aantrekkelijk te zijn.
Je hebt zeker heel wat te slijpen.

Wacht niet tot morgen om ermee te beginnen
en neem alvast een paar prima slijpers of slijpsters aan,
zoals je man, je vrouw,
een vriend of vriendin, een collega.
Als je goed geslepen bent,
word je een parel om te stelen.

8 JULI

HET EINDE VAN DE MENS

Onze wereld is ziek!
De internationale moraal is nooit zo laag geweest!
Dit is de reden van alle onrust, alle ellende, dreiging en oorlog.
Elke avond wordt ons tv-scherm gevuld met puin
en we gruwen van de beestachtigheid
waarmee de mensen elkaar te lijf gaan.

De internationale moraal is een projectie in het groot
van de moraal die ons ook wordt voorgehouden
in zovele films, illustraties, boeken en bladen.
Een moraal zonder God, zonder liefde,
maar met het vernis van een oppervlakkige menslievendheid
omwille van de verpakking.
In naam van de moraal,
staan kinderen op tegen hun ouders, gaan huwelijken uiteen
en snijden vaders en moeders in het vlees en bloed
van hun eigen onschuldige kinderen
het dodelijk merkteken van de liefdeloosheid.

Doe God weg uit je eigen geweten
en uit het wereldgeweten en overal gaan de lichten uit.
We zitten in de nacht, het uur van de duisternis.
De mens wordt overgeleverd aan de mens zonder God,
in een jungle, waar hoogmoed, hebzucht, seks en geld
moderne goden zijn.
Dit is het einde van elke vreugde, van elke liefde, elk geluk,
het einde van de mens.

9 JULI

EEN PIJNLIJK GETUIGENIS

In deze vakantietijd wil ik je toch met je neus duwen
op een bitter maar eerlijk getuigenis van een gehandicapte.
Het moet je doen nadenken en je loopt het risico
dat je onbezonnen vreugde een beetje smakeloos wordt.

Iemand schrijft:
'Ik ken dat: "aanvaarden, lijden voor de anderen".
Larie! Nonsens! Verdomde en verbloemde leugens!
Ik ben opgegroeid met medelijden en niet met liefde:
"Ocharme! 't Is zonde! Och, 't arm schaapje!"
Maar 't schaapje werd een schaap en elke dag
werd het ter slachtbank geleid, altijd op een andere manier.
Je went er nooit aan aangestaard en aangegaapt te worden.
Weet je wat het is, als kind bij elk spel uitgestoten te worden?
Ik heb daarbij ook een onmogelijk karakter:
jaloers, achterdochtig, prikkelbaar, ongenietbaar.
Als er maar eens iemand naar mij zou willen luisteren,
wat zou ik roddelen! Van de bruidjes vooral!
Waar verdienden zij hun mooi gezicht
en hun gaaf lichaam? Ik haat kleine kinderen
om ze niet onbereikbaar en grenzeloos te moeten liefhebben.
Weet je dat nooit een kind naar mij gelachen heeft!'

Dit getuigenis is verschrikkelijk! Maar het moet je leren
dankbaar te zijn tot in het diepste van je ziel,
want je gezondheid is geen recht, maar een gave.
Het moet je leren heel je warme hart wijdopen te zetten
voor allen die zoveel en zo onverdiend moeten lijden!

10 JULI

KOM UIT DE VERSNELLING

De eigenlijke arbeidstijd van de mensen wordt steeds korter.
Ze krijgen hoe langer hoe meer 'vrije tijd' en vakantie.
En toch hebben de mensen het nog altijd even druk.
Als je iets vraagt, is het meestal: 'Ik heb geen tijd!'

Ze kunnen maar niet uit de 'versnelling raken',
zelfs niet in de vakantie.
De mensen worden geleid als schapen. Men heeft nu ook
van de vakantie en de ontspanning een echte industrie gemaakt.
Je moet hiernaartoe en je moet daarnaartoe en
je moet een mobilhome kopen en verder gaan dan je buurman.
Er zijn in je vrije tijd een hele hoop dingen
die schijnen te 'moeten', die je omgeving je oplegt.
Anders ben je een zonderling.
Je moet de kranten bijhouden en van alles op de hoogte zijn.
Je moet je vrije tijd organiseren voor jezelf en voor anderen.

Daarom zou ik je willen voorstellen: Doe eens niets!
Of doe gewoon waar je zin in hebt!
Het leven en zeker de vakantie zijn toch geen lopende band,
waarop de dingen je worden voorgeschoteld die je doen moet.
Kom uit de 'versnelling'! Kom tot rust! Kom tot de stilte!
Daar wonen de kleine en wondere vreugden van het leven,
die de mensen in het lawaai en de drukte verloren hebben!

11 JULI

EENZAME MENSEN

Ken je de eenzaamheid van je medemensen?
De eenzaamheid van de gevangene die de zon ziet schijnen
en weet dat daarbuiten niemand aan hem denkt!
De eenzaamheid van de zieke die met weinig
of geen uitzicht op genezing
dagen ligt te wachten op bezoek!
De eenzaamheid van de alleenstaande oude vader of moeder
waarvoor de getrouwde kinderen
geen tijd en geen attentie meer hebben!
De eenzaamheid van de weduwe
die alleen blijft met haar groot verdriet
en met de zorg voor de kinderen!

De hartverscheurende eenzaamheid van de mensen
die op zoveel plaatsen in de wereld
uitgehongerd liggen te wachten op de dood!
De innerlijke eenzaamheid van zoveel moderne mensen
die, zat van welvaart en genieten,
angstig worden voor het zinloze van hun bestaan!

Word nu even stil en rustig! Vraag je eerlijk af:
wat is mijn leven waard? Profiteer ik niet te veel?
Waarom moeten zovelen zoveel lijden?
Als je één mens door je aanwezigheid
en je goed hart wat minder eenzaam maakt,
heb je de wereld verbeterd.

12 JULI

KUNNEN GEVEN

Als je altijd je eigen zin moet krijgen,
als je steeds bokkig en wrevelig of pruilerig wordt
wanneer je je goesting niet hebt,
dan ben je nog onvolwassen,
dan ben je kind gebleven.
Een kind is egoïstisch,
wil krijgen, altijd krijgen en is pas gelukkig
als het krijgt.
Een volwassene moet kunnen geven,
dat is zijn geluk!

Een volwassene die alleen maar aan zichzelf denkt
en alles voor zichzelf opeist,
is kind gebleven.
Zo ontmoet je heel wat mannen en vrouwen
die nog niet volwassen zijn
en daarom altijd een grote last vormen
voor hun omgeving.

Denk hieraan op 't werk en thuis!
Denk hieraan in de opvoeding!
Wees zelf volwassen
en leer de kinderen volwassen worden.
Leer ze in hun spel en in alles wat ze doen,
geven en toegeven.
De vakantie kan hiervoor
een goede leertijd zijn!

13 JULI

GOUDEN REGELS

Het is heel goed mogelijk
gelukkig te zijn in het huwelijk!
Als je je maar stevig vasthoudt aan een paar gouden regels,
vooral in de crisismomenten.

Liefde vraagt
dat je lief bent voor elkaar.
Een beetje waardering en genegenheid
uitgedrukt in een goed woord
of een kus is oneindig meer waard
dan al dat gepruttel
over kleine dingen die verkeerd lopen.

Want onverschilligheid voor elkaar
is het meest dodelijke.
Breek eens met de dagelijkse sleur.
Ga eens samen eten in de stad.
Zorg eens voor een extraatje.
Zeg vooral nooit een verwijt
of een kleinerend woord over elkaar,
zeker niet in het bijzijn van anderen.

En als je christen bent, bid dan samen,
want je gebed wordt
als een lichte zilverdraad
die je samenbindt met God en het geluk.

14 JULI

LEVEN IS LIEFHEBBEN

Wie niet liefheeft is dood, steendood!
Leven is binnentreden in een wondere wereld,
waar je alleen met liefde gelukkig kunt zijn.

Leven is houden van de zon, de lucht, de bomen, de dieren.
Leven is genieten van bloemen die bloeien,
van een autoweg die als een tapijt
voor je openrolt naar nieuwe horizonten.
Leven is houden van je werk,
van je kunnen, van je plaats in de maatschappij.

Leven is dansen en lachen en zingen met de kinderen,
is je man, je vrouw in je armen sluiten,
is heel je hart openzetten voor de mensen,
vooral voor hen die je nodig hebben,
die behoefte hebben aan de vreugde in je ogen,
aan de rust, de vrede en de warmte van je woorden,
aan de troost en de hulp van je hoofd en je handen.

Leven is een fantastisch evenement!
Misschien heb je nog nooit echt geleefd,
omdat je de echte liefde niet kent,
de liefde die moeite kost, die soms pijn kan doen,
maar die je opheft boven het laag-bij-de-grondse gewroet
van hartstochten en klein-beestige belangen
in een geseksualiseerde wereld.

---

15 JULI

ELKE MORGEN EEN NIEUW HART

Hoe voel je je? Triestig, lusteloos, ellendig, zuur?
Hoe sta je 's morgens op? Moe, bang voor de dag die komt?
Er zijn mensen die, als ze hun ogen opendoen,
altijd iets verkeerds zien,
die elke morgen met een zwarte gedachte beginnen.
Als de mens een machine was,
zou er lang 'n apparaat op de markt zijn
om 's morgens 'goeie zin' te krijgen.

Hoe komt het toch, dat sommige mensen
zuur zitten te kijken in de zon
en dat anderen kunnen fluiten in de regen?
Dat hangt af van de innerlijke gesteltenis,
diep in je hart, diep in je ziel!
Je moet misschien anders gaan denken over de 'zin' van je leven.
Je moet misschien God terugvinden,
niet als een onpersoonlijk, wazig wezen, ergens in de verte,
maar als een persoonlijke Vriend, een Vader, heel dichtbij!

Mensen hebben vandaag God nodig, meer dan ze vermoeden.
Maar God moet je ervaren, meemaken.
Dat haal je niet uit levenloze boeken.
Je moet een prijs betalen:
stilte, bidden, nederig zijn, jezelf loslaten,
vooral je eigendunk, je verwaandheid.
In een intieme omgang met God
krijg je andere ogen voor de dingen
en elke morgen 'n nieuw hart!

16 JULI

GEEN IJSBEER IN DE ZOMER

Het is van het allergrootste belang dat je 'goede zin' hebt!
Misschien is het weer soms zo slecht
omdat de meeste mensen zo lelijk kijken,
zo weinig glimlachen.
De hemel heeft geen goesting
om de zon te doen schijnen
over onze lelijke snoeten, over onze ruzies
en onze domme, kleingeestige en zielige pretenties.

En als er een streepje zon komt,
beginnen vele mensen zich al uit te kleden,
omdat ze menen dat een bruin vel mooier is
en langer meegaat dan een wit.
Maar niemand schijnt eraan te denken
dat de vrolijkste, de meest opgewekte
en blijmoedige mensen het langste leven.

Daarom, eer je zorgt voor een bruine huid,
zorg voor een blij gezicht!
Wees geen ijsbeer die alles bevriest
en zijn omgeving in de koelkast zet!
Wees geen ijsbeer, vooral niet in de zomer
en in de vakantie!
Let dus op jezelf! Laat je niet oud worden!
Wees enthousiast
en doe de zon schijnen voor anderen,
dan schijnt ze ook voor jezelf!

17 JULI

EEN HEEL GOED MEDICIJN

Neem je hart in je hand
en keer het binnenstebuiten!
Kijk nu goed!
Is het misschien donker,
een vat vol ontgoochelingen?

Ik weet het, de slagen die het leven toebrengt,
de moeilijkheden die zich ophopen,
de problemen die steeds groter worden
ondermijnen je energie
en maken je vermoeid en moedeloos.
Je hart zit vol zorgen
en er is geen plaats meer voor vreugde en zon!

Wat moet je doen?
Zet eens enkele zorgen opzij,
dat er ruimte komt, een heel klein beetje ruimte
voor geloof en vertrouwen op God en zin voor gebed!
In onze moderne tijd zijn ondanks de materiële welstand
zoveel harten zwaar van zorgen.

Men zoekt met pillen, diëten en spuiten
de mensen op te monteren
en men vergeet dat een rustig gebed
het meest wonderbare medicijn is
voor een ziek, ongelukkig en teleurgesteld hart.
Probeer het eens!
Draag zon in het hart en alles wordt weer goed!

18 JULI

ALS EEN BLINDE IN DE ZON

Ik geloof in God
en ik ben echt blij te kunnen geloven.
Ik ontmoet zeer veel mensen
en telkens ervaar ik hoe ze, zonder God,
gevangenzitten.
Als je van dit leven alles verwacht
en het valt je tegen,
word je gemakkelijk zenuwziek.
Je vindt geen antwoord op je vragen!

Ik ben een humanist,
juist omdat ik in God geloof.
Het geloof in God heeft een venster bijgegeven
om naar het leven
en de mensen te kijken.
Met God heeft alles méér zin, méér volheid,
is er méér vreugde, méér vrede en tevredenheid.
Met God is elk leed lichter om dragen,
raak je niet zo vlug over je zenuwen
en word je nooit wanhopig.

Het geloof is echter een gave!
En voor die gave moet je heel klein en nederig kunnen zijn
en wijd openstaan.
Je wordt dan een beetje als een blinde in de zon.
Je ziet God wel niet,
maar je voelt met heel je wezen
zijn aanwezigheid en warmte!

19 JULI

DINGEN WAARMEE JE STERVEN KUNT

Ik heb een vriend verloren.
Een onmisbare vriend, nog jong
en reeds meer dan 7 jaar een ter dood veroordeelde.
Hij heeft bewust de langzame afbraak
van zijn sterke lichaam ondergaan.
Met een ongewone wilskracht
en een vertrouwde blijmoedigheid heeft hij alles aanvaard.
Het kan je verwonderen, maar hij is
als mens en als priester diep gelukkig geweest.
Hij heeft op 41 jaar meer geleefd
en genoten dan anderen op 80 jaar.

Hij hield hartstochtelijk veel van het leven en de mensen,
maar voelde toch zeer sterk de betrekkelijkheid van de dingen.
Als hij de mensen zag hollen en zich druk maken
om bagatellen, kon hij glimlachen
want dan dacht hij onwillekeurig aan een soort poppenspel.
'Het huis dat je op de wereld bouwt, is een illusie,' zei hij.
'Alleen dingen waarmee je sterven kunt, hebben waarde
om mee te leven en dat zijn er niet zoveel.'

Voor hem waren die dingen: een diep geloof in God
en warme vriendschap.
Mochten mensen de moed opbrengen om zoals mijn vriend
'ja' te zeggen aan de verrezen Heer, ook in de donkerste uren.
Misschien zouden ze dan ook ervaren
wat hij op het einde zo uitbundig neerschreef:
'Ik ben de gelukkigste mens van de twintigste eeuw!'

20 JULI

NOOIT BOVEN JE MAAT

Blijf in alles eenvoudig!
Doe niet mee aan de algemene
opschepperij en grootdoenerij!
De beste reactie
op al dat eigenwijs, verwaand
en opgeblazen gedoe is de lach.

't Is om je ziek te lachen, als je
de mensen tegenwoordig bezig ziet.
Iedereen werkt aan de façade.
Als men geen auto kan kopen,
zet men er een aan de deur
voor het oog van de buurman.
Men vertrekt naar de kust,
gebruikt veertien dagen een zonnecrème om te bruinen
en vertelt dan op het werk
dat men in Nice of op de Balearen is geweest.

Het is lachwekkend en ook weer triestig,
omdat dit alles een demonstratie is
van een vreselijke leegheid en geestelijke armoede.
Het is hoog tijd dat iedereen terugkeert
naar de eenvoud en de oprechtheid.
Wie boven zijn maat leeft
maakt zich belachelijk
en een 'punt' dat zich opblaast,
wordt een grote nul.

21 JULI

DE GELUKKIGSTE VIS VAN DE WERELD

Ik weet echt niet of je gelukkig bent!
Maar als je ervan houdt gelukkig te zijn,
wil ik je dit zeggen:
Probeer gelukkig te zijn met je eigen mogelijkheden,
in je eigen omstandigheden, in je eigen vel.

Ik denk aan mijn droom over die stomme vis.
Hij meende dat de meeuw die op de baren wiegde
en met de golven kon spelen,
gelukkiger was
en hij vroeg aan een aap hem uit het water te halen.
De aap deed het terstond. Hij bracht de vis op het droge.
Ik kwam nog juist op tijd, want de vis was aan 't sterven.
Ik gooide hem vlug terug in 't water
en nu is het de gelukkigste vis ter wereld.

Toen ik wakker werd, wist ik ineens
dat heel veel mensen ongelukkig zijn
omdat ze zich niet kunnen verzoenen
met hun eigen beperkte mogelijkheden,
hun eigen omstandigheden
en omdat ze zich niet goed voelen in hun eigen vel.
Zolang je ervan overtuigd blijft dat de ander gelukkiger is,
omdat hij aan de overkant woont,
zul je zelf heel ongelukkig zijn.
Het geluk is de schaduw van hen die tevreden zijn!

22 JULI

MOOIE DAGEN MAKEN

Als je vakantie neemt, doe het dan rustig!
Voor velen is vakantie even zenuwslopend
als het dagelijkse jachtige leven, waar ze uit weg willen.
Ze winden zich al op bij het zoeken naar een geschikte plaats.
Dan volgen de koortsachtige voorbereidingen.
Onderweg de vele verkeersopstoppingen
en het lawaai en de verwarring in overvolle campings.
De rijkeren zitten in sterrenhotels als wassen beelden.
Het is alsof ze ook tijdens het verlof niet mogen lachen.
Ze hebben hun idiote levenswijze
alleen maar duizenden kilometers verplaatst.
Anderen zoeken de zon, niet omwille van de zon, maar om te bruinen.
Zo komen velen wel bruin, maar uitgeput terug van de vakantie,
om met evenveel tegenzin als vroeger weer aan 't werk te gaan.

Als je vakantie neemt, doe het dan rustig.
Zoek het paradijs van de rust en de ontspanning niet al te ver.
Je vindt het paradijs nergens
als je het niet meedraagt in je hart.
Gooi alle ballast overboord: zorgen, hartzeer, wrevel, wrok,
afgunst, ruzies, zelfzucht. Je moet mooie dagen maken!
Je mag gerust bruinen, als je 'n bruine huid
een betere verpakking vindt!
Maar je moet vooral enthousiast zijn en verwonderd als een kind
over het licht, over de zon, over de liefde, over het leven,
over de goede mensen en de goede dingen.
Vakantie is mooie dagen maken
voor jezelf en voor de mensen om je heen.

---

23 JULI

GA EROP UIT

'Pak al je zorgen in je plunjezak en fluit.'
Iedere mens heeft recht op vakantie,
vooral in deze tijd, nu het helse tempo
van het moderne leven
zoveel zenuwen kapotmaakt.
Heb je vermoeide en kapotte zenuwen,
dan word je lastig, vervelend en ongenietbaar.

Genees dus jezelf! Ga erop uit!
Leg de riem er eens af! Zet je zorgen even op zolder!
Als je altijd als een diesel in hetzelfde ritme blijft doordraaien,
raak je spoedig 'gek-gedraaid'
en onze zenuwinrichtingen zijn nu reeds overvol!
Zoveel mensen klagen over stress.

Ga erop uit!
Je hoeft beslist niet naar de Balearen of de Azurenkust!
Je hoeft niet als een klomp vlees in de zon te braden!
Je hoeft geen schulden te maken
om even ver te reizen als je buurman!

Ga naar de bossen of de velden dichtbij!
Ga naar de bergen of naar de zee,
niets doen en tot rust komen.
Vakantie is nieuwe vreugde,
nieuwe kracht vinden voor je taak van morgen!

24 JULI

VRIENDSCHAP

Als je echt liefhebt, word je een kind van het licht en de vreugde!
Alles hangt af van de kwaliteit van je liefde.
Want de 'liefde' is een veelgebruikte mantel
die alle soorten egoïsmen kan bedekken.
Nooit werd het woord 'liefde' zo misbruikt als in onze dagen.
De enige soort liefde die een hoofdletter waard is,
is de liefde van de vriendschap.

Deze liefde voert naar het licht, naar de vrede en naar de vreugde.
Deze liefde maakt nooit stukken, omdat ze niet wil
bezitten voor zichzelf en omdat ze de ander vrij wil laten.
Ook als ze zich uitdrukt in lichamelijke tederheid blijft ze zuiver,
zolang ze niet in dienst staat van een lage begeerte,
maar in dienst van een geestelijke toenadering.
Wie onder het mom van liefde alleen maar zichzelf zoekt
en eigen bevrediging, pleegt verraad en vernietigt de vriendschap.
Je zult wel nooit in staat zijn tot een totale, zuivere vriendschap
maar je moet er steeds naar blijven streven.

Echte vriendschap is samen mooie dingen zien en genieten.
Samenwerken aan een mooie gemeenschappelijke taak
waarin je jezelf vergeet. Samen anderen beminnen.
Er zijn mensen, die 'licht' doorgeven
en er zijn mensen, die alles verduisteren.

Het hangt af van de kwaliteit van je liefde.
Wandel als een kind van het licht
en wees de gelukkigste mens ter wereld.

25 JULI

NOOIT ONGELUKKIG

'Heb elkander lief!'
Dit is het geheim van je geluk!
Meen niet, dat mascottes en hoefijzers
je kunnen helpen.
Met een hoefijzer kun je misschien
een paard plezier doen,
maar het brengt je geen geluk.

Het geluk is geen lot uit de loterij,
geen blinde meevaller!
Het geluk moet je zelf maken
met echte liefde.
Je kunt de ongelukkigste man ter wereld zijn
met een 'porte-bonheur' in je zak.
Maar je kunt nooit ongelukkig zijn
met waarachtige liefde.

Liefde is alles,
echte liefde, geen schijnliefde, geen cinema-liefde.
Zichzelf uitschakelen voor een ander,
een ander laten voorgaan,
elkaar verdragen, elkaar alle fouten vergeven
en dat iedere doodgewone dag, jaar in jaar uit.
Dat is liefde!
Deze liefde is de enige prijs
voor het geluk in je hart
en in je huis!

26 JULI

HIJ ZAG ALLEEN GOEDE DINGEN

Van die oude zieke man moet ik veel leren.
Ik heb hem bezocht in de kliniek. Hij zat half recht.
Z'n longen zijn kapot,
omdat hij jarenlang voor een open vuuroven heeft gewerkt,
zonder masker of enige andere bescherming.
Hij heeft precies vlammen ingeademd
en nu hangen rond z'n bed de slangen zuurstof
die hem in leven moeten houden.
'Zuurstof,' zegt hij, 'dat is toch iets goeds,
een echte weldaad.' En ineens denk ik eraan
dat ik alle dagen zomaar van deze weldaad profiteer,
zonder het te weten.

Even later glimlacht hij: 'Ik heb hier toch een mooi uitzicht.'
Door het venster ziet hij alleen maar de toppen van wat bomen,
een paar wolken, een beetje blauwe lucht.
'Die mij hier verzorgen zijn allemaal even goed,'
zegt hij nog en voor ik wegga:
'Maar ja, het komt allemaal wel goed.'
En hij weet evengoed als ik
dat zijn kapotte longen nooit meer zullen genezen.

Van deze man moet ik veel leren.
Hij heeft zelfs in deze uitzichtloze situatie
niets verkeerds gezien.
Hij zag alleen maar goede dingen. Hoe is 't mogelijk?
Deze man moet me leren leven,
vooral in dagen dat me alles tegensteekt,
ofschoon ik over niets echt te klagen heb!

27 JULI

OVERAL EEN INSTRUMENT VAN VREDE

Wij zijn geen engelen, maar de vakantie is toch
geen tijd om het beest uit te hangen.
De vakantie is een excellente tijd
om ons te oefenen in onderlinge liefde.
Je weet zo goed als ik, dat we zo'n behoefte hebben
aan wat meer vriendelijkheid en genegenheid,
aan wat meer welwillendheid van mens tot mens.

Wees geen dikke egoïst die alleen maar
denkt aan zijn eigen kleine pleziertje van elke dag,
die altijd zijn eigen zin doet
en nooit rekening houdt met anderen.
Breng zon en vreugde aan je medemensen.
Span je in om ook eens de zin te doen van een ander.
De vreugde zal groeien in je hart
en je zult verbaasd staan over de vrede
en de zonderlinge tevredenheid die je zult ervaren.

Wees in deze dagen een instrument van vrede!
Vrede is liefde brengen waar haat is, vergeving waar wrok is
Vrede is hoop brengen waar wanhoop is, licht in de duisternis.
Wat baat het alle bommen en geweren te vernietigen,
als we zelf niet veranderen en vrede maken in ons eigen hart
met God en alle medemensen.
Heb elkander lief, oprecht, eerlijk, zonder bijbedoelingen!
Dit is de enige weg naar echte vrede!
Er is geen andere! Denk daaraan, ook tijdens je vakantie!

28 JULI

THUIS ZIJN

Het gezin is het heiligdom van het leven.
Wie aan dit heiligdom raakt,
raakt aan het leven zelf.
Je woont in een huis.
Je woont er met twee, met drie of met meer.
In dat huis ben je vele dagen en nachten.
Je hebt er gelachen, gespeeld, gekibbeld,
geschreid, gewerkt en gegeten.
Je hebt daar dat wonderlijke gevoel
van thuis te zijn.

Dat is een groot geluk, een vreemd geluk!
Je geniet ervan zonder het te weten,
zoals van je gezondheid.
Je beseft pas wat het waard is
als je het verloren hebt.

Het is nu de grootste ramp van deze tijd
dat zoveel mensen bezig zijn dat geluk te verliezen.
Hun huis is geen thuis meer
en hun toevallig samen-zijn is
meer een kwelling dan een vreugde.
Daarom, prent diep in je hart deze woorden:
Een huis bouwt men met stenen,
maar een thuis met liefde!

29 JULI

VRIJ EN ZONDER ZORGEN

Kom, zet de zorgen opzij
en de zon
op je gezicht.

Denk niet dat een goede vakantie
verre reizen vraagt en veel geld moet kosten.
Er zijn genoeg mensen die na de vakantie
arm, ontgoocheld en oververmoeid
terugkeren naar hun dagelijks werk.
Ze hebben zich de hele vakantie overal moeten haasten.
Ze zijn heel ver geweest,
maar ze hebben niets gezien
en nergens rust gevonden.

Weet je, een goede vakantie,
dat is los van de klok, los van elk tempo,
zonder baas, tenzij die van hierboven,
vrij en ongedwongen profiteren
van de goede dingen van het leven.
Een goede vakantie, dat is: opgewekt en tevreden zijn
en ook eens denken aan de mensen,
die nooit vakantie hebben...

Misschien ligt je prachtigste vakantie
vlak bij de deur
waar iemand wacht op een beetje vreugde
en een handvol geluk.

30 JULI

WAT BELANGRIJK IS

De grote mensen weten niet meer
wat belangrijk is in het leven.
Ze menen dat bezit en macht belangrijk zijn,
een groot huis, een titel, een belangrijke positie.
Als ze iets zien, vragen ze altijd
wat het kost en hoe ze eraan moeten raken.
Ze willen bezitten, hebben, rijk worden.
Ze willen groot zijn en in feite maken ze zich belachelijk klein
in hun enge, bekrompen wereld van hebzucht en geweld.

In de grote wereld van de grote mensen
ziet het er zo miezerig en zo donker uit,
dat kinderen wel moeten dromen van de sterren.
In de grote wereld spreekt men nooit meer over mooie dingen
of zomaar over bloemen en over goede mensen.
Men spreekt over oorlog en geweld.
Bommen en raketten zijn belangrijk.
Zij zijn teken van macht. Daarom geloven de groten erin.
Als men bijvoorbeeld bloemen zou zaaien in plaats van bommen
over landen in oorlog, dat zou een droom zijn.
Maar grote mensen dromen niet.
Daarom zijn er geen sprookjes meer op aarde.
Het is geen leven meer voor de kinderen.

Kinderen weten wel wat belangrijk is.
Bloemen zijn belangrijk. Spelen is belangrijk.
De grote mensen begrijpen er niets van.
Ze moeten nog veel leren van de kinderen.

31 JULI

AUGUSTUS

Vergeet de mooie dagen niet.
Anders komen ze nooit terug.

EEN VRIJE MENS WORDEN

Ben je klaar voor je vakantie?
Heb je alles wat nodig is voor een goede vakantie?
Neen? Oh, je hebt geen auto, geen camera,
geen bungalow, geen geld voor het buitenland!
Maak je hierover geen zorgen!
Geloof maar niet dat het meeslepen van alle comfort
een prima vakantie garandeert.
Laat je niet inschakelen in die gestroomlijnde vakantiekudde,
waar iedereen doet gelijk iedereen!
Laat je niet verleiden tot nieuwe slavernij,
waardoor opnieuw je zenuwen
van de morgen tot de avond gespannen staan.

De gelukkigste vakantieganger is hij,
die geest en hart vrij heeft gemaakt,
die niet jaloers is op buurman of collega
en zich niet schaamt
om van de eigen omgeving te genieten.
Met een beetje fantasie behoren alle bossen je toe.
Alle zonnen zullen voor je schijnen
en alle bomen geven je schaduw.
Koning der schepping.
Alle bloemen zullen voor je bloeien.

Wat een weelde en wat een wonder voor de mens
die nog geen standaardproduct geworden is
van een gemechaniseerde beschaving.
Vakantie is opnieuw een vrije mens worden
op zoek naar duizend verloren vreugden.

1 AUGUSTUS

NIEUWE OGEN EN EEN NIEUW HART

Mooie dingen zien! Dat kun je alleen
als je vanbinnen in je geest en je hart vrij bent geworden,
ontspannen en open! Als je tot rust bent gekomen!
Met de voet op het gaspedaal zie je alles oppervlakkig en vluchtig!
Met je hoofd begraven in zakencijfers, je hart in dwaze begeerten,
zie je niets meer! Wordt alles saai en vervelend!

Vakantie is tot rust komen! Mooie dingen zien!
Heb je ooit een witte berk bekeken en z'n zachte blad gevoeld?
Weet je dat geen twee bladeren helemaal hetzelfde zijn?
Dat is geen seriewerk.
Sta je niet verstomd als je plots in de gaten krijgt
dat een appelboom en een perenboom naast elkaar staan
met hun voeten in dezelfde grond en dat de appelboom
met al het voedsel dat hij uit de grond haalt appels maakt
en de perenboom met datzelfde alleen maar peren produceert?
Appels en peren uit dezelfde grond
zijn zo verschillend van vorm, van kleur, van geur en van smaak!
Fantastisch! Maar wie ziet het?

Als de laatste nieuwe Jaguar in de straat parkeert,
blijven de mensen staan en kijken bewonderend toe!
Het is hoog tijd dat de mensen weer andere ogen krijgen!
Ogen om mooie dingen te zien!
Maar daarom moet wellicht eerst het hart veranderen!
Heer, geef ons nieuwe ogen en een nieuw hart
om de wonderen te zien en gelukkig te zijn!

2 AUGUSTUS

VEEL MOOIER

'Ga erop uit. Niet erop achteruit!'
Ik zou willen zeggen: ga op vakantie met God!
God kan goed verdragen dat je er eens op uitgaat.
Hij gunt je graag wat ontspanning en vakantie.
Waarom zou je Hem dan niet meenemen?
Waarom zou je God alleen maar nemen voor triestige dingen,
als je in de put zit en niemand je helpt
of als je voor een examen staat waar je niet doorheen kunt?

Onze God is een God van Liefde, een God van Vreugde!
Met God in je hart, in je ziel, in je ogen,
wordt de vakantie veel mooier!
Dan zul je je onderweg niet gedragen alsof de weg, de auto,
het hotel, de camping en het strand voor jou alleen zijn.
Dan zul je vriendelijk en liefdevol zijn
en respect hebben voor de veiligheid,
het comfort en de rust van anderen.

Dan zul je weten
dat er mensen zijn die geen vakantie hebben
en in nood verkeren
en je zult aanvoelen
dat je ook in de vakantie maat moet houden.
Ga op vakantie met God,
dan wordt je vakantie de verjonging,
de vernieuwing van al je levenskrachten.

3 AUGUSTUS

OP WEG NAAR VREUGDE

Om gelukkig te zijn
moet je innerlijke blijheid aankweken.
In plaats van altijd maar je zorgen te overwegen,
moet je ook eens naar je vreugden kijken.
Schrijf eens alle dagelijkse dingen op die je blij moeten maken,
bijvoorbeeld je huis, warm eten op tafel,
een lief en vriendelijk gezicht, een gemakkelijke stoel,
een radio, een computer, een auto misschien.

Wat heb je het toch goed!
Waarom kun je dan zo lelijk kijken en zo ontevreden zijn?
Overwin in je de hebzucht, de jaloezie!
Ware levensvreugde groeit uit overwinnen!

Zing iedere dag een liedje!
Zelfs al val je regelmatig van de toonladder af. Zingen moet je!!
Een lied in de morgen ontspant je
en ruimt alle stofnesten in je binnenste op!
Werk met een blij gemoed.
Vraag God vergeving voor alle fouten van de dag
en dank Hem voor Zijn goedheid.
Een stille vreugde zal zich van je meester maken
en zonder pillen of poeders zul je slapen als een roos.

4 AUGUSTUS

EENZAAMHEID

Je kunt alleen zijn, zonder eenzaam te zijn.
Je kunt ongehuwd zijn en je heel geborgen en gelukkig voelen.
Je kunt gehuwd zijn of met duizenden mensen samen
en je verschrikkelijk eenzaam weten.
Eenzaamheid is een moderne kwaal
die niet te genezen is door de mensen op elkaar te plakken.
Meer dan ooit zitten de mensen dicht opeen
in flatgebouwen, in winkelstraten, koopcentra,
disco's en vakantieoorden.
En juist daar wordt de eenzaamheid veel scherper aangevoeld.

De eenzaamheid, die zoveel mensen vandaag teistert,
groeit uit een diepe geestelijke leegte, uit een niet-geborgen zijn.
De meeste psychiaters staan hier machteloos.
De oorzaken zijn van zuiver geestelijke aard
en hier moet de mens op de eerste plaats zichzelf genezen.

Het gaat om geest en hart, om geestelijke geborgenheid,
die alleen maar mogelijk is in een sfeer van echte liefde.
Maar in de mate dat men zijn hart verkocht heeft
aan een hoop materiële luxeprullen,
schijnt men onbekwaam en onmachtig te zijn in dit soort liefde.
Men is bang geworden voor stilte, overgave aan God, gebed.
Men zoekt het in de duisternis, in de verdoving.
Men is nergens meer thuis. Men staat zelf overal buiten,
in de kou. Wanhoop wordt dagelijks brood!
Ik geloof dat een terugkeer naar God,
die je naam in zijn handpalm heeft geschreven,
hier wonderen kan doen.

5 AUGUSTUS

HOE GELUKKIG ZIJN IN HET HUWELIJK

Wees gelukkig, diep gelukkig in je huwelijk!
Het is heel goed mogelijk, ook voor jou!
Begin elke dag met deze gedachten:

We moeten van elkaar houden zoals we zijn
met dezelfde fouten en gebreken,
vandaag, morgen en overmorgen.
Wetend, dat man en vrouw in wezen
totaal verschillend zijn, zullen we het heel normaal vinden,
dat de ander anders reageert
en we zullen er ons niet langer aan ergeren.
We zullen geen drama maken van elke tegenslag
en proberen met een beetje humor
van sommige doornen rozen te maken.
We willen een stukje 'hemel op aarde'
en we zullen dat zelf bouwen thuis
met kleine dagelijkse dingen.
We zullen waken over onze liefde
als in de tijd van onze verkering.

Begin zo elke dag en zorg
dat je boven je beiden iemand hebt, waar je samen
in volle vertrouwen naartoe kunt. Ik stel je God voor,
niet als een scheidsrechter, maar als een Vader.
Niet een God voor kwade dagen, maar een God voor alle dagen,
die je verdriet, je angst, je tegenslagen niet wegneemt,
maar door alles heen je liefde doet groeien
en met die liefde je vreugde om elkaar en om het leven.

6 AUGUSTUS

NIET ALLES GEGEVEN

De mensen hebben de grootste moeite om van elkaar te houden.
Ook in het huwelijk is het zo. Na een eerste lawine
van liefdesverklaringen tot ter dood gaat men stilaan ontdekken,
dat men toch niet zo vlug klaarstaat om voor elkaar te sterven.
Het doet me denken aan die liefdesbrief, die iemand schreef.
'Allerliefste schattebout, ik hou van je meer dan ik zeggen kan.
Ik zou voor je door een vuur willen gaan, alle stormen trotseren.
Niets zal me te veel zijn. Ik zal altijd van je blijven houden.'
Getekend: 'Je lieveling.'
En dan staat daaronder vlug bijgeschreven:
'Allee dan, tot zondag, als het niet regent!'

Dit is koddig! Maar zo is het een beetje in het dagelijks leven.
In onze verbeelding en in woorden is de liefde heel gemakkelijk!
Ik zit altijd met de vraag:
waarom houden de mensen de liefde niet vol?
Waarom is het zo moeilijk om dagelijks samen te leven!

Ik geloof dat we heel dikwijls onszelf iets wijsmaken.
We beweren de ander te beminnen
en in feite houden we alleen van onszelf, van ons eigen 'ik'.
Je denkt veel te veel aan wat de ander voor je moet presteren.
De ander moet vriendelijk zijn, je op de handen dragen,
mag geen kwade bui hebben, mag je niets verwijten.
Bij de minste ontgoocheling voel je je gekwetst in je liefde.
Je denkt te weinig aan hetgeen je zelf kunt geven
en kunt doen voor de ander.
En hier ligt het geheim. Zeg niet te vlug:
'Je houdt niet van mij,' zolang je zelf niet alles gegeven hebt.

7 AUGUSTUS

VANDAAG

Je moet 'vandaag' leven!
Je moet 'vandaag' gelukkig zijn!

Zit vandaag niet in de put om wat gisteren gebeurde,
om dingen waar je toch niets aan veranderen kunt.
Laat je hart niet ondergaan in een beklemmende angst
en een overdreven zorg voor morgen.
Maak je hart vrij om vandaag te leven,
om nu, op dit ogenblik, gelukkig te zijn.
Het is niet gemakkelijk. Vooral niet
als je door het leven diep getroffen bent,
ontgoocheld in je liefde
en zwaar geslagen in je verwachtingen.

Laat je levensvreugde en je geluk niet afhangen
van het weer, van de vakantie die uit is en het werk dat begint,
van je portefeuille, van je spijsvertering
en van honderd en een futiliteiten.
Neem je lot zelf in handen!
Alles hangt af van wat of wie je bent 'vanbinnen',
in je gedachten en in je gevoelsleven.

Zoek altijd het 'licht' en laat links wat 'donker' is!
En is het je soms toch echt te zwaar,
probeer dan een beetje te lijken op een clown,
die in z'n hart schreit, maar met een lach
op de viool speelt voor een kind,
om zo z'n eigen hart van droefheid te genezen.

8 AUGUSTUS

JONG BLIJVEN

Jong ben je zolang je niet denkt dat je alles weet,
zolang je gevoel voor humor hebt,
zolang je blij verwonderd kunt zijn
over iets nieuws dat je ontdekt.

Oud ben je,
wanneer je, bang voor moeilijkheden,
alleen maar houdt van wegen
die anderen reeds lang platgelopen hebben.
Wanneer je verstand is blijven stilstaan
op versleten opvattingen
en wanneer je steeds over jezelf praat.

Maar jong en fris en gelukkig ben je,
als je openstaat voor deze nieuwe tijd
als je nog warm kunt lopen voor iets hogers,
als je steeds klaarstaat voor een ander,
als je gewoon doet
en nog iets kunt bijleren.

Probeer jong te blijven en tracht met je jeugd,
met je vrolijkheid en je kracht de andere mensen aan te steken,
dan zul je ook die oude verroeste wereld om je heen
weer 'jong' maken!

9 AUGUSTUS

JE EIGEN LEVEN

Een van de meest tragische gevolgen van welvaart en rijkdom
is de geestelijke verarming van de mens.
Vele moderne mensen hebben een mooi huis vol apparaten
en een rijk voorziene tafel, maar hun achterhoofd is leeg.
Doe hun auto weg, hun televisie en het dagelijks weer
en ze weten niets meer te vertellen.
Ze zijn volkomen leeg, zonder fantasie en zonder gedachten.
Materie met de materie.

Verzet je tegen deze stroming, want ook jij wordt bedreigd.
Pas op, laat je niet herleiden tot een automaat
die vanbuiten bediend wordt, maar vanbinnen dood is.
Zoek naar een beetje stilte, wat rust,
een paar minuten meditatie.
Luister naar een ernstig gesprek,
lees een waardevol boek, een zinvolle roman.
Span je in om tot persoonlijke eigen gedachten te komen,
tot een eigen weg, een eigen leven.
Maak je los van de vaste clichés
die rondom jou in de mode zijn.

Geniet van welvaart en comfort,
maar laat je geest en je hart niet vergrijzen
met de grijze materie
in een kleurloos en zinloos bestaan.
Vreugde en geluk beginnen altijd
vanbinnen te groeien, nooit vanbuiten.

10 AUGUSTUS

ONNODIG LIJDEN

De miserie weegt zwaar, omdat het meestal
een nutteloze miserie is die de mensen elkaar aandoen.
Een jonge vrouw met een gehandicapt kind
wordt in de steek gelaten door haar man.
Een wenende moeder vertelt over haar 23-jarige zoon
en schoondochter die beiden in de gevangenis zitten
wegens bezit en gebruik van drugs.
Een man is op het nippertje ontsnapt aan een ongeval,
veroorzaakt door een collega die een verhouding heeft
met z'n vrouw.
Hij is ervan overtuigd dat 't een moordpoging was.
Een ander koppel. Nog geen twee jaar getrouwd.
Geld genoeg. Toch zijn er voortdurend uitbarstingen
van ontevredenheid en overspannenheid.
Ze wonen nu alleen en nemen kalmeermiddelen.

We maken een zware crisis door!
Of betekent dit alles het failliet van een beschaving,
die gebaseerd is op 'geld verdienen' en 'profiteren',
die elke inspanning en elk offer schuwt als de pest?
We zitten op een dieptepunt. Ook de psychiaters weten geen raad.
De mensen moeten zichzelf genezen!

Ik ken de gelukkigste mens van de wereld.
Hij woont in een open klooster. Hij werkt en bidt
en neemt nooit vakantie. Hij lacht altijd.
Tevredenheid en vreugde stralen van zijn gezicht.
Hij geeft niet om geld. Hij heeft heel weinig behoeften.
Misschien is het juist daarom dat hij zo gelukkig is.

11 AUGUSTUS

DE MOEITE WAARD

Wees 'medemens'!
Houd je ogen open
om niet langs al die anderen heen te draven
alsof ze 'lucht' zijn!
Wees 'medemens'!

Probeer die ander naast je te begrijpen!
Probeer je in te denken in zijn situatie,
probeer in zijn huid te kruipen.
Dit is niet gemakkelijk!
Hier ben je niet mee klaar
zoals met een huis dat je bouwt,
een keuken die je schrobt
of een diploma dat je behaalt!
Hier ben je nooit mee klaar!

Dit eist alle dagen
alle krachten van je hart en je geest!
Maar het loont de moeite!
Je zult dan niet meer als een farizeeër
met opgetrokken neus voorbijgaan.
Je zult je medemensen
beter leren kennen en minder veroordelen.
Je zult achter de misschien ruwe schors
van die ander ontdekken:
zijn nood aan liefde, aan begrip,
aan vriendschap en aan hulp misschien.
Mensen zijn de moeite waard!

12 AUGUSTUS

LEREN LEVEN MET JE HART

We hebben allemaal onze moeilijkheden, eigen aan onze leeftijd,
onze opvoeding, ons gehuwd-zijn, ons werk, ons samenleven.
Maar moeilijkheden mogen geen overdreven spanningen
verwekken. En dat gebeurt in deze tijd al te veel.
Men wil elkanders lasten niet meer helpen dragen.
Men wil elkaar niet meer aanvaarden,
elkaars gebreken niet meer verdragen,
elkaar niets meer vergeven.

Vaak hoor ik mensen in volle paniek.
Een vrouw, pas 'n paar jaar getrouwd met een intellectueel,
weet geen raad meer, durft niemand iets zeggen,
maar wordt mishandeld, meestal wegens grote onbenulligheden.
De man kan z'n woede niet beheersen.
Een man van rond de veertig, die per telefoon verneemt
dat z'n vrouw hem verlaat. Raakt totaal overstuur.
Telefoneert driemaal, dicteert een brief, neemt vergif in,
maar kan door de 100 gered worden.

Deze tragiek speelt zich af vandaag.
't Is hoog tijd dat de mensen weer leren leven,
tevreden leren zijn met gewone dingen,
leren zichzelf te beheersen,
leren vrijwillig offers te brengen uit liefde voor 'n ander,
leren vergiffenis te schenken.
't Is hoog tijd, dat de mensen
leren leven met een beschaafd hart
in deze door allerlei dwaze theorieën
besmeurde en chaotische wereld.

13 AUGUSTUS

BEKOMMERD ZIJN

Je moet niet menen dat je klaar bent met de 'liefde'
als je alleen maar 'vriendelijk' denkt over de mensen om je heen.
Dat is een slappe welwillendheid en een illusie van vriendschap.
Je stelt je gerust. Je doet niemand kwaad. Je laat iedereen leven.
Je bent een volmaakte burger, welvarend
en veilig onder je glazen stulp met je eigen atmosfeer,
en zo word je medeplichtig aan die collectieve onverschilligheid
die onze samenleving wurgt.

Wil je echt liefhebben en gelukkig zijn,
dan moet je opgaan in waarachtige bezorgdheid voor die mensen,
dicht bij je, die aan je zorgen zijn toevertrouwd,
die mensen met wie je samenwoont, met wie je speelt en lacht.
Zo'n bezorgdheid bindt en verbindt je en haalt je weg
uit je eigen klein persoonlijk belangenwereldje.
Ze is levensnoodzakelijk om niet te verschrompelen.
Je mag die bezorgdheid nooit afleggen,
zelfs niet als je vrede en je gemoedsrust erdoor verstoord worden.
Het is zelfs goed dat je liefdevol bezig zijn met anderen
soms veel pijn meebrengt en verdriet en dat je de last gaat dragen
van zorgen waarover met niemand gesproken kan worden.

Alleen persoonlijke bezorgdheid is de vrucht
van waarachtige liefde. Ze kan veel doen lijden,
maar ten slotte brengt ze de beste van alle gaven met zich.
Ze geeft leven! Kleur aan je bestaan
en soms, op zeldzame momenten,
een onmetelijk gevoel van diepe dankbaarheid
als een voorsmaak van een ongekend paradijs!

14 AUGUSTUS

DE BAND DIE ALLES SAMENHOUDT

Een echte moeder is een wonderbaar iemand.
Ze is het hart van elk gezin,
de band die allen samenhoudt.
Zij is de verzoening, de vrede,
de vreugde, de veilige haven.
Een echte moeder is in staat tot de onmogelijkste dingen
op het gebied van de liefde.

Als je nog een vader of een moeder hebt,
laat ze dan toch niet in de kou, zonder liefde.
Al heb je een dokterstitel, al ben je een hoge ambtenaar,
al ben je een geëerd politicus of een bekwaam zakenman,
je bent een onmens, als je je schaamt over je ouders.
Zeker, je laat ze niet verhongeren.
Ze krijgen wat ze nodig hebben.
Maar ze voelen zich als te veel,
omdat ze je genegenheid, je attentie missen,
omdat ze het hart van hun bloedeigen kind verloren hebben.

Er kan tussen ouders en kinderen veel gebeurd zijn.
Er is misschien een breuk ontstaan.
Maar als je eigen vader of moeder in nood zijn,
moet je alles vergeten en weer goed zijn,
weer bloemen brengen, de bloemen die ze nodig hebben,
de bloemen en je genegenheid, je aanwezigheid
en je steun in hun oude dag!
Wacht niet tot ze dood zijn om bloemen te brengen.

15 AUGUSTUS

NIET OP DE ANDERE OEVER

Waarom zit je altijd de andere kant uit te kijken?
Waarom meen je altijd
dat je vrienden, je kennissen, dat je buren
zoveel meer 'chance' hebben?
Je zegt zo gemakkelijk: 'Die anderen hebben alle geluk!
En ik doe zo mijn best en ik heb geen "chance"!'
Ja, zo zijn we allemaal een beetje.

De andere oever is altijd veel mooier.
Hij ligt iets verder af
en je staart je blind op de mooie schijn.
Maar heb je er nooit aan gedacht
dat die van de andere oever
naar jou zitten te kijken en menen
dat jij zoveel 'chance' hebt,
want ook zij zien
alleen maar je mooie façade
en kennen de vele kleine en grote zorgen niet
diep in je huis en in je hart!

Gelukkig leven is een grote kunst!
Deze kunst bestaat vooral in tevredenheid!
Wees tevreden en blij,
want wat heel zeker is:
Geluk ligt niet op de andere oever!

16 AUGUSTUS

RUGGENGRAAT HEBBEN WE NODIG

Onze wereld is voor een groot deel bevolkt
met karakterloze en ruggengraatloze mensen.
Ze beginnen elke arbeid, elk beroep, elke levensopgave
met grote geestdrift tot de moeilijkheden komen.
Als het hard en zwaar wordt,
krijgen ze angst en geven ze op.
Wat hen ontbreekt is doorzettingsvermogen,
zelfvertrouwen en standvastigheid.
Wat hen ontbreekt is: ruggengraat.

Er zijn mensen zonder ruggengraat, die zo geboren worden,
omdat hun ouders al geen ruggengraat hadden.
Er zijn mensen zonder ruggengraat die zo geworden zijn
omdat in hun opvoeding waarden als wilskracht
en plichtsbewustzijn taboe waren.
Er zijn mensen wier ruggengraat door de last
en de hardheid van het leven gebroken werd.
Zij hebben begrip nodig en onze hulp.

We hebben ruggengraat nodig
om sterk te staan in alle stormen,
om vol te houden, waar anderen het opgeven,
om voor geweld niet te wijken en voor geld niet te kruipen.
Alleen mensen met ruggengraat maken een nieuwe wereld.

17 AUGUSTUS

OVER AFWEZIGEN NIETS DAN GOED

Kanker is een vreselijke ziekte!
Een entreekaartje voor het lijden, de miserie en de dood!
Weet je dat 'kwaadsprekerij' een geestelijke kanker is,
die men al te gemakkelijk laat voortwoekeren,
een kanker die huwelijken ondermijnt,
gezinnen uiteenscheurt, vriendschappen verwoest
en een massa onschuldigen te gronde richt!

Het gaat altijd over een afwezige,
die men kleinmaakt, uitkleedt tot op z'n hemd!
't Is laf en mensonwaardig!
Die afwezige is een te gemakkelijke prooi!
Hij kan zich niet verdedigen! Hij kan niet antwoorden!
Hij kan je niet aankijken! Je geeft hem een dolksteek in de rug!
Ik smeek je, doe niet langer mee. Praat over je medemensen,
alsof ze erbij waren! Houd je aan de afspraak:
'Over afwezigen niets dan goed!'
Als je iets goeds weet van een ander
en dit met vreugde zeggen kunt,
doe je elke dag wonderen!

18 AUGUSTUS

BLOEMEN VAN GELUK

De meeste mensen zijn zeer slechte gelukzoekers.
Het is hun al duizend keer gezegd
en ze hebben het zelf honderden malen ondervonden:
''t Is niet al goud wat blinkt.'
Toch blijven ze koppig het tegenovergestelde geloven.
Ze zijn haast onverbeterlijk.
Ze blijven zoeken naar geld, comfort, plezier, genot
en na iedere verovering voelen ze zich diep ontgoocheld.

Arme mensen
die hongeren naar een beetje geluk
en met hun mooiste dromen
verdrinken in een moeras.
Laat je niet vangen door schijn!
Bloemen van geluk moet je zelf met veel moeite planten!
Bloemen van geluk in je eigen hart.

Begin eraan, vandaag nog
met veel wilskracht en zeer veel geduld.
Deze bloemen dragen verrassende namen:
Eenvoud, goedheid, optimisme, liefde!
Plant deze bloemen,
desnoods een voor een
en je zult spoedig alle dagen
'geluk' plukken voor jezelf en voor anderen.

19 AUGUSTUS

WIE ZORGT VOOR WARMTE EN GEBORGENHEID

Ik lees 'n brief van een gehandicapte weduwe
met 'n klein pensioen, die voor een beetje geld
de drie kinderen bijhoudt van een rijke dame.
Ze schrijft: 'Ik was verstomd bij de thuiskomst van mevrouw.
Ze was naar Spanje en Italië geweest.
En ze vertelde niet veel. Ze was zenuwachtig en ontevreden.
Het was haar te veel dat ze haar kinderen terug moest nemen.
Ik geloof dat ik, als gehandicapte, gelukkiger ben dan zij.'

De emancipatie van de vrouw
bestaat toch niet in het vrij zijn van alle banden
om te verzinken in een verslaving, in een grenzeloze verwenning,
of in de degradatie tot prooi in een geraffineerde mannenwereld.

De echte emancipatie van de vrouw
bestaat in haar volle ontplooiing.
De vrouw moet zich kunnen vrijmaken
voor haar reusachtige taak in deze afgekoelde wereld,
waarin je slim en zakelijk moet zijn,
want met gevoel kom je nergens!
Zo verdwijnen eenvoud, zachtmoedigheid en vriendelijkheid!
De mensen worden hard, verbitterd en ontevreden.
De vrouw moet zorgen voor het gevoel,
voor de menselijke warmte en de geborgenheid in deze wereld,
niet alleen voor het kind maar ook voor de volwassenen.
De goede sterke vrouw zorgt voor goedheid en gastvrijheid,
om de mensen te verzoenen met het leven!
Lang leve de echt geëmancipeerde vrouw,
ze is de gelukkigste en de machtigste vrouw ter wereld.

20 AUGUSTUS

THUIS BIJ MENSEN

Is je leven vastgelopen
in 'n donker spoor,
zonder frisheid, zonder vreugde
en vooral zonder moed?

Ben je misschien een van die velen,
die zich zo eenzaam voelen,
omdat ze menen van geen tel te zijn,
eenzaam, omdat ze al hun leed alleen moeten verwerken
evenals hun zeldzame vreugden?
Misschien is dit een uitweg voor je.
Pak je moed in je twee handen
en ga ergens 'n dienst bewijzen.

Je meent misschien
dat 't verschrikkelijk moeilijk is of opdringerig.
Kom, als je eenmaal begonnen bent
valt 't erg mee.
Je zult ontdekken dat je nog de moeite waard bent
en dat 't goed is dat je erbij bent.
Zo krijg je weer zin in 't leven
en vooral, je komt weer
thuis bij de mensen.

21 AUGUSTUS

EEN KWARTIER LANGER VOLHOUDEN

Getrouwd zijn en niet trouw zijn
brengt heel je leven in de war!
Je zit dan plots in een hoop onoplosbare problemen
en in hopeloze situaties.
Ontrouw begint meestal in het eigen huwelijk.
De partner is koud, vermoeid.
Het huwelijksleven spreekt niet meer zo aan.
't Is niet meer zoals in het begin.

Maar dat is normaal! De fout begint
waar men een normaal verschijnsel
gaat interpreteren als een gebrek aan liefde bij de ander
en als men in die crisismomenten
niet meer in elkaar blijft geloven.
Dan ontmoet je een derde,
die je misschien reeds lang kent
en waarin je plots een nieuwe kans ziet.

Wees voorzichtig.
Maak je niet wijs dat die derde alles zal oplossen.
Neen, de zaken worden gecompliceerder
en je huwelijk is bezig te stranden!
Ik weet het, er zijn situaties
waarin het samenleven niet meer houdbaar is.
Maar denk niet te vlug dat dit bij jou het geval is.
Meen niet te vlug dat het je onmogelijk is trouw te blijven.

Een kwartier langer volhouden
is het geheim van alle overwinningen.

22 AUGUSTUS

MINDER KLAGEN

Iemand was doodongelukkig
en deed dag en nacht niets anders dan klagen en jammeren.
Hij had geen schoenen.
Hij voelde zich de armste mens van de wereld,
tot hij op zekere dag een man
in een karretje zag zitten en schrok,
omdat hij iets zeer eigenaardigs ontdekte.
Die man had geen voeten
en toch glimlachte die man,
rolde een sigaret
en zag er tevreden uit.
Toen hield het klagen op!

Misschien verlies je ook veel tijd,
veel energie en veel levensvreugde
door te klagen over alles en nog wat!
Ik begrijp dat het leven niet altijd gemakkelijk is,
maar toch, als je iets te zeggen hebt over het eten,
denk dan eens aan de mensen die geen eten hebben,
als je lastig bent
omdat je je een dag niet goed voelt,
denk dan even aan de zieken die al jaren in bed liggen.
Denk wat meer aan de anderen,
dan zul je minder klagen
en veel gelukkiger zijn.

23 AUGUSTUS

PLOTS WIST HIJ ALLES

Ze hebben me uit bed gebeld. 'Hij is stervende!
Hij vraagt naar je! Hij heeft nog een halfuur!'
Uren heb ik bij hem gezeten. Hij kon niet sterven. 49 jaar.
Een van de vitaalste, levenslustigste mensen
die ik gekend heb. De afbraak van zijn sterke lichaam
op 'n paar maanden tijd was compleet.
Niemand had hem de waarheid durven zeggen.
Hij kende momenten van felle opstandigheid
tegen het uitzichtloze van zijn ziek zijn.
Hij klampte zich wanhopig vast aan het leven.
Hoopte tegen alle hoop in!

Ik was bang voor die laatste uren! Hij was wel diepgelovig,
maar in de helderste ogenblikken van bewustzijn
kon hij me vragen naar het waarom.
Als er een goddelijke leiding is, waarom dit lijden en sterven?
Ik ben zo jong. M'n gezin kan me niet missen. Waarom?
En ik, ik zou moeten antwoorden dat ik er niets van begrijp!

Maar op het beslissende moment,
in plaats van zijn geloof te verliezen en tot wanhoop te komen,
steeg er uit de diepste lagen van zijn bestaan
een rustig vertrouwen op. Een onbegrijpelijk vertrouwen,
dieper gefundeerd dan zijn denken en zijn voelen.
Hij wist ineens alles. Hij aanvaardde
en nam op 'n ontroerende wijze afscheid van vrouw en kinderen!
Het was alsof een onzichtbare hand hem vasthield
en alsof hij zich plots met heel zijn wezen
veilig geborgen wist!

24 AUGUSTUS

JE BENT ALS MENS EEN VERLIEZER

Als je even nadenkt over het leven,
stoot je onvermijdelijk op de fundamentele onmacht van de mens.
Er gebeuren dagelijks veel dingen, waar je niets aan doen kunt
en die je niet kunt verhinderen of je nu veel of weinig geld hebt,
of je een eenzame bent met veel verdriet of iemand,
die schijnbaar volkomen geslaagd is in het leven.

Je bent als mens een 'verliezer'. Je kunt niets vasthouden.
Alles valt je uiteindelijk door de vingers.
Je droomt en je bouwt en je zegeviert
en ineens komt de pijn, de ontgoocheling, de nacht.
Soms plots als een bliksemflits. Een accident, een ziekte, de dood.
Je kent zulke mensen van vlees en bloed, jonge en oude,
die wegvallen, verdwijnen en nooit meer terugkeren,
misschien zelfs dierbare mensen.
Je zou ze willen vasthouden, zoals je ook jezelf wilt vasthouden.
Je zou een mooie dag nooit willen zien eindigen. En toch,
je moet verliezen, afgeven, elke avond een dag achterlaten
en op zekere dag alles achterlaten.

Nu moet je niet gaan huilen om je machteloosheid.
Je moet je alleen niet verstoppen in deze schijnwereld.
Als je eenmaal je totale onmacht ten volle ervaren hebt,
ben je rijp voor God en krijgt alles weer een zin en een doel:
je angst, je pijn, je gezond zijn en je ziek zijn,
je leven en je sterven. Pas als er geen God is,
geen onsterfelijke liefde aan de andere oever,
wordt alles doelloos, zinloos, volkomen absurd!

25 AUGUSTUS

HET GEHEIM VAN EEN TEVREDEN MENS

'Ik heb lang en gelukkig geleefd,
heb mij met weinig tevredengesteld,
niets gevraagd en veel gekregen.'

Dat stond op het doodsprentje van Stijn Streuvels,
die in een witte wagen van de vreugde
naar het graf werd gevoerd.
In die ene zin door hemzelf geschreven
ligt een boodschap voor ons allen,
het geheim van een gelukkig en tevreden man,
die alle dagen op hun juiste plaats zette
en door de verpakking heen kon kijken.

Zoek me de mensen die dat vandaag nog kunnen.
En toch, geloof me, hier ligt de sleutel
voor heel wat problemen uit onze tijd
van overspannenheid en zenuwzieke mensen.
Als je je met weinig tevreden kunt stellen,
zul je meer krijgen dan je verwacht
en zal alles wat je krijgt
een blijde verrassing voor je zijn, een soort wonder,
waardoor je gaat houden van het leven.
Als je echter alles wilt verwerven, alles wilt bezitten,
zul je nooit voldaan zijn, altijd ontevreden en bitter.
Dan kan het leven je geen vreugde brengen.
Dan ben je een vogel met te zware vleugels!
Je zult nooit naar de zon kunnen vliegen!

26 AUGUSTUS

WERP DE ZORGEN VAN JE AF

Mag ik je een stukje voorlezen uit een oud boek,
dat ongeveer 200 jaar vóór Christus geschreven werd.
Het boek heet 'Ecclesiasticus' en behoort tot de H. Schrift.
Wat hier staat, geldt ook vandaag nog voor iedereen.

'Geef je nooit over aan somberheid,
en wees geen zwartkijker,
want blijheid verlengt het leven van een mens
en vreugde maakt zijn dagen lang.
Werp je zorgen van je af: houd moed en vergeet de ellende.
Somberheid is voor velen het einde van hun leven geweest.
Trouwens, neerslachtigheid dient tot niets.
Haat en nijd verkorten het leven en
zorgen maken je oud voor de tijd.' (30,21-27)

Denk hier eens over na! Vooral in deze tijd,
nu velen zich zovele zorgen maken over hun eigen toekomst
en de toekomst van hun kinderen.
Er is nu veel te koop en er is toch
zo weinig vreugde onder de mensen.
Denk eens na! Er zijn nog zoveel goede mensen
en nog veel mooie dingen om blij mee te zijn!
Laat je nooit devalueren tot een zwartkijker.
Een zwartkijker ziet de zon 's morgens ondergaan
en dan is het nooit de moeite waard
om een nieuwe dag te beginnen!

ALS EEN SCHADUW

Zoek het geluk en je zult het nooit vinden!
Het geluk wordt je voorgesteld als een mooie vlinder,
waar je achteraan moet zitten! Maar dat is een leugen.
Ik zeg je: zoek het geluk niet
en het zal vanzelf op je afkomen!
Het geluk is als een schaduw die je volgt
als je er niet aan denkt!
Het geluk komt als een wonder gevoel over je heen,
als je jezelf vergeet om te leven voor anderen.

Zoek het geld en je wordt rijk en misschien een dief!
Zoek het genot en je wordt zat en misschien zot!
Zoek jezelf en je wordt een egoïst!
Maar probeer jezelf eens te vergeten,
je eigen pleziertje en je eigen goesting,
om wat vreugde te brengen in je gezin.
Troost een zieke, help een arme,
houd 'n invalide gezelschap
en je zult op zekere dag plots ontdekken,
dat je gelukkig bent!

Dat geluk is voor geen geld te koop!
Het is als een echo, die alleen maar antwoordt
op de gave van jezelf,
en gave van jezelf, dat is liefde!

28 AUGUSTUS

DE MOOIE DAGEN

Vergeet de mooie dagen niet!
Als je moe bent, als je overhoop ligt met je omgeving,
als je geen raad meer weet en je diep ongelukkig voelt,
denk dan eens terug aan de mooie dagen
dat je lachte en danste,
dat je met iedereen vriendelijk was
als een kind zonder zorgen!

Vergeet de mooie dagen niet!
Als de horizon, zover je kijken kunt,
donker blijft zonder een teken van licht,
als je hart vol verdriet is en misschien vol bitterheid,
als schijnbaar alle hoop
op nieuwe vreugde en geluk verdwenen is,
zoek dan toch zorgvuldig in je herinnering naar de mooie dagen.
De dagen dat alles goed was, geen wolkje aan de hemel,
toen er iemand was bij wie je je thuis voelde,
toen je enthousiast kon zijn over die ander
die je nu ontgoocheld heeft en misschien bedrogen.

Vergeet de mooie dagen niet!
Want als je ze vergeet, komen ze nooit meer terug!
Neem jezelf opnieuw helemaal in handen.
Vul je hoofd met blije gedachten,
je hart met vergevingsgezindheid, tederheid en liefde
en je mond met een lach
en alles wordt weer goed.

29 AUGUSTUS

PROBLEMEN

Er zijn veel te weinig blije en gelukkige mensen!
Ze hebben alles,
goed eten, mooie huizen,
veel geld en comfort
en te veel luxe!
Toch zitten ze vol problemen.

Het is de ziekte van deze tijd!
Ze zijn verwend, ze kunnen
niets meer verdragen,
ze worden agressief!
Bij de minste pijn 'n pijnstillertje.
Elke avond 'n slaapmiddel
en bij de minste depressie een hoop antidepressiva!
Ze maken van de minste moeilijkheid een probleem.

Maar ze moeten toch weten dat 'moeilijkheden'
en 'problemen' niet helemaal hetzelfde zijn!
Problemen vragen oplossingen,
maar er zijn een hoop moeilijkheden
waar je gewoonweg doorheen moet.
Ze zijn inherent aan het leven,
het huwelijk, de opvoeding, de omgang, het werk.
Je leeft niet in een paradijs.
Als je van het kleinste kruis
op je schouders 'n probleem maakt,
dan kom je nooit uit de nacht
en zul je in je leven
maar zelden de zon zien!

30 AUGUSTUS

HUMOR GEEFT VLEUGELS

Als je niet kunt lachen, kun je niet leven.
Als je geen humor hebt, word je platgewalst
door de moeilijkheden van het leven.
Je wordt er ziek van en je geest gaat onder in een dodelijke ernst.
Je probeert te ontsnappen, maar je zoekt verkeerde uitwegen.

Je gaat uit. Je zit in donkere, muffe gelegenheden
vol rook en harde muziek. Je drinkt, je danst zonder ophouden.
Je neemt misschien drugs om te vergeten. En als je wakker wordt,
is alles weer hetzelfde, en doet het leven nog meer pijn.
Je bent geïntoxiceerd. Je vindt geen vreugde meer.
Je vindt geen vrede meer in jezelf.
Je wordt totaal onbekwaam om echt van het leven te genieten.

Er zijn echter een paar middelen om te genezen:
de lach en de humor.
Lach en humor zijn de beste desintoxicatie van geest en hart.
Ze bevrijden je van die overdreven zorgen
die de consumptiemaatschappij je oplegt.
Ze verlossen je van de dictatuur van moderne leefregels.
Je hebt stress, je moet medicijnen slikken en dieet volgen,
je moet in de file staan, je moet regelmatig voor de 'buis' zitten!
Lach ermee! Ontwikkel je humor.

Dan krijg je gevoel voor betrekkelijkheid
en voor de juiste afmetingen.
Dan word je minder gewichtig. Dan word je lichter.
Dan krijg je vleugels, dan word je vrij
als een vogel in de lucht.

31 AUGUSTUS

SEPTEMBER

Wie de wereld wil veranderen
begint het best met zichzelf.

AANPAKKEN

De vakantie is uit.
Tijd voor de nieuwe aanpak.
Wellicht heb je reeds gemerkt
dat het niet zo gemakkelijk is
na dagen vol afwisseling en grote vrijheid
weer aan het werk te gaan,
weer te letten op het juiste uur,
weer je volle verantwoordelijkheid op te nemen
en opnieuw te grijpen naar dat oude, misschien vervelende
en eentonige werk op kantoor of fabriek of op de schoolbanken.
Blijf niet aarzelen! Pak aan!

Of heeft de vakantie, die je krachten moest herstellen,
in jou alle veerkracht gebroken?
Of ben je doodop van het reizen en trekken?
Word wakker voor de nieuwe werkelijkheid!
De vakantie is uit!
De vreugde van de grote vakantie is voorbij.
Grijp nu naar de vreugde voor je werk,
naar de vreugde van je taak!
Het is de moeite waard!

1 SEPTEMBER

TEL DE DINGEN DIE JE BLIJ MAKEN

Ben je goed voor anderen? Ja, dag na dag vriendelijk, hartelijk,
gedienstig voor alle mensen om je heen,
voor je eigen huisgenoten, je familie, vrienden en kennissen?
Is er niemand die lijdt onder je slecht humeur?
Is er niemand die in stilte veel verdragen moet,
omdat je bruut en wild
of onverschillig en gevoelloos bent,
omdat je altijd en overal je eigen zin doet
en nooit rekening houdt met een ander?
Er is toch zoveel miserie die we onszelf en elkaar aandoen
en die we zo gemakkelijk zouden kunnen oplossen
met wat goedheid en een beetje liefde.
Kom uit jezelf en wees goed voor anderen.

Nu de vakantie uit is en arbeid en studie je opnieuw opeisen
is het van kapitaal belang, dat je blij bent!
Velen zitten nu met een lang en zuur gezicht
hun dagen te vergallen.
Arme mensen, die zo weinig vreugde vinden in het leven.

Maak je los van zo'n mentaliteit!
Daarom zeg ik je: tel elke dag de dingen die je blij maken!
Maak desnoods een lijst van de dingen die je vreugde geven.
Er zijn zo duizend kleine dingen.
Schrijf ze eens op en tel je vreugden!
Zing of neurie iedere dag ten minste één liedje!
Zo word je een ander mens!

2 SEPTEMBER

OP DE DREMPEL VAN EEN NIEUWE WERELD

Als je een goed betaler bent, als je goed op je plaats blijft,
als je een ander niet bedriegt,
dan lijk je op deze wereld een ideale burger,
dan kun je doorgaan voor 'weldenkend', 'deftig' en 'intelligent'.
Je kunt dan zetelen in alle voorname genootschappen
en zelfs de hoogste posten bekleden.
Men zal in onze wereld altijd informeren
naar je afkomst en je bankrekening,
nooit naar je hart!
Men loopt toch hoog op met de techniek en de wetenschap.
Men verwacht alles van het geld en de organisatie
en men vergeet het allervoornaamste: het hart!

Vergis je niet, de wereld wordt niet gered door de techniek,
niet door de wetenschap, het geld en de organisatie.
De wereld kan enkel en alleen gered worden
door de liefde, door het hart,
het hart van iedereen, ook door jouw hart.
Ook jij bent medeverantwoordelijk
voor het gebrek aan liefde in deze wereld.

Het gaat niet op te zeggen: de wereld, dat zijn
de anderen, daar wil ik niets mee te maken hebben.
Het is de grote fout van vele mensen te menen,
dat ze buiten de volgens hen zo slechte wereld staan
en dat hen geen schuld treft.
Als we elkaar liefhebben, zijn we ver genoeg.
Dan staan we op de drempel van een heel nieuwe wereld.
Dan is er weer vreugde en geluk voor iedereen.

3 SEPTEMBER

ZOEK DE STILTE

'Heb je goed geslapen?' vroeg ik.
'Neen, meneer,' was het antwoord. 'Ik ga juist om slaappillen.
Ik houd het niet meer vol.
Het lawaai, meneer, het lawaai, het is verschrikkelijk!
De radio van boven, de tv van beneden,
de disco van tegenover.
Om 3 uur sliep ik even in, maar om 4 uur
zette m'n buurman de brommer buiten om te gaan vissen
en hij vertrok met het geluid van een straaljager.
Ik ben van miserie in de namiddag
naar een stil bos getrokken, maar ik was nauwelijks daar
of er installeerde zich vlak bij mij een stel jonge mensen
met een draagbaar radiotoestel, dat keihard aanstond.'

Nooit waren er zoveel overspannen mensen,
zoveel zenuwzieken en hartpatiënten.
We hebben in deze moderne tijd
de zin voor de stilte verloren
en toch hebben we de stilte zo broodnodig,
niet alleen om tot rust te komen,
maar ook om weer eens mens te worden
in plaats van een zot gedraaid wieltje in een groot raderwerk!

Hou van de stilte, zoek de stilte,
er ligt een stuk van je geluk!

4 SEPTEMBER

DE HELE MENS VORMEN

Vind je het niet fantastisch? Duizenden deuren gaan open
en honderdduizenden jonge mensen stromen binnen.
De school begint!
Je mag ervan overtuigd zijn dat de bedrijvigheid op dit terrein
veel belangrijker is en veel beslissender voor de toekomst
dan de activiteiten in al onze fabrieken, werkplaatsen en kantoren.
Er zullen mensen gevormd of misvormd worden.

Waar het alleen maar gaat
om verstandelijke ontwikkeling en volgepropte breinen,
maakt men perfecte robots, maar geen mensen.
Een school waar leraars en leraressen alleen maar tegen betaling
wat kennis en specialisatie doorgeven, heeft ten slotte
als resultaat het geestelijk bankroet van een hele gemeenschap.
Het is hoog tijd voor een waarachtige opvoeding
van de jonge generatie, voor het vormen van de hele mens,
niet alleen van het verstand maar ook van het hart,
het gevoel, het karakter.

Opvoeden is het doorgeven van generatie tot generatie
van geestelijke waarden, die het leven 'zin' en 'richting' geven.
Dit doorgeven gebeurt niet zozeer met woorden,
maar met het zichtbaar en tastbaar maken
van deze woorden in het eigen leven.
Opvoeden is daarom een gezamenlijke opdracht
van de ouders, de scholen, de universiteiten, de pers,
de radio, de televisie, de publiciteit.
Wie hier zijn verantwoordelijkheid verzaakt,
is zwaar schuldig!

5 SEPTEMBER

HET HART VORMEN

Veel jonge mensen zijn niet meer jong.
Ze zien er oud uit, als je ze ziet hangen en liggen,
levensmoe voordat ze aan het leven begonnen zijn.
Ze zitten vol problemen en protesteren tegen
de consumptiemaatschappij, maar zijn het gewillige koopvee
van cd's, stereoketens, moto's, snelle auto's en noem maar op.
Wat veel erger is: heel wat jongeren
komen in hun zucht naar vrijheid terecht
in de slavernij van de drugs en de verdovende middelen.
Dit is een vorm van wanhoop, resultaat van een wereld,
waarin men alle welvaart en alle goede dingen bracht,
maar waarin men nooit een 'hart' gestoken heeft!

De scholen zijn open! Welke scholen?
Kleine fabrieken van kennis en wetenschap,
of ontmoetingscentra waar in de dagelijkse confrontatie
tussen ouderen en jongeren, tussen leraars en leerlingen,
vooral het hart van de jonge mensen gevormd wordt
in liefde voor het leven en in de liefde voor de mensen?
Dat stelt zeer hoge eisen, vooral aan de leraars,
die allen op de eerste plaats opvoeders zijn!
Beste tiener of twen, laat je niet gaan in een zinloze verering
van valse idolen. Wil je een nieuwe wereld bouwen,
een wereld waarin het hart een plaats heeft
dan moet je vandaag zorgen dat je morgen iets waard bent!
Maak van jezelf iemand die durft, die werkt,
een vrolijk en goed mens vol levenslust.
Die met de stroom meegaan, raken verloren in de zee.
De nieuwe mensen varen vandaag stroomopwaarts.

6 SEPTEMBER

KIJK NAAR DE TOEKOMST

Je bent jong. Je verwacht nog alles van het leven.
Als je er niets meer van verwacht, ben je zeer oud,
versleten en onbruikbaar,
dan ben je lui, onhandelbaar en tot niets in staat!

Kijk naar de toekomst met groot verlangen
en doe er iets voor.
Verwacht niet dat papa en mama
jou op een gouden kussen door het leven dragen.
Zelfs als ze dat zouden willen doen,
is dat een ramp voor jou.
Ze mogen je helpen,
maar je toekomst moet je zelf bouwen.

Studeer en werk hard. Wees niet bang
voor een inspanning,
laat het hoofd niet hangen
bij de minste moeilijkheid.
Vorm jezelf!
Of je gaat als een sukkelaar door het leven
en als een sukkelaar de kist in.

Dans en zing en wees blij, maar verlies je tijd niet
in een karrenspoor, te laag bij de grond.
Je bent rechtop geschapen, dus kijk naar boven.
Hou van het leven. Het is de moeite waard!
Dus leef graag en werk graag, dan heb je
altijd zeven feestdagen in de week.

7 SEPTEMBER

WAAROM KAN MEN NIET MEER DROMEN

Het is echt een heel groot verlies, een vreselijke verarming,
als je niet meer kunt dromen en niet meer kunt spelen,
als je fantasie is uitgedroogd.
Misschien ben je te rijk aan peperdure levenloze dingen
die alleen maar dienen om je façade te versieren en je imago
op te houden in een wereld van bedrog en schijnheiligheid.
Misschien ben je te geleerd
en is de tijd van de sprookjes definitief voorbij.

Ik vind het erg dat het hedendaags onderwijs streeft
naar het uitschakelen van alle sprookjes en alle mysteries
en dat onze universiteiten grote fabrieken zijn geworden,
waar alleen maar een massa hersenen in beweging komen.
De mensen gaan dood aan doelmatigheid, nuttigheid, efficiëntie.
De fantasie is eruit. De mensen worden planmatig
ingeschakeld in een enorm en zakelijk maatschappijpatroon
dat door de computer beheerst wordt.
In dat patroon zijn ook de Olympische Spelen niets anders
dan een reusachtig gevecht om macht en glorie, goud en roem.

Waarom moet de mens zijn 'kind-zijn' verliezen
en meestal ook zijn hart, als hij groot wordt?
Waarom kan hij niet spelen, gewoon omdat hij daar zin in heeft,
zonder de eerste te willen zijn en alle wereldrecords te breken?
Waarom kan een mens niet meer dromen
en iets moois maken omwille van het mooie,
zonder er zich om te bekommeren of het nuttig is!
Waarom moeten alle dromen, alle spelen en elke fantasie
wijken voor koude wetenschap en harde zakelijkheid?

8 SEPTEMBER

ZONDER VRIENDSCHAP IS MEN HEEL ARM

Iemand zonder vrienden
is een heel arm mens!
Je kunt ziek zijn,
'n tegenslag hebben en dat is erg!
Maar het is gewoonweg ondraaglijk,
als je niemand hebt
aan wie je het kunt vertellen.

Vrienden zijn er om alles mee te delen:
zorgen, moeilijkheden, vreugde,
arbeid, vrees, ideeën, plannen.
Voor echte vriendschap
moet je een tamelijk lange weg afleggen.
Je moet leren delen! Je moet leren geven!
Je moet ook leren ontvangen!
Wees eenvoudig! 'n Hoogmoedige kan niet ontvangen.
Die blijft gesloten en verdord!
Vriendschap is een van
de grootste weldaden in 't leven!

9 SEPTEMBER

JONG EN OUD

Je bent jong! Je zit barstensvol leven.
Dit is de mooiste en kostbaarste tijd van je leven.
Nu of nooit bouw je de basis van je geluk.
Dat is heerlijk als je weet dat het leven zin heeft.
Dat is je ondergang, als je van het leven
alleen maar veel geld en veel plezier verwacht,
als je nu reeds profiteur bent om iedereen uit te buiten.
Je bent oud en verschrompeld als je enige ideaal erin bestaat
hele avonden op de dansvloer tekeer te gaan.
Je jeugd spreekt niet zozeer uit je armen en benen
als wel uit je mooie ogen en je vurig hart,
uit je vaste wil om te werken en te studeren
en uit je vreugde te bouwen aan een mooiere wereld.
Geloof in het leven. Het leven is zo goed en zo mooi!

Je wordt zeker oud,
als er geen ongeval, geen hartaderbreuk
of ernstige ziekte op je agenda staat.
Maar wat heb je aan oud worden,
als de oude dag je alle plagen van Egypte overzendt:
stijve benen, reuma, aderverkalking, eenzaamheid?
Oud worden is geen ramp
en je oude dag is niet noodzakelijk een ongeluksdag!
Leer oud worden met een jong hart!
Het is een kunst!
Met een jong hart en een goed humeur
word je spelenderwijze 100 jaar!

10 SEPTEMBER

VRIENDSCHAP

Hij had kanker. Hij had naar de dood toe geleefd met
een ongelooflijk vertrouwen in het leven en in de vriendschap.
Omdat ik je nu iets wil zeggen over 'vriendschap',
ga ik het doen met zijn woorden:
'Voor 'n jong mens bestaat geluk
in dromen die ooit waar zullen worden.
Een volwassen mens ontdekt dat er inderdaad geluk is,
maar niet dankzij de voltooiing van zijn dromen.
Wel omdat er vriendschap bestaat.
Ik ben je dankbaar voor de genegenheid.
Tenslotte is 't de oogst aan kleine vriendschappen en attenties,
die 'n mensenleven rijk maken.
Deze dingen doen de rest dragelijker worden.
Vriendschap is een bron van echt leed,
heb je me ooit gezegd. Dat is waar.
Maar moet men alle bloemen omspitten
omdat men zich pijn deed aan de doornen van de rozen
en gaan wonen in een land zonder bloemen?'

Wie de vriendschap weigert, woont in een land zonder bloemen!
Niemand is zo rijk als wie een vriend heeft.
Je wordt pas een alleenstaande als je geen vrienden hebt
of als je geen vriend wilt of kunt zijn.

Dit hangt samen met de ruimte die je laat in je hart voor anderen.
Je moet er open voor staan. Je moet er jezelf voor prijsgeven,
soms risico's nemen. Jezelf een beetje kwijtspelen!
Bewaar diep in je hart een paar mensen,
die bij je thuis zijn en die er blijven wonen, ook als ze dood zijn!

11 SEPTEMBER

VERVUILING

De massamedia worden beheerst door een sfeer van sensatie.
Je krijgt in je krant, je radio, je tv in alle mogelijke kleuren
en details alles wat verkeerd loopt, wat rot is, rampzalig
en schandalig in onze kleine en grote wereld.
De eerste de beste idioot mag de grootste onzin uitkramen
als hij maar voor sensatie zorgt.
Het goede, het menselijk mooie schijnt niet interessant genoeg.

Ik begrijp, ze kunnen wegens hun informatieve taak
geweld, misdaad en corruptie niet uitschakelen,
maar de huidige dosering is buiten alle verhoudingen.
De jeugd moet wel denken dat het dagelijks leven
van de volwassenen een rotboel is.
Men heeft 't over de catastrofale milieuverontreiniging.
Water en lucht, twee basiselementen van ons leven op aarde,
worden voortdurend in hoge mate besmet.
Maar er is een bezoedeling gaande die veel rampzaliger is.
De bezoedeling die de mens zelf aantast in zijn geest en hart.
De massamedia spuwen soms zo'n stroom van misdaad,
geweld, verdorvenheid, corruptie, leugen en ongezonde sensatie,
dat het echte riolen worden. In zulke riolen sterft de mens,
zoals een vis sterft in bezoedeld water.

Daarom, als je kunt, doe er wat aan. Schrijf naar je krant,
naar radio en tv. Zeg hen dat het gaat
om de liefde onder de mensen, niet om de rotzooi,
dat het gaat om levensvreugde, niet om sensatie,
dat er nog goede mensen zijn en mooie dingen.
Vraag om wat 'sterren', wat meer licht, waarheid en humor!

12 SEPTEMBER

ACHTER EEN MASKER VERSCHOLEN

Vorige week kwam een vrouw bij ons, een heel jonge vrouw,
die met een grote donkere bril haar ogen bedekte,
opdat niemand zou zien hoeveel ze gehuild had.
Haar mooie trekken waren verhard.
Na vier jaar burgerlijk huwelijk leefde ze nu gescheiden.
Ze was ongelovig en had het geluk gezocht
op wegen van vlees en genot
en nu was ze diep ontgoocheld en totaal 'op'.
'Ik steek vol pillen,' zei ze.
'De mannen die ik ontmoette, waren geen vrienden.
Ik weet niet wat vriendschap is.
Ik ben op, ten einde raad, wat moet ik doen?
Ik kan niet meer denken. Bestaat er een God?'

Allemaal vragen uit een klein wanhopig menselijk wezen,
dat door haar ouders nooit bemind werd
en door valse geluksprofeten op verkeerde wegen geleid werd.
Grote drama's in onze kleine wereld,
zoveel leed achter mooie make-up!
Is het geluk dan zo lastig te vinden?
Ja, als men groot moet worden en leven
in een geseksualiseerde wereld, waar het etiket 'liefde'
op de meest monsterachtige egoïsmen wordt geplakt.
Geluk is pas mogelijk als de wereld één huis wordt
waarin de warmte en de liefde van God zoveel mensen doordringt
dat niemand meer buiten in de kou staat!

13 SEPTEMBER

KORT VAN STOF

Je slaat altijd en overal een ellendig figuur,
als je 'kort van stof' bent, lichtgeraakt,
opvliegend, lastig,
wrevelig en nijdig!
Zo'n gemoedstoestand brengt heel wat miseries mee
in de huiskamer, op het kantoor en in de werkplaats.
Je bevriest dan alle zuiver menselijke gevoelens
en elk onderling contact.

Als je 'kort van stof' bent,
dan ben je 'elektrisch geladen'.
Wie je aanraakt krijgt 'n schok
en blijft voortaan op afstand
en zo word je stilaan een eenzame op 'n eiland.

Als je 'kort van stof' bent,
moet iedereen precies weten hoe lang je tenen zijn.
Een enkel woord, een klein gevaar
kan ontploffingen veroorzaken.
Je schept onhoudbare situaties
en er ontstaan spanningen
die heel je omgeving zenuwziek maken.

Wees verdraagzaam
en oefen je in broederlijke naastenliefde!
Wees in!
Want 'kort van stof' is uit de mode!

14 SEPTEMBER

EEN GOEDE SCHOKDEMPER

Om vol te houden en te werken voor een betere wereld,
moet je op de eerste plaats geloven in een betere wereld,
moet je optimist zijn,
ondanks de vreselijke miserie elke avond op je tv.

Je moet om te leven geestelijk gezond blijven.
Hiervoor heb je absoluut de vrolijkheid, de lach nodig.
Als je door een of andere reden,
al is het door de bezorgdheid voor het welzijn van anderen,
rimpels krijgt in je hart,
dan zul je vlug rimpels krijgen op je gelaat.

De lach is de beste cosmetica voor je uiterlijk
en het beste medicijn voor je innerlijk.
Als de lachspieren regelmatig werken,
komt dit je spijsvertering ten goede,
wordt je eetlust gestimuleerd, blijft de bloeddruk stabiel
en verdwijnt een deel van je zorgen.
Lachen heeft niet alleen invloed op je stofwisseling,
maar ook op je onmiddellijke omgeving.
Het vermindert de spanningen en de tranen.

Denk eraan: het is een verloren dag,
de dag, waarop je niet gelachen hebt!

15 SEPTEMBER

WAAROM BIDDEN

Ik heb al zo lang met je gesproken over zoveel dingen.
Ik heb je gezicht nooit gezien en je stem nooit gehoord.
Ik weet echt niet wie je bent, man of vrouw,
jongen of meisje, gehuwd of ongehuwd.
Ik weet niet of je gelovig bent
en toch wil ik nu samen met je bidden,
een gebed dat ik op een stuk stencilpapier gevonden heb.
Als je wilt, bid dit dan mee in je hart:

'Heer, als ik honger heb, geef me dan iemand
die nog meer honger heeft, om mee te delen!
Als ik het koud heb, iemand
die ik 'n stuk van m'n kleed kan geven!
En als ik alleen ben, iemand die ik kan ontvangen!
Als ik bedroefd ben, Heer, iemand die ik kan troosten.
Als ik tederheid nodig heb, iemand om van te houden.
Als mijn last te zwaar wordt, Heer,
belast mij dan met de last van de anderen.
Laat uw Liefde steeds aanwezig zijn
in al mijn ontmoetingen!'

Waarom eigenlijk bidden? Als je je onmacht voelt,
als je niets begrijpt van lijden en dood
en van de leegte in deze wereld,
zoek dan een hand die sterker is dan alle handen
en een hart dat groter is dan alle harten.
Zo zul je rusten en weer voortgaan,
vervuld van nieuwe vrede en nieuwe vreugde.

16 SEPTEMBER

KEN JEZELF

Heb je een hoge dunk van jezelf,
acht je jezelf onberispelijk,
dan ben je waarschijnlijk zeer goed op de hoogte
van de gebreken en fouten van anderen,
dan ben je negen kansen op tien hoogmoedig,
verwaand en vooral totaal verblind over je eigen persoontje.

Je zult dan veel kwaadspreken.
Collega's en medewerkers zul je vlug beoordelen,
veroordelen, misschien 'kraken'.
Als je meent een hoge piet te zijn of een grote dame,
dan ben je waarschijnlijk een 'lastige' piet
en een 'lastige' dame met een giftige tong.

Ken jezelf!
Dat is zo nodig voor een goede verstandhouding
met huisgenoten, vrienden en kennissen.
Durf achter je eigen façade te kijken
naar je eigen fouten, gebreken en hebbelijkheden
en het zal je niet zwaar vallen
te zwijgen over anderen.

Ken jezelf en je wordt nederig en bescheiden.
Met een beetje zelfkennis
word je een goed, mild en gelukkig mens.

17 SEPTEMBER

ELKE DAG KIEZEN

We moeten regelmatig naar de stembus.
Als de verkozen kandidaten dan alles gaan doen
wat ze beloofd hebben, dan mogen we
op onze twee oren slapen,
want dan brengen ze ons op 'n zacht kussen
recht naar het paradijs.

Een bolleke zwartmaken is heel gemakkelijk,
maar er is een ander 'kiezen',
dat elke dag terugkomt
en waar je grijze haren van kunt krijgen.
Elke morgen kiezen tussen een vrolijk en een azijnzuur gezicht.
Elk uur kiezen tussen je plicht en je plezier,
tussen egoïsme en naastenliefde.
Dat is veel moeilijker!

Je hebt elke dag een lange lijst van mensen en dingen
waarvoor je kiezen kunt.
Sta je zelf op kop,
dan ben je een mooie mijnheer 'ik'
met veel of weinig hersenen,
maar in elk geval zonder hart,
dan kies je altijd voor je eigen belangen.
Alstublieft, zet die ander, je man of je vrouw
ook eens boven aan de lijst.
Kies eens voor de sukkelaar op je werk of in je straat.
Vergeet jezelf eens even. Zet je onderaan op de lijst
en laat de anderen voorgaan, dan zul je zeker winnen!

18 SEPTEMBER

VRIJ VOOR HET GOEDE

'Vrijheid' is een begrip waarover de grootste verwarring bestaat,
zowel bij de ouderen als bij de jeugd.
In naam van de 'vrijheid' zijn er mannen en vrouwen
die het niet zo nauw nemen met de huwelijkstrouw,
zijn er kinderen die zich niets aantrekken van hun ouders,
verschijnen de grofste leugens in de sensatiebladen,
kruipen mensen in hun schelp
als de nood voorbijkomt.

Men gaat leven op de maat
van zijn gevoel, zijn goesting, zijn grillen.
Dit is de vrijheid, gehuldigd en aanbeden door de egoïsten.
Ze leidt regelrecht naar de jungle, naar de tirannie
van de sterkste, de sluwste, de brutaalste.

'Vrijheid' is alleen zinvol, waardevol en vreugdevol
in een klimaat van liefde. Want het gaat in deze wereld
niet op de eerste plaats om de vrijheid,
maar wel om de liefde.

Wie liefheeft, levert zich over,
geeft anderen macht over zichzelf,
geeft een stuk van zijn vrijheid af aan anderen.
De liefde maakt vrij voor het goede, het schone,
voor de echte, diepe levensvreugde.

19 SEPTEMBER

EEN KLEIN WOORD DAT ALLES ZEGT

We leven in het tijdperk van de instincten.
Alles wordt verkoop- en verbruiksartikel.
Achter alle maatschappelijke verhoudingen voel je
hoe langer hoe meer als diepste drijfveer: het geld, de hebzucht!
Zelfs gekende jeugdidolen die de wereld veroveren
met protestsongs tegen het bezit,
verdienen op enkele uren miljoenen,
kopen kastelen en worden schatrijk.

Onze westerse wereld heeft koorts!
Deze koorts heet: krankzinnige zelfzucht!
Het wordt voor iedereen hoe langer hoe meer duidelijk,
dat we slechts zullen 'overleven',
niet dankzij natuurwetenschappen,
ook niet dankzij sociologie en psychologie,
technische vooruitgang en perfecte organisatie,
maar enkel en alleen dankzij dat éne kleine woord: liefde!

Daarom, probeer op een eenvoudige manier
te houden van de mensen om je heen.
Probeer bloemen te planten in de woestijn.

20 SEPTEMBER

DE ENIGE UITWEG

De gruwel van het geweld komt als een vloek over te veel landen.
Er gaat dan telkens een rilling over de wereld.
Daarna slapen de mensen weer stilletjes in.
Met geweld kun je een huis afbreken, een boom omkappen
of een dier ombrengen, maar als je met geweld
één mens vernietigt, vernietig je jezelf als mens.
Ik denk aan het getuigenis van een jonge veroordeelde. Die zei:
'Ik doodde mezelf in de nacht dat ik een ander mens ombracht.
Iemand anders doden is zichzelf doden.'
Onlangs zat een man van rond de veertig bij me.
Hij had als legionair mensen op korte afstand gedood.
'Nu word ik zelf vermoord,' zei hij,
'ze komen me elke nacht bezoeken.'

Wat is er te doen tegen het groeiende geweld in de wereld?
Waar komt het geweld vandaan? Geweld huist in de haat,
niet in de liefde, in gedachten en gevoelens van haat.
Haat huist onderhuids in de krankzinnige hebzucht van mensen,
waarop heel onze maatschappij is gebouwd.
Het gaat om macht, om bezit, om glorie in de wereld.
In zo'n wereld is het geweld thuis!

Geweld is niet uit te roeien met geweld.
Geweld plus geweld is steeds meer geweld.
Een dodelijke cirkel, die alleen maar doorbroken kan worden
door die onzinnige liefde van het evangelie, waar gezegd wordt:
'Bemin je vijanden. Doe wel aan die je haten!'
Het klinkt ontzettend dwaas in deze tijd. Wie gelooft er nog in?
En toch, ik verzeker je, het is de enige uitweg!

21 SEPTEMBER

LEVEND BEGRAVEN

Een man heeft op korte tijd zijn lieve vrouw
en zijn enige zoon verloren!
Ik ben met hem mee naar het kerkhof gegaan.
Een pijnlijk moment!
Men had daar met zijn vrouw en zijn zoon
het grootste stuk van zijn eigen leven begraven.
Hij bleef staan, terwijl ik rondliep in die stad
van marmer en steen, die stad van de doden.

Er was niemand bij die andere graven.
De bloemen van november waren verdwenen.
Ik werd getroffen door de verwaarloosde,
met gras begroeide, half platgetreden heuveltjes
tussen de verzorgde graven.
De vergeten doden!

En m'n gedachten gingen ineens uit naar de stad van de levenden.
Dat men doden vergeet is erg, maar nog te begrijpen.
De dode heeft daar geen pijn van.
Doch in de stad van de levenden,
je medemensen, misschien je eigen vader of moeder,
familieleden verwaarlozen, vergeten,
dat is ze nu reeds levend begraven
onder het gras van je dodelijke onverschilligheid.
Dat is gewoon onmenselijk.
Ik smeek je. Kijk uit. Dat het 'kerkhof' zich niet
uitbreidt tot in je straat, tot in je eigen huis!

22 SEPTEMBER

HET ZIJN DWAZEN

Er ging een man terug naar het hartje van Afrika,
waar men hem in '64 halfdood had geslagen.
Hij had jaren nodig om te bekomen.
En de mensen zeiden toen: 'Die is gek! Waarom doet hij dat?
Hij heeft daar geen zaak, geen salaris, geen toekomst.
Ja, het enige wat hij heeft is: liefde voor die mensen.
Hij wil er zijn leven voor geven! Vreemd!'

Waarom ging pater Damiaan bij de melaatsen wonen,
tot hij zelf melaats werd en eraan stierf?
Waarom denk je dat er van die mensen zijn in ziekenhuizen,
in huizen voor gehandicapten en in psychiatrische instellingen,
die niet trouwen om met heel hun hart te behoren
aan zieken, eenzamen en ongelukkigen? Waarom?

Het zijn dwazen! Domme mensen in de ogen van de wereld,
omdat ze niet speculeren op geld en rijkdom,
op geleerdheid en grootdoenerij!
Dwaze mensen zijn meestal diep gelukkig.
Ze zijn een beetje als bloemen in deze verdorde samenleving.
Bloemen hebben geen handen. Ze zullen nooit iets nemen,
ze geven alleen maar. Ze groeien en bloeien en verwelken.
Ze bestaan alleen maar voor de vreugde van anderen!

Geloof me, deze dwazen houden nog enkele lichten brandend,
nu de nacht valt voor zovele zinloze mensenlevens.
Ze doen ons weer geloven in een nieuwe morgen!
Als er geen 'dwazen' meer zijn, is de wereld om zeep!

23 SEPTEMBER

ZOEK ALTIJD DE ZONKANT

Ik ken je niet! Toch weet ik
dat ook jouw hart hunkert
naar wat vreugde en een beetje geluk.
Daarom vlug een paar recepten:

Zoek steeds de goede kant van alle dingen.
Ga elke avond met 'n goede gedachte naar bed.
Je slaapt dan veel rustiger en dieper,
want die goede gedachte werkt 's nachts in je door
en 's morgens is er weer zon in je hart.
Heb je echt veel verdriet en vind je nergens troost,
schrei dan eerst eens uit
en ga daarna een ander helpen.

Maak geen opname van elke tegenslag.
Aanvaard iedere nieuwe dag als een geschenk.
Wees altijd ergens blij om.
Er is nog zoveel moois op aarde,
het kind dat naar je lacht,
de bloem die bloeit,
de slotzuster die in de nacht voor je bidt.
Je vreugde en geluk liggen in je eigen handen.

24 SEPTEMBER

ZO BEGINNEN DE MEESTE CONFLICTEN

Stakingen, betogingen, rellen, corruptie, onrust!
Waarom kunnen de mensen geen vrede maken?
Waarom kunnen ze niet gelukkig zijn met elkaar?
In de arme landen zijn de mensen ongelukkig
omdat ze niet genoeg te eten en te drinken hebben,
omdat ze voor oorlog en geweld vluchten moeten,
omdat er geen werk is, geen verzorging
en niet het minste comfort. Maar bij ons?
Er worden jaarlijks miljarden uitgegeven aan ontspanning.

Veel mensen zijn toch ongelukkig omdat ze ziek zijn.
Ze hebben koorts, een koorts die met de stijgende welvaart
niet wil dalen. Het is een zeer hevige koorts.
Ze heet: krankzinnige hebzucht. En ik kan je verzekeren:
met zoiets op je lijf zul je nooit één dag gelukkig zijn.
Door het dagelijks aankweken van steeds nieuwe behoeften
maakt de consumptiemaatschappij van ons behoeftige mensen.
Altijd gespannen naar meer, omdat de reclame zegt
dat we het nodig hebben. Door deze onstuitbare drang
naar bezit ontstaan de meeste conflicten.

Je geluk hangt echter niet af van hetgeen je bezit,
maar van hetgeen je geniet!
Er zijn mensen die alles hebben, alles wat ze dromen kunnen,
maar van niets meer kunnen genieten.
Als je met weinig tevreden bent en je kunt er echt van genieten,
ben je de rijkste en de gelukkigste mens ter wereld
en zijn alle mensen je vrienden!

25 SEPTEMBER

GENOEG EN NIET TE VEEL

Enkele jaren geleden kwam hier bij een ongeluk
een jonge priester om het leven. Hij was professor
aan de universiteit van Santiago in Zuid-Amerika.
Hij bezat een enorme vitaliteit
en gaf zich met een uitzonderlijke geestdrift
en zonder enige berekening aan zijn medemensen.
Hij was 100 % mens
en 100 % priester.
We hebben van hem veel te leren, vooral in deze tijd
van geestelijke hoogmoed, betweterij en overspannenheid.
In een van zijn laatste gebeden lees ik dit:

'Heer, geef mij niet te veel verstand,
maar genoeg om het leven en de mensen te verstaan.
Geef mij niet te veel kracht, maar genoeg om te werken.
Geef mij niet te veel werk, maar genoeg
om te bouwen aan uw stad.
Geef mij niet te veel succes, maar genoeg
om te kunnen leven en te helpen.
Geef mij ook niet te veel braafheid,
maar genoeg offerzin om mijn plicht te doen.
Heer, welke mengeling van geluk en lijden
Gij mij wilt geven, laat ik over aan U,
als Gij mij maar helpt om vandaag gelukkig te zijn!'

Luister dikwijls naar dit gebed
en herhaal het in je hart!
Het zal je goeddoen!

26 SEPTEMBER

HET VERANDERT ALLES

Ik weet natuurlijk niet of je gelovig bent!
Ik ga je iets geks vragen! Bid je wel ooit?
Nu kun je zeggen: daar heb je niets mee te maken! Dat is juist!
Maar ik kan toch niets anders zeggen dan dingen,
die in mijn ogen belangrijk zijn, voor gelovigen en ongelovigen.
Waarom dat onderscheid? We zijn toch allemaal
voor een stuk gelovig en voor 'n stuk ongelovig!

Bidden is in deze tijd van stress en depressies
een dringende noodzaak, niet alleen voor christenen,
maar voor alle mensen. Het gebed is een zeer praktisch iets.
Het voldoet psychologisch aan een basisbehoefte
van elke mens, gelovig en ongelovig.
Mensen die echt kunnen bidden, hebben geen psychiater nodig.
Het gebed helpt je exact onder woorden brengen wat je kwelt.
In het gebed rafel je je probleem uiteen voor God.
Je wordt verlicht en je vindt nieuwe kracht.
Het gebed geeft je het gevoel niet meer alleen te zijn.
Het gebed brengt een actief principe in je op gang.
Je doet al iets. Je zit niet leeg en lusteloos te wachten.

Zeker, het gebed dient tot niets in de wereld zoals wij die kennen.
Je wordt er niet rijk van. Je komt er niet mee vooruit.
Nee, het gebed dient tot niets, maar ik zeg je: het verandert alles.
Sluit je ogen en bid. Je zenuwen kalmeren.
Je lichaam komt tot rust en je krijgt andere gedachten.
Bidden moet je leren. Dat kan niet op één dag.
Maar het is de moeite waard
om er elke dag opnieuw mee te beginnen!

27 SEPTEMBER

SCHIJNBAAR ALMACHTIG

We leven in een tijd dat de mens
op wetenschappelijk en technisch gebied
schijnbaar almachtig wordt. Mensenvoeten op de maan.
Vliegende laboratoria door de ruimte.
Foto- en tv-camera's naar verre planeten.
Harten, nieren en andere organen die men overplant.
Computers die praten. En steeds meer geperfectioneerde wapens.

En terwijl deze macht groeit, schijnt de mens op cultureel,
geestelijk en moreel gebied volkomen machteloos te worden!
Mensen sterven van honger en ontbering,
zelfs in sommige welvaartsstaten.
Mensen worden gekweld en volkeren worden uitgemoord
in de ontelbare zones van geweld, oorlog en verdrukking,
terwijl miljoenen met beate gezichten voor hun 'lichtbak' zitten,
het zoveelste snoepje nemen en daarna de show volgen.

Mensen in de welvaartsstaten gaan onder
in verveling, oververzadigd van eten, drinken, seks, geld en genot,
terwijl jonge mensen reeds vroeg levensmoe
grijpen naar verdovende middelen.
Vergeet niet, dat de tragiek vooral ligt in het feit,
dat vandaag een fantastische menselijke macht
op het gebied van techniek, wetenschap
en massabeïnvloeding opereert te midden van
een geestelijke leegte zonder voorgaande.

28 SEPTEMBER

WE VINDEN HET NORMAAL

Een mens doden is iets afschuwelijks!
Je zegt 'moord', 'geweld', 'oorlog'.
Deze woorden zijn leeggelopen door het vele gebruik.
Je leest: 'Jaarlijks tienduizenden doden op Europese wegen'
en je drinkt rustig je kop koffie.
Je hoort over duizenden doodgebombardeerde
vrouwen en kinderen in de oorlogszone en je praat daarna
over het weer, over de mode of over het voetbal.
Je wordt niet meer geschokt, tenzij je in een sensatieblaadje
een tot in de kleinste details uitgerafelde moord leest.
Dan komt er misschien nog even een rilling over je rug!

Dagelijks vinden ontelbare onschuldigen een gewelddadige dood.
En het ergste is: we vinden dat normaal! Er is niets aan te doen!
Zolang er auto's zijn, zullen er mensen worden doodgereden!
En zolang er mensen zijn, zullen er moorden zijn,
massale moorden onder vorm van oorlog
of andere moorden in de vorm van persoonlijke afrekening!

Je staat verstomd over de machteloosheid van de mensen
om hier iets aan te doen.
En je kunt besluiten dat je geen enkele reden hebt om fier te zijn,
om te behoren tot de soort 'mens'.
Het enige wat we kunnen proberen te doen is:
Met heel ons hart 'goed' en vol 'zorg' te zijn
voor dat broze wezen 'mens' om ons heen, binnen ons bereik!
Zelf nooit iemand haten en nooit leren schieten.
Want het is beter 'slachtoffer' te zijn dan 'moordenaar'!

29 SEPTEMBER

MEEWERKEN

De ontdekking en verovering van de ruimte
is een fascinerende gebeurtenis.
Maar wat baat het alle bestaande grenzen te doorbreken,
als we op onze kleine aarde muren bouwen
van wantrouwen, onbegrip en haat?
Wat baat het met een snelheid van vele duizenden kilometer
door de ruimte te suizen als we op de aarde
de afstand niet kunnen overbruggen naar de armste landen,
waar mensen sterven van honger?
Wat betekent een vlag op de maan,
als we geen kommetje vol eten kunnen zetten
voor een ziek en ondervoed kind?

De mensen zijn zeer geleerd,
uiterst bekwaam en geweldig vooruitstrevend,
maar wanneer worden ze eens zeer goed, zeer hartelijk,
zeer edelmoedig en zeer vergevingsgezind?
Wanneer beginnen ze eens met vrede te maken,
vrede en geluk op aarde?
Wil je meewerken? Goed! Begin dan vandaag nog
met goed, hartelijk en vriendelijk te zijn voor je buurman,
je collega en je huisgenoten.
Je prestatie zal meer waard zijn voor de wereldvrede
dan een tocht rond de aarde!

30 SEPTEMBER

OKTOBER

Hou van de mensen
zoals ze zijn.
Er zijn geen anderen.

STERKER DAN DE DOOD

Ik heb een schilderij gekregen van een jonge kunstenaar,
van een zeer jonge, maar gevoelige kunstenaar.
De kleuren maken je koud!
Je staat voor een eindeloze verlatenheid,
een tragedie waarin het laatste sprankeltje hoop vernietigd werd.
Je ziet de stad van de rijken branden in de verre luchten.
Vlak bij je zie je vier kleine magere mannen
vanuit een stel hutten, de stad van de armen,
een enorme doodskist dragen naar een vreselijke barst in de aarde,
terwijl een verdrongen, armzalig, troosteloos menselijk wezen
gehurkt toekijkt, twee armstompen in de lucht. De wanhoop.
In het midden verschijnt echter een bloem op een lange stengel,
maar, het blijkt een vreselijke illusie te zijn.
De stengel is gebroken.
'Brood en Spelen' noemt de jonge schilder zijn werk,
zinspelend op de ondergang van het Romeinse Rijk,
dat te vergelijken is met onze consumptiemaatschappij.
'Geef ze brood en spelen en
je doet met de mensen wat je wilt.'

Toch zou ik in dit schilderij iets willen veranderen.
Ik zou de bloem een kans geven.
Ze hoeft niet gebroken te zijn.
Ik geloof in de mensen
en in de onsterfelijkheid van de liefde.
Dit geloof hebben vele jonge mensen verloren.
Ze moeten over alle oeverloze leegte heen
en diep in de mens weer die vonk ontdekken, die 'geest' heet,
levenwekkend en sterker dan alle dood.

1 OKTOBER

WEES GOED

Ook jij, of je jong bent of oud,
je moet proberen 'goed' te zijn,
goed voor je vader en je moeder,
goed voor je kinderen,
goed voor armen en sukkelaars,
goed voor iedereen!

Misschien heb je het 'goed zijn'
reeds lang opgegeven.
Je bent ontgoocheld en je zegt:
ze begrijpen me niet.
Ze leggen het toch verkeerd uit.
Ze zijn zo ondankbaar!
Maar ik zeg je:
Herbegin, ondanks alles,
met 'goed te zijn',
zonder iets te verwachten,
al bloedt je hart!

Goed zijn brengt verdriet mee!
Weg met harde woorden
en met koude bejegeningen.
Breng warmte in je huis, wees goed.
Help je vader en je moeder
vooral wanneer ze oud zijn en alleen, wees goed!
Zeg geen kwaad van anderen, wees goed!
Het is een zeer groot geluk
en het allerbelangrijkste in deze wereld
een goed mens te zijn!

2 OKTOBER

KWATONGEN

Met je tong kun je wondere dingen doen.
De woorden die je spreekt
dragen datgene wat je vanbinnen bent
over naar de mensen om je heen.
Ben je vanbinnen vals, bedorven en slecht,
dan zal je tong niet anders kunnen
dan liegen, lasteren, kwaadspreken en beledigen,
spotten, krenken en vloeken.
Ben je diep in je hart een goed mens,
dan zal je tong als vanzelf
goed zeggen van anderen.
Ze zal overal vrede en vreugde zaaien.

Met je tong kun je geluk en ongeluk brengen.
De mensen hoesten als hen iets
verkeerds in de keel komt.
Als ze nu ook zouden hoesten
wanneer iets verkeerds uit hun keel komt,
dan zou in de wereld horen en zien vergaan.
Men moest belasting heffen
op ieder verkeerd gebruik van de tong.
De kwatong is een algemeen verspreide kwaal.
Verzet je tegen de kwatong,
vooral als ze in je eigen mond steekt!

3 OKTOBER

ZWARTE DAGEN

Er zijn van die zwarte dagen in 't leven,
dat kommer en zorg zo zwaar wegen
dat ze zelfs je slaap en je eetlust bederven.
Je staat 's morgens op, even moe
als de avond tevoren.
Je bent ontevreden, er zit je iets dwars.
Misschien is het 'n schuldgevoel dat je niet kwijtraakt.
Dit alles zet zich langzaam vast
in je geest en je hart
en begint daar zijn slopingswerk.
Vooral je zenuwstelsel wordt aangetast.
Wat moet je doen?

Zoek niet naar verdoving in drank,
in pillen of in vals genot.
Verdoving geneest niet. Na de verdoving is de pijn nog erger.
Als je gelovig bent, kan een goed gebed
en totale overgave aan de Vader verlichting brengen.

Zoek daarbij vol begrip
naar de nood van anderen.
Kom uit jezelf
en je zult zien:
je zenuwen houden stand
en je krijgt weer zin in 't leven.

4 OKTOBER

LAAT NIEMAND IN DE KOU STAAN

Je kunt niet leven zonder iemand die van je houdt,
die je de moeite waard vindt, aan wie je je kunt toevertrouwen,
die bezorgd voor je is en bij wie je altijd welkom bent.

Je ontmoet vele mensen in je leven,
maar er zijn bepaalde mensen die in je leven binnengroeien,
zodat ze als familie van je worden.
Het is een genade, een zegen, als dit goede mensen zijn,
mensen bij wie je geborgen bent, bij wie je thuis bent met je hart.
Zonder zulke mensen om je heen wordt je leven ondraaglijk.

Toch zijn er vandaag ontelbaren die niemand meer hebben,
niemand die met hen bezig is, die zich over hen heen buigt,
niemand die hen iets van zijn hart wil geven.
En toch heeft ook hun hart zoveel behoefte,
verlangt ook hun hart naar een beetje affectiviteit,
een paar armen om in te vluchten, op zoek naar geborgenheid.

Mag ik je waarschuwen tegen de kilte
die over onze mensenwereld komt
en waarin zovelen bevriezen. Denk eraan.
We zijn totaal afhankelijk van elkaar,
voor eten, kleding, woning, vervoer, ontspanning, voor alles
wat met 'betalen' te krijgen is,
maar we zijn nog meer van elkaar afhankelijk
voor ons geluk en hier is met geld niets te bereiken.
Dit heeft met 'hart' te maken, met liefde die gratis is.
Steek een hart in je omgaan met de mensen
en laat niemand meer in de kou staan.

5 OKTOBER

KEN JE JEZUS

In een ogenblik van ontmoediging, van zwakheid, van angst
is het van het grootste belang een goed mens tegen te komen.
Een mens die begrip heeft en die je kan troosten en opbeuren.
We zijn allemaal arme, zwakke mensen, geen engelen
met vleugels, voor wie het geen kunst is
om over een hooggespannen koord te lopen.
We hebben allemaal begrip, bemoediging en vergiffenis nodig.

En dit is de gave die we elkaar voortdurend moeten aanbieden
in de naam van die Jezus van Nazaret. Ken je die?
Velen kennen hem van naam. Weinigen kennen hem als vriend.
Hij wil de mensen verlossen van het kwaad.
En het ergste kwaad zit in de liefdeloosheid.
Hij hield van armen en zondaars en maakte zich kwaad
op rijken en schijnheiligen die menen dat ze volmaakt zijn,
en dus geen verlossing en geen vergiffenis nodig hebben.
'Wie zonder zonden is, werpe de eerste steen,' zei hij.
En hij had het over de verloren zoon, die terugkwam
en die met open armen ontvangen werd zonder een vraag
naar het hoe of waarom en zonder verwijten. Integendeel.
Jezus is niet als de mensen. Hij is liefde.
Hij richt een feestmaal aan voor iedere verloren zoon
en neemt het verloren schaap liefdevol op zijn schouders.

Ik hou van deze Jezus meer dan ik zeggen kan.
Hij leeft voor mij. Ik had zo graag dat je Hem zou leren kennen,
niet als een vriend uit een ver verleden,
maar als een levende vriend dichtbij!

6 OKTOBER

LUISTER NAAR DE BLOEMEN

Je bent als een ster uit de hemel gevallen!
Miljarden sterren staan in de hemel en iedere ster is uniek!
Miljarden mensen zitten samen op deze kleine planeet
en iedere mens is uniek! Fantastisch!
Sterren schitteren en maken de hemel mooi
opdat we in de nacht nog in het licht zouden geloven!
Mensen schitteren en maken de aarde mooi,
wanneer ze sterren zijn en geen verwoestende meteoorstenen.

Ik hoor 't bloempje in de voorbije lente nog zeggen:
'Wat hebben de mensen toch?
Ze vormen legers, ze maken lelijke wapens, ze zaaien de dood
voor mensen, dieren en planten! Bloemen moeten verdwijnen.
Bomen worden geveld. Vissen sterven in beken en rivieren.
De mensen bederven de lucht die ze ademen.
En ze lopen naar exposities om de laatste technische vondsten
te bewonderen en ze zeggen: ''t Is geweldig, ongelooflijk!'

Toen onderbrak het bloempje even, en ineens kwam er dit:
'Kijk 'ns! Ben ik niet mooi? Die zachte, tere blaadjes
en 't hartje in m'n kelk, zie je die kleuren,
merk je de fijne harmonie, voel je het leven?
Zonder één enkele technische ingreep en helemaal gratis!
Weet je, als de bijtjes me komen bezoeken,
praten we over de dwaasheid van de mensen.'
't Klinkt me nog in de oren!

Je bent als een ster uit de hemel gevallen!
Luister naar de bloemen.

7 OKTOBER

SPONTANE ATTENTIE

Er loopt een oude man iedere dag in dezelfde straat.
Hij is erg oud en alleen.
Honderden mensen gaan hem dagelijks voorbij, onverschillig.
Ze gaan allen hun eigen weg naar hun eigen belang.
Hij kent ze, bijna allen.
Ze haasten zich voorbij en zien niet om.

Wat zou het een formidabele verrassing zijn
voor deze oude versleten man
als plots, zo maar,
een van die regelmatige voorbijgangers
bleef stilstaan,
hem een pakje tabak in de handen stopte
en hem vriendelijk in het oor fluisterde:
'Hier, vadertje, een pijp tabak
en houd je taai!'

Die oude man zou om dit simpele gebaar
dagenlang zielsgelukkig zijn!
Er zijn duizenden oude mensen,
die wachten op een blijk van genegenheid
en sympathie,
en er is een bepaalde man of vrouw
die wacht op jou!

8 OKTOBER

EEN BREUKLIJN IN IEDERE MENS

Soms is het alsof er twee mensen in je wonen.
De een, die alles goed doet en die je naar de buitenwereld toont,
en de ander, waarvoor je je schaamt.
Paulus, die toch voor alle christenen een fantastisch man was,
schrijft in een van zijn brieven: 'Het goede, dat ik wil, doe ik niet
en het kwade, dat ik niet wil, doe ik!'

't Is vreemd! Een mens is een vreemd wezen!
Er is iets als een diepe breuklijn in iedere mens!
Ik ontmoet mensen die met de beste wil van de wereld
toch telkens terugvallen in hun oude kwaal.
Mensen die goed willen leven en toch dingen doen
die ze zelf niet begrijpen! Waarom is dat zo?
Omdat een mens geen God is, geen engel en geen superwezen,
maar een kleine pelgrim op een lange tocht,
soms wel eens moe en wat gehavend.
Toch is 'n mens wonderbaar fantastisch!
Juist in de ervaring van eigen zwakheid en zonde
wordt hij mild voor z'n medemensen.
Wie echter steeds zichzelf ophemelt, wordt hard als een kei.
Zijn gevoelsleven verdort en nergens vind je dan nog
die mooie gaven van vergiffenis, troost, opbeuring, bemoediging!

Je moet je nooit verontrusten over je zwakheden en fouten.
Maar je moet ze ook niet goedpraten. Je moet ermee leren leven!
Niemand is zo goed als in zijn beste momenten.
Maar ook niemand zo slecht als in zijn slechtste momenten!
Vriendschap en liefde bloeien waar mensen mild zijn voor elkaar,
mild in hun oordeel, mild in hun woorden en zacht in hun omgang.

9 OKTOBER

ALS JE GLIMLACHT

Zeker, ook jij kunt mooi worden,
ja, zeer mooi en zeer aantrekkelijk
en dat op een goedkope en gemakkelijke wijze,
zonder poeders en lippenstiften,
zonder snorretje of ringbaard!
Iemand lanceerde een praktisch en origineel middel
om mooie mensen te maken:
de glimlach, de echte glimlach, die komt uit het hart.

Geloof me, mevrouw, al zijn je wenkbrauwen
niet op de millimeter af
en al heb je hier en daar wat sproeten,
als je glimlacht, gaat er zo'n straling
over je gelaat dat je man en je kinderen
je zo om de hals zouden vliegen.

Beste man, al heb je het prachtigste snorretje van de wereld
en de mooiste neus,
als je lelijk kijkt,
dan ben je niet om aan te zien
en is het voor je vrouw uiterst lastig
je nog ooit een kus te geven.

Daarom glimlach, glimlach thuis, glimlach overal,
want als je glimlacht, zal een ander glimlachen
en zal spoedig heel de wereld glimlachen, omdat je glimlacht!

10 OKTOBER

GEDULD HEBBEN

Kwade dagen! Ja, je zult ook weten wat dat is!
Dagen dat je alles donker en zwart ziet, dat alles je tegenstaat.
Je voelt je moe, verlaten en verloren.
Het kan je allemaal niet veel meer schelen.
En het ergste is: je denkt dat het zo zal blijven.
Kwade dagen duren zo lang. Het zijn de langste dagen.

Iedere mens heeft van die kwade dagen! Wat moet je dan doen?
Geduld hebben! Geduld, weet je, is een zeldzame deugd.
Een deugd is een eigenschap, die je deugd doet, als je ze bezit,
die je veel kan helpen in moeilijke omstandigheden.
Geduld is een deugd die we vandaag meer dan nodig hebben.
Alles moet snel gaan!
Alle wensen onmiddellijk in vervulling met een druk op de knop.
Bij de minste pijn onmiddellijk verlichting!
Door gebrek aan geduld stijgt de gespannenheid
en worden de kwade dagen nog langer.

Wil je een beetje deugd hebben aan het leven,
dan moet je de deugd van geduld beoefenen.
Geduld hebben! Soms een tijdje blind vliegen!
Je hebt zo dikwijls ervaren dat de goede dagen snel voorbijgaan.
En je vindt ook dat weer erg.
Maar waarom kan deze ervaring in kwade dagen
dan geen troost voor je zijn? Kom, neem het niet te zwaar op.
Nooit dramatiseren. Trek een glimlach over je gezicht.
Kwade dagen gaan ook voorbij!

11 OKTOBER

EEN GEHANDICAPT KIND

Ergens werd een kindje geboren, zonder armen.
Acht dagen later kreeg de kleine in zijn melkfles
een veel te sterke dosis slaapmiddelen
vermengd met wat honing en stierf.
Veel is er gesproken en geschreven over de moeder,
de dokter, de familieleden,
weinig over het onschuldige slachtoffer.

Dat kind kwam ter wereld zoals elk ander kind
met het verlangen te leven.
Het verwachtte alles van zijn moeder,
van de grote mensen.
Het had geen armpjes,
maar het had een mond
om 'mama' te kunnen zeggen en 'dank u'.
Het zou kunnen zingen, bidden, spelen, studeren.
Het zou kunnen zien en horen en genieten van het leven.
Het zou vele mensen de kans geven
tot goedheid en naastenliefde.

We kunnen en willen niet oordelen
over de schuld van de moeder.
Maar is het niet onmenselijk een onschuldig kind,
dat als een gehandicapte naar je toekomt,
zich aan je overgeeft, af te stoten
en het leven te benemen?
Men moet weinig 'humanist' zijn
om zoiets te waarderen!

12 OKTOBER

IK WIL DAT JE LEEFT

Weet je dat er heel wat mensen niet meer leven,
omdat ze niet meer kunnen lachen. Het zijn dode mensen.
Waar niet meer gelachen wordt, daar wordt niet meer geleefd.
Daar valt de avond over de mensen en voelt men de nacht.
'Leven' moet je en 'leven' brengen in je huis, in je straat!
Wat is dat 'leven'? Een auto misschien? Een mooi huis,
verre vakantiereizen of een rijk gedekte tafel?
Ik ken mensen die dat alles hebben en niet leven!
Het is er kil en je krijgt de indruk
dat er gevangenisstraf staat op een glimlach!

Heeft 'leven' niet heel veel te maken met 'levenswarmte'
en ook met het zich verzoenen met een heleboel dingen,
met een beetje vrede te nemen met de mensen om je heen,
vrede met jezelf, met je twee linkerhanden
of met je arme zieke hart!
Heb je al eens echt van iemand gehouden?
En is er ook iemand anders die jou echt liefheeft?
Het is toch moeilijk te leven
zonder enkele lieve mensen om je heen?

Ik vind het vreselijk dat er mensen worden gedood,
zonder dat ze kans kregen te ontdekken
dat er mensen bestaan die van hen houden
en dat er een God is die hen gelukkig wil zien,
lachend en wandelend in de zon!
Ik wil dat je leeft!

13 OKTOBER

VOLWASSENEN EN JONGEREN

Jongeren rebelleren. Het is hard voor de ouders
te weten dat de jeugd geen eerbied heeft
voor hetgeen zij zo moeizaam hebben opgebouwd.
Voor de jongeren is het onbegrijpelijk waarom volwassenen
zo hardnekkig vasthouden aan eigen verworvenheden.

Wees echter niet blind voor het goede in mekaar.
Iedere generatie heeft haar eigen inzichten,
haar eigen moeilijkheden,
en ook haar eigen tradities.
Iedere generatie heeft recht op haar eigen wereld.
Laten we toch een beetje plaatsmaken voor elkaar.

Jij, oudere, hebt destijds voor je idealen gevochten.
Jij hebt de welvaart gebracht.
Houd je er niet aan vast
als aan een nooit voorbijgaande verdienste.
Heb vertrouwen in die na jou komen!

Jij, jongere, geloof in de toekomst,
maar ook in het verleden van je voorgangers.
We moeten samen blijven breken en bouwen
want het huis op deze wereld is nooit helemaal af!
Breken doet pijn en bouwen brengt vreugde!

14 OKTOBER

MANNEN EN VROUWEN

Denk niet dat je een man bent, omdat je een baard draagt,
omdat je 10 pinten bier kunt drinken zonder zat te worden
of omdat je kunt brullen, als je je zin niet krijgt.
Mannen die kruipen voor geld, goed eten en voor vrouwen
en die door corruptie en bedrog hun portefeuille vullen,
geven maar een triestig beeld van de 'Koning der Schepping'.
Je bent een man, als je trouw en sterk bent als een rots!
Je bent een man, wanneer je eerlijk bent als goud
in je huwelijk zowel als in je zaken!
Je bent een man, als je met de kracht van je geest
en de kracht van je hart bouwen kunt aan het geluk van anderen!
Je bent een man, als je voor je gezin een echte vader bent,
een vreugde en een veilige thuis voor de jouwen!

Een dwaze vrouw is een storm in de haven!
Een wijze vrouw is een haven in de storm!
Zit je vol grillen en nukken, dan ben je een dwaze vrouw.
Elk ogenblik kan dan je stemming overslaan.
Dan ben je in een rustig huis zelfs met een brave man
en goede huisgenoten een voortdurend stormgevaar.
Wijze vrouwen zijn kostbaarder dan de kostbaarste diamanten!
Ze zijn rustig, evenwichtig, goed van hart,
rijk van geest, vol overgave en vol liefde.
Ze kunnen veel verdragen en vergeven.
Ze zijn een veilige haven in de stormachtige wereld.
Ze beschermen de man, zijn een thuis voor de kinderen
en een troost voor zieken en lijdenden.
Wees een wijze vrouw met een groot hart
en je huis wordt een hemelhuis!

15 OKTOBER

NEEM JE TIJD

'Ik heb geen tijd!' 'Hij heeft geen tijd!' 'Jij hebt geen tijd!'
We hebben het allemaal toch zo geweldig druk!
Nooit waren er zoveel 'drukdoende' mensen
en ook nooit was er zoveel eenzaamheid!
Vaders en moeders wachten dikwijls eindeloos
op 't bezoek van hun kinderen. Die hebben geen tijd!
Zieken en gehandicapten zien de gezonden
haastig voorbijsnellen. Die hebben het zo druk!
Gehuwden en gezinnen beginnen te leven als vreemden,
want ze hebben geen tijd meer voor elkaar.

En kleine attenties vragen toch zo weinig tijd.
Een kort bezoek, een goed woord,
een glimlach, een dankbare zoen.
Er kan zoveel warmte en genegenheid liggen
in een gezellig samenzijn, een begrijpend luisteren,
een verrassend telefoontje, een opbeurend bezoek,
een zelfgemaakt geschenk, een vrolijke brief,
een kleinigheid bij een feestje.
Schrap toch uit je leven
die deprimerende 'ik heb geen tijd'-mentaliteit.
Durf weer te leven, los van dat dodende tempo.
Gebruik je tijd om een heel goed mens te zijn
voor je medemensen.

16 OKTOBER

LIEFDE MET EEN HOOFDLETTER

Je kunt alles missen, behalve de liefde!
90 % van je dagelijkse miseries verdwijnt,
als je thuis glimlacht en lief bent voor iedereen,
als je vriendelijk en hartelijk bent op het werk,
geen brombeer, zwartkijker of zaagmachine.

Ik kreeg weer een briefje: ''t Is hier geen leven meer.
Al mijn liefde voor mijn man is verdwenen.
Mijn God, ik weet het niet meer.
Zal ik nog ooit gelukkig worden?'
Er is ontzettend veel verborgen leed in vele huwelijken.
Het lijkt op een moderne crisis. Een der grote oorzaken
is de overdreven seksualisering van de publieke atmosfeer
en het feit dat een hele hoop gehuwde mensen
zich tegenwoordig alles mogen permitteren buiten het huwelijk.
Daarbij zijn er nu jonge mensen die trouwen
of gaan samenwonen met minder ernst
dan waarmee ze een tweedehandswagen kopen.
Vele huwelijken lijken dan ook op een tweedehandshuwelijk,
na een jaar of zo onherstelbaar versleten.
Het wordt hoog tijd dat we voor ons eigen welzijn gaan inzien
dat er leefregels zijn, die niet veranderen met de tijd en de mode,
en dat er iets is wat 'verzoening' en 'geduld' heet,
onmisbaar in een gezond huwelijksleven.
Liefde met een hoofdletter is liefde die fouten bekent,
die wonden heelt, die kwaad vergeeft
en die 'het leven met elkaar'
weer met veel moeite aaneennaait.
Houd hier rekening mee voor het te laat is.

17 OKTOBER

ONAANTASTBAAR

Het leven is een groot mysterie!
Je kunt het vol vraagtekens zetten, vol 'waaroms',
waar geen mens een antwoord op weet.
Zeker, de wetenschap heeft heel wat verklaringen
over de biologische ontwikkeling van het leven,
maar over de diepste grond van het mensenleven
blijft ook de wetenschap sprakeloos!
Daarom is de enige verantwoorde menselijke houding:
een diepe schroom, een oneindige eerbied voor elk leven
vanaf zijn ontstaan!
Deze eerbied moet in de wet worden vastgelegd.
Het is een wereldgrote misdaad voor gelovigen en ongelovigen
ergens bij het begin of bij het einde van het leven
in te grijpen en bewust het leven te vernietigen!

Waarom loopt op bepaalde tijden het volk
in massa naar de kerkhoven, de armen vol chrysanten?
Treurend om het leven dat overging in de dood?
De dood is een even groot mysterie als het leven!
Het kerkhof staat binnenkort weer volop in het middelpunt!

Maar ik vrees dat het kerkhof bezig is zich uit te breiden
door de onverschilligheid waardoor we eenzamen, zieken
en bejaarden laten verkommeren alsof ze voor ons al dood zijn.
Het kerkhof breidt zich uit tot in onze ziekenhuizen en hospitalen
waar we worstelen met gebrek aan enthousiasme en
verantwoordelijkheid voor hulpeloos leven.
Het kerkhof breidt zich ten slotte uit tot in de wetgeving,
als we abortus en euthanasie volledig legaliseren!

18 OKTOBER

HOOGMOED

Een van de grootste kwalen van deze tijd
is die oeroude menselijke hoogmoed.
De hoogmoed, de eigenwaan, de zelfgenoegzaamheid
laten je niet toe je eigen kleinheid, beperktheid
en zwakheid te erkennen en ermee te leven.
De mens verdoezelt vandaag zijn kleinheid en beperktheid
achter de façade van grootsprakerigheid,
uiterlijk machtsvertoon en welvarend genieten.

En van zijn zwakheid en zijn ontrouw
maakt hij een theorie, een ideologie,
een levensbeschouwing.
Omdat hij niet in staat is te leven zoals hij denkt,
gaat hij denken zoals hij leeft
en zo redt hij zijn eigenwaan.

Ik hou van iemand,
die zijn begrensdheid en zijn eigen zwakheden kent en erkent
en er geduldig mee weet te leven.
Ik hou van iemand die valt en weer opstaat
en zijn eigen kwetsbaarheid verdragen blijft,
maar weigert er een theorie van te maken,
die in naam van de vrijheid alles toelaat en alles goedpraat.
Ik hou van iemand die weet
dat hij niet alles weet en daar ook voor uitkomt.
Ik hou niet van hoogmoedige mensen,
want het zijn nooit goede mensen,
en zeker nooit goede vrienden!

19 OKTOBER

WOORD HOUDEN

Ja, je vindt het vreselijk en ellendig,
dat iemand zijn woord niet houdt.
Je begrijpt niet, hoe iemand kan zeggen:
'Ja, ik betaal morgen. Je mag erop rekenen'
en je dan maanden laat wachten.

Je bent stomverbaasd
als iemand met nadruk verklaart:
'Ja, ik ga je helpen, wees gerust,
ik laat je niet in de steek'
en dan spoorloos verdwijnt.

Je hebt gelijk dat je dat heel erg vindt!
Waar gaan we naartoe als we niet meer
kunnen rekenen op een gegeven woord,
als zelfs een eed van trouw zo gemakkelijk verbroken wordt.

Herinner je je nog wat je in de dagen van het huwelijk
allemaal aan de ander gezegd en beloofd hebt?
Wat is daarvan terechtgekomen?
Kijk eens even naar je ring, teken van tedere liefde
en onverbreekbare trouw.
Brandt deze ring niet aan je vinger,
wanneer je ontrouw bent?
Je hebt toch je 'jawoord' gegeven.
Dat was toch geen leugen?

20 OKTOBER

ALS JE MET MENSEN OMGAAT

Met dingen kun je liefdeloos omgaan.
Je kunt 'n boom omhakken, een struik uittrekken.
Je kunt een glas kapotgooien, een stoel omsmijten,
je schoenen in een hoek slingeren.
Ofschoon het pijn doet als je iemand een bloem ziet vertrappen.
Met dingen kun je op vele manieren omgaan.
Met mensen kun je alleen maar omgaan
als je van hen houdt. Anders moet je ze met rust laten
en ben je een ramp voor de samenleving.

Je zit misschien in de administratie en ziet alleen maar papieren,
en nooit vermoed je daarachter een menselijk gezicht.
Je zit op 't werk en als je mond opengaat, is het een soort
blaffen tegen je onderdanen en werkmakkers.
Je zit op 'n kantoor, 'n school, winkel of magazijn
en je hebt heel de dag
geen mens ontdekt, alleen maar levenloze poppen
die je onmiddellijk vergeet.

Zoek de mens achter ieder gezicht!
Hou van de mens, van iedere mens, de kleine, de grote,
de mooie, de lelijke, de plezante,
de droge, de handige, de onhandige,
de geslaagde en de mislukte!
Je liefde zal hen goeddoen.
Want zelf voel je ook onmiddellijk wanneer iemand
die met je bezig is, van je houdt of niet. Houdt iemand van je,
is hij bezorgd en vriendelijk, dan wordt alles anders!
Zo is het ook met de anderen, met wie je zelf bezig bent!

21 OKTOBER

WAAROM HIJ EN NIET IK

Waarover klaag je?
Moet je te hard werken,
te hard studeren?
Kun je te weinig uitgaan?
Vind je geen werk?
Heb je geldgebrek?
Waarover klaag je?

Ik heb vandaag een man gezien,
40 jaar oud en ongeneeslijk ziek.
Sinds drie weken lijdt hij vreselijke pijnen.
Het is niet om aan te zien.
Zijn vrouw zit hulpeloos aan zijn bed
en thuis wachten drie kinderen.
Deze man keek me aan en vroeg: 'Waarom?'
Dit ging me door merg en been.

Ja, waarom? Waarom hij
en ik niet? Waarom jij niet?
Geen enkele wetenschapsman kan me daar
een antwoord op geven, geen enkele!
Ik heb alleen God, die alle leven
over lijden en dood heen richt naar een doel
en die me plots vraagt
waarom ik niet dankbaar en gelukkig ben
met mijn gezondheid.

22 OKTOBER

EENZAAM EN ALLEEN

Je moet wel veel lijden,
als je je eenzaam voelt en alleen,
als niemand aan je denkt en niemand je nodig heeft.
Je vindt het leven zinloos en onrechtvaardig.

Je droomde van een mooi en gelukkig leven
in een warme thuis vol liefde en gezelligheid.
En nu zit je alleen op een kamertje, waar niemand op je wacht
of in een huis waar niemand je begrijpt.
Alles is koud om je heen.
Je voelt je verlaten en nutteloos,
overbodig en je wordt opstandig!

Tracht je eenzaamheid
te doorbreken.
Bouw geen muren om je hart,
omdat je verbitterd bent.
Bouw bruggen. Een brug naar een zieke
kan voor jou een brug zijn naar het licht,
een brug naar een andere eenzame
kan een verlossing zijn voor jullie beiden,
een brug naar een gezin in nood
opent nieuwe horizonten
en een brug naar God is een brug naar Hem,
die voor alle eenzamen een Vader wil zijn,
een Vader met een gouden hart!

23 OKTOBER

OORLOG EN VREDE

We hebben weer zoveel oorlogsbeelden gezien.
Beelden van doden, gewonden en mensen op de vlucht.
En uur na uur berichten van de fronten.
Zoveel vliegtuigen, zoveel vijandelijke tanks vernietigd!
Waarom geen woord over de jonge mensen die erin zaten?
Maar in een oorlog is een vliegtuig, een tank, een raket
blijkbaar veel meer waard dan een mens.

De kleine mensen kruipen van angst in de grond!
In iedere oorlog zijn het altijd dezelfde slachtoffers.
Het zijn niet degenen die over oorlog en geweld beslissen.
Die zitten meestal veilig geborgen.
Iedere oorlog is allang begonnen voor hij uitbreekt!
In de hoofden en de harten begint de oorlog,
in het brein en in het gemoed van heerszuchtigen.
Het begint met het creëren van vijanden.
Al het kwaad van de wereld
wordt in de schoenen van anderen geschoven.
Het worden vijanden. Ze moeten gehaat worden en vernietigd!

Wil je vrede, dan mag geen mens ter wereld je vijand zijn!
Schrap dat woord 'vijand'! Gebruik het nooit meer!
We kunnen oorlog en geweld niet overal doen stoppen,
maar we kunnen ervoor zorgen dat die minioorlogjes
in ons eigen huis of op ons werk ophouden!
Elk plekje vrede op deze wereld is een oase,
waarin het leven weer een feest kan worden!

24 OKTOBER

DURF DE DOOD IN DE OGEN ZIEN

Je bent een ter dood veroordeelde. Je weet alleen niet
wanneer het vonnis wordt voltrokken. De dood gaat met je mee,
alle dagen, alle nachten, op alle wegen.
Maar zolang je hem niet voelt in je eigen vlees
of hem niet ziet naderen vlak voor je neus, in je dierbaren,
wens je te leven alsof de dood niet bestaat.

Je krijgt nochtans elke morgen een nieuwe dodenlijst
aangeboden in je krant. De naamlozen, die je weet sterven
tussen de regels over oorlog en geweld.
De velen die doodblijven op onze wegen,
de overlijdensaankondigingen van voorname personen,
en de mensen die uitgebreid in de pers komen,
omdat ze vermoord werden.
Je gaat misschien chrysanten dragen naar een dode!
En toch vlucht je voor de gedachte aan je eigen dood!

De dood is een feit! Het helpt niet een blinddoek om te doen!
Denk van tijd tot tijd eens aan je dood. Dat kan zeer heilzaam zijn!
Met je eigen dood voor ogen zie je beter
de juiste afmetingen en de juiste waarde van alle dingen.
Je ziet beter de eigen kleinheid en beperktheid.
Je zult milder zijn voor anderen
en blijer om de kleine vreugden van elke dag.
Je zult gelukkiger leven als je de dood
uit je onderbewustzijn naar boven haalt
en recht in de ogen durft te zien
als de zinvolle voltooiing van een vruchtbaar leven
en de definitieve opneming in een onsterfelijke liefde.

25 OKTOBER

GEEN OPWINDING

Wind je niet op,
omdat je huisgenoten, je collega's en buren
fouten en gebreken hebben!
Ruzie, moeilijkheden en onenigheden
ontstaan meestal uit eigen kortzichtigheid.
Men kent maar een stukje van de waarheid.

Kleine voorvallen, een paar onvoorzichtige woorden
en een lichte fout worden door eigen verbeelding
opgeblazen tot echte catastrofen.
Bovendien, door je kwaad te maken los je niets op,
maak je het meestal erger.

Wees evenwichtig, kalm, beheerst
en kijk wat meer naar je eigen fouten en gebreken.
Als je denkt zelf een 'ideale mens' te zijn,
dan vergis je je niet alleen,
maar geef je tevens blijk van een verregaande verwaandheid.

Begrijp de fouten van een ander
en probeer veel te verdragen!
Maak er in geen geval ruzie om.
Wind je niet op. Ruzie is tijdverlies!
Ruzie is zeer slecht voor je hart, slecht voor de spijsvertering
en slecht voor de bloeddruk!
Ruim dus al je ruzies op.
Dan ben je altijd 'opgeruimd'!

26 OKTOBER

DAN BEGINT EEN NIEUWE TIJD

Er zijn altijd twee personen nodig
om een huwelijk te doen mislukken!
Indien het jouwe niet goed gaat,
stel je dan zelf een paar openhartige vragen:
Hoeveel schuld heb je zelf?
Als je uit liefde getrouwd bent,
waarom ben je dan niet trouw gebleven aan die liefde?
Waarom leef je als vreemden onder één dak?
Waarom doe je elkaar zoveel lijden
door onverschilligheid en liefdeloosheid?
Er is ontrouw in elke liefdeloosheid!
Je bent nog niet gescheiden, maar je hebt elkaar
misschien reeds lang verlaten met het hart!
Een huwelijk zonder echte liefde is een verschrikking!
Een goed huwelijk gaat echter niet ten onder op één dag.
Waak over je liefde. Wees trouw ondanks alles.
Als je niet 'trouw' kunt zijn, had je niet moeten trouwen,
geen trouwfeest moeten houden en geen 'trouw'ring dragen.

Toch komt vroeg of laat in ieder huwelijk de crisis.
De weg is lang en wordt vervelend lang.
Men wil iets anders.
Men voelt zich als in een woestijn.

Als men dan een beetje kan wachten en wat geduld heeft,
zal op zekere dag heel onverwacht
weer een bron ontspringen
en begint in je leven een nieuwe tijd;
na de woestijn komt plots weer de oase.

27 OKTOBER

VOORZICHTIG

Wees uiterst voorzichtig met mensen
die over anderen veel kwaad vertellen!
Het kunnen uiterlijk heel beschaafde heren zijn
of zeer gedistingeerde dames, vlot in de omgang,
maar vanbinnen zijn ze vals en gewetenloos.
Ze zijn gespecialiseerd in de gebreken van anderen,
ook in jouw gebreken.

Als mensen van het vak weten ze precies
hoe ze hun slachtoffer moeten zwartmaken,
opdat je er alles van zou geloven. In je aanwezigheid
zullen ze praten over een kennis,
een vriend of zelfs een familielid.
Vertrouw hen niet! Ze zijn eropuit
je vriendschappen te vertroebelen,
zelfs je huwelijk ongelukkig te maken.
Jij, die vandaag luistert
en misschien instemt met hun geroddel,
je bent morgen hun prooi!

Denk daaraan en wees voorzichtig.
Zeg nooit kwaad van een ander.
Zelfs je buurman is beter dan je denkt.

28 OKTOBER

UW DODEN LEVEN

Op alle kerkhoven
zie je in deze dagen mensen met witte chrysanten
en hoe ze de graven van hun doden verzorgen.
Het is goed deze dagen
met liefde je doden te gedenken.
Maar weet dat de jaarlijkse dodenherdenking
dikwijls een fantastische winkel is
en een zinloze pralerij,
waar de levenden elkaar willen overtroeven
tot op het graf van hun doden.
Draag geen chrysanten omdat je buurman,
omdat iedereen het doet.

Wees bij het graf van je doden
met je hart en je ziel, ingetogen en stil.
Geloof dat je doden leven,
dan kun je bidden, dan correspondeer je met hen.
Dan sta je niet voor een donkerkoude muur
met je hart vol tranen,
wanhopig en misschien opstandig.
Je doden leven voor God en wachten op je komst!
Want ook zelf ben je zeer snel op weg naar je kerkhof.
Je weet alleen niet hoever het nog is.

Daarom, mediteer een moment lang
en leer bij het graf van je doden
beter en mooier te leven.

29 OKTOBER

AAN STERVEN DENKEN

De mensen lopen naar de doden met witte chrysanten.
Over november hangt de gedachte aan de dood.
Weinigen kunnen echter deze gedachte verdragen.
Leven willen ze, volop leven,
profiteren en genieten.
Maar wat is het leven, als je morgen dood bent?
Gedraag je toch niet als 'n geblinddoekte clown in 'n circus,
die niets wil zien en niets wil weten.

Denk vandaag nog aan je eigen dood,
als je misschien voor de eerste keer in je leven
moederziel alleen
de nacht in moet.
Maak je klaar voor je eigen dood.
Plak niet aan geld en goed.
Sterven kun je
als je geleerd hebt alles los te laten.
Sterven is niet lastig
als je een vrij mens bent met een groot geloof
en als je openstaat voor dat grote geheim
dat je wacht na de dood.

Als je gelooft in een God,
die Vader is,
zul je veel vrede en levensvreugde kennen
en zal de dood je niet doden.
Je zult eeuwig leven.

30 OKTOBER

EEN OPEN DEUR

Denk aan je doden en luister naar hen.
Houd je niet alleen bezig
met bloemen en de versiering van het graf!
De doden spreken in deze dagen.

Er is iemand naar de andere wereld gegaan,
die je graag met twee handen had willen vasthouden.
Je hebt gesmeekt, geweend en gebeden,
maar het mocht niet baten.
Je bent misschien verbitterd?
Maar je lieve dode vraagt je:
berusting, vertrouwen, vrede!
Luister naar je dode!

Misschien sta je met bloemen bij het graf van iemand
die te vroeg gestorven is.
Er zijn zelfs moeders die te vroeg zijn doodgegaan,
omdat de grote kinderen haar verpletterd hebben
door ondankbaarheid en harteloosheid.
Ween gerust bij het graf waar je te laat gekomen bent
met bloemen en met wat liefde,
maar luister: ook deze doden spreken
van vergiffenis en vrede!

Het graf is geen kuil,
maar een open deur
naar een nieuw en mooier leven
voor hen die geloven en beminnen.

31 OKTOBER

NOVEMBER

Vele dingen lijken rampen
maar zijn genaden

HOOP OP UITEINDELIJKE GEBORGENHEID

November.
Het maakt ons stil vanbinnen
en brengt ons tot nadenken!
We hebben veel uitgevonden
om dodelijke ziekten te genezen.
We hebben onze huizen gezellig gemaakt
en we kunnen fijn genieten!
We voelen ons veilig in 't leven
alsof er geen einde aan komt!
Dat is groot zelfbedrog!

Dagelijks horen we van dodelijke ongevallen.
Uit onze eigen kring verdwijnen vrienden en kennissen.
Ze worden doodziek en sterven.
Met de dood, die niemand ontziet,
moeten we leren leven!

Wat waarde heeft bij het sterven,
heeft ook waarde in het leven!
Dit is bijvoorbeeld de vriendschap en liefde.
Wie bemind werd en echte vriendschap kende,
sterft dankbaar omdat zijn leven mooi was!
Wie gelooft en zich door God bemind weet,
wie zichzelf kent als een goede vriend van God,
kan met de hoop op uiteindelijke geborgenheid
leven en sterven.

1 NOVEMBER

DE DOOD IS NIET HET EINDE

Kerkhoven vol witte chrysanten. De dood in het wit.
De doden en de levenden een ogenblik samen op dezelfde plaats.
Ze zoeken elkaar zonder elkaar te kunnen bereiken.
Er is ergens een vreselijke scheiding en een grenzeloze onmacht.
Je denkt plots aan je eigen dood en je wordt een beetje bang.
De angst voor de dood grenst aan de vreugde om het leven.

De dood is de oppermachtige spelbreker
die elk genotgevoel besmet,
iedere zekerheid aanvreet en het orgaan dichtschroeft
waarmee je je bestaansvreugde inademt.
Niemand weet raad met de dood.
Ook de wetenschap niet. Daarom zwijgt men, vergeet men.
Alles is uiteindelijk te herleiden tot deze grondvraag:
Is de dood het einde of niet?
Is de dood het einde, dan krijgt je sterven
het karakter van een vreselijke verminking.
Is hij het einde niet, dan krijgt je dood
een verbazingwekkende nieuwe dimensie.

Een rustige confrontatie met de dood,
stelt je voor het alles of het niets,
voor de zin of de onzin van je bestaan,
voor God of de oneindige leegte.
Het geheim van leven en dood
hangt samen met het geheim van God.
Ik wens je maar één ding, of je nu gelovig bent of niet,
dat is de hoop! De hoop, die je tot je laatste snik
de vreugde om het leven laat!

2 NOVEMBER

HOUD JE VAST AAN DE HOOP

Elke dag, elk uur zijn er mensen in dorpen en steden,
in enorme ziekenhuizen, in mooie salons of ergens op straat,
mensen die in hun diepste nood de handen voor het gezicht slaan
en schreien om zoveel onuitstaanbaar leed
en machteloos en radeloos huilen voor de onverbiddelijke dood.

Waarom zoveel lijden, lichamelijk en moreel lijden?
Waarom multiple sclerose? Waarom kanker? Waarom aids?
Waarom doodgaan in de lente van het leven? Waarom? Waarom?
Aan wie vraag je dit? Vraag je het aan de wetenschap?
Ze weet er alles van en zal je tot in de details
de juiste oorzaken van je lijden en je sterven verklaren!
Maar wat kun je met zo'n antwoord doen?

Als je aan de doden denkt en aan je eigen dood
en aan het lijden van onschuldigen, dan kom je bij het mysterie.
Dan kun je proberen niet te denken, te vergeten.
En als dan het uur gekomen is
dat je zelf zult binnengaan in de nacht,
dan blijft je niets meer over. Ik wens dat je in zulk uur
zou kunnen bidden, schreeuwen naar God, met de vraag:
Waarom heb je de zonnen gedoofd, die je zelf hebt aangestoken!
Dan zul je met het hart dingen vernemen,
die je met het verstand niet verklaren kunt.

God is liefde. Hij houdt van je en van je geliefden.
Denk eraan bij het graf van je doden. Houd je vast aan de hoop,
dat je sterven zult om voorgoed te leven in de liefde!

3 NOVEMBER

JE BENT GEMAAKT VOOR DE VREUGDE

Je ogen zijn voor het licht,
voor het groen van de lente, voor het wit van de sneeuw,
voor het grijs van de wolken en voor het blauw van de lucht,
voor de sterren in de nacht en voor het ongelooflijk wonder
van zoveel wondere mensen om je heen.

Je mond is voor het woord,
voor elk goed woord, waar een ander op wacht.
Je lippen zijn voor een zoen en je handen
voor de zachtheid, voor de tederheid, voor de troost
en voor het brood aan de arme.
Je voeten zijn voor de weg die naar berooiden gaat.

Je hart is voor de liefde, voor de warmte,
voor hen die in de kou en in de verlatenheid zijn.
Je lichaam is om anderen nabij te zijn.
Zonder lichaam ben je nergens. Alles heeft zijn diepe betekenis!

Waarom ben je dan niet gelukkig?
Zijn je ogen toe?
Is je mond vol bitterheid?
Zijn je handen 'grijpers'
of is je hart verdord?

Weet je dan niet
dat je gemaakt bent voor de vreugde?

4 NOVEMBER

APPELMOES

Wij hebben veel te weinig oog voor de appelmoes van het leven,
voor die doodgewone dingen van elke dag,
die nooit in aanmerking komen, juist omdat ze zo gewoon zijn!
Opstaan in de morgen en in de avond slapen gaan!
Aan tafel zitten met huisgenoten, vrienden!
Iets klaarmaken waar een ander blij om is!
Het kunnen met 'n beetje aandacht
zulke boeiende belevenissen zijn.

Waardering moet je krijgen voor de appelmoes,
die eenvoudige, eigenlijk vanzelfsprekende dingen,
voor dat vriendelijk zijn, die kleine attenties aan medemensen,
voor die kleine zorgen aan mensen die je nodig hebben!
Kleine zorgen kunnen zo belangrijk zijn,
omdat je er zoveel liefde in kunt leggen!
Waarom word je niet enthousiast over het spel van de kinderen.
Kinderen die de piekeraars uit hun evenwicht slaan,
en hen duidelijk maken dat het leven niet altijd een probleem is!

De appelmoes, dat is het gewone leven van elke dag,
het leven dat met vreugde en verdriet, hoop
en ontgoocheling aan elkaar hangt.
Ken je dat heerlijke stukje van Toon Hermans
over het doorgeven van de appelmoes?
Als ik je zeg dat je de appelmoes moet doorgeven,
dan bedoel ik dat klein en simpel gebaar
elke dag opnieuw voor je medemens!
Groot genoeg om de zon te doen schijnen!

5 NOVEMBER

DINGEN DIE JE NIET MOET DOEN

Je hebt het misschien heel druk, zeer veel werk.
Je hebt misschien een gejaagd en opgewonden leven.
Het is ook mogelijk dat je niet zoveel om handen hebt,
maar dat je hoofd toch vol steekt van zorgen!
Kom, we gaan je wat verlichten!
We gaan je een hoop dingen noemen, die je niet moet doen,
die je moet laten voor je rust en je geestelijke gezondheid!

Je moet niet blijven kankeren en mopperen
over dingen waar je toch niets aan kunt veranderen.
Je moet niet bij elke kleinigheid uit je vel springen
of je ergernis afreageren op anderen.
Je moet nooit iemand in het bijzijn van derden
op z'n nummer zetten.
Je moet niet altijd over je eigen zorgen en miseries praten.
Je moet niet schreeuwen als je uit je humeur bent.
Je moet niet rustig blijven doorlezen of naar de tv blijven kijken
als je wordt aangesproken.

Als je dit allemaal zult laten, zul je zien,
dan heb je heel veel tijd over om elk stukje rots
in je hart kapot te slaan tot kleine steentjes,
waar je dan wat bloemen in kunt planten.

6 NOVEMBER

LIEFDE IS DE WIJN VAN HET LEVEN

Als je iemand iets geeft, geef het met liefde!
Als je zonder liefde geeft, als je geeft omdat het zo hoort,
omdat je moet, omdat je niet anders kunt of durft,
dan is het geven geen vreugde meer, geen feest!

Ik hoorde een mooie parabel uit China.
Voor mijn part is het evengoed een Antwerpse,
een Brusselse of een Europese parabel.
Iemand hield een bruiloftsfeest en nodigde alle vrienden uit
te komen en een fles wijn mee te brengen.
De wijn zou men in een groot vat gieten
en ieder zou drinken van ieders wijn. Heerlijk!
Maar plots viel het grote feest stil. Een algemene verstomming.
Er was alleen maar water in het vat.
Iedereen had gemeend de enige te zijn,
die een fles water bij zich had.
Men zou het niet merken bij al die wijn!

Zo kan, als iemand niet met liefde iets wil bijdragen,
ook het leven geen feest zijn! Egoïsten kunnen niet feesten.
Die kunnen alleen maar profiteren!
Je kunt het beste en fijnste geven, maar als je het
zonder liefde geeft, is er geen vreugde, is er geen feest!
Het brengt je niets dichter bij de ander!
De wijn die je zonder liefde geeft, wordt voor de ander water!
Maar wie uit liefde een gewoon glas water geeft,
geeft altijd meer liefde dan water!
De liefde is de wijn van het leven
en zo kan het leven een feest zijn!

7 NOVEMBER

VECHTEN VOOR DE EERSTE PLAATS

Als je streeft naar een voorname positie in de maatschappij,
doe het dan in een geest van dienstbaarheid.
Als je een grote verantwoordelijkheid wilt nemen
in de samenleving of een politiek mandaat wilt uitoefenen,
doe het dan uit liefde voor de mensen, vooral voor de kleinen.

Ik weet het. Als je veel geld hebt of een voorname positie,
dan word je geëerd, dan krijg je de eerste plaatsen,
dan word je gevleid en is iedereen voor je in de weer.
Maar als je geen geld hebt en geen positie,
dan ben je van geen tel. Men ziet je niet staan.
Je bent een nul. Ik weet het.

Daar zit ergens iets grondig mis in onze maatschappij.
Dit vechten voor de eerste plaats, het hoogste inkomen
en de beste positie in de maatschappij,
is in de grond een gevolg van een ingewortelde hebzucht
en een verlangen om anderen te overheersen
en zodoende eigenlijk een bedekte vorm van agressie.

Willen we deze maatschappij veranderen,
dan moeten we ervoor zorgen,
dat er een hart gaat functioneren in dat grote raderwerk.
Verkiezingen zouden eigenlijk altijd een poging moeten zijn
om steeds meer edelmoedige, dienstvaardige mensen
aan het bewind te krijgen.
Maar je kunt voor onze zieke maatschappij al dit doen:
je kunt er zelf je eigen 'hart' in steken.

---

8 NOVEMBER

IDEAALBEELD EN ONTGOOCHELING

Er zijn nog heel veel goede dokters, goddank!
Mensen die beseffen dat hun 'dokter-zijn'
meer een 'roeping' is dan een 'beroep'.
Zij beseffen dat ze te doen hebben,
niet met koud en dood of genummerd materiaal,
maar telkens met een zeer bepaalde mens in nood,
een zieke medemens, een gewonde,
die zich wanhopig aan hen vastklampt.

Velen hadden een ideaalbeeld, bijna een verering voor dokters.
Dit ideaalbeeld stort in elkaar
en wordt een afschuwelijke desillusie,
als je ontdekt, dat de dokter, die naast de lijdende mens staat,
eigenlijk een 'kleine' mens is, die vooral
aan zijn eigen belangen denkt,
die op 'n paar jaar schatrijk wil zijn,
die wel handen heeft voor het onderzoek
en het ontvangen van honoraria,
maar geen 'hart' voor de 'mens' in zijn persoonlijke nood.
Dokters van dit soort hebben hun roeping gemist
en maken zich schuldig aan een vorm van uitbuiting!

Draag daarom de goede dokters hoog op de handen!
Er zijn nog vele goede dokters, jonge en oude.
Ze hebben het niet gemakkelijk.
Zij laten je niet in de steek!
Laat ook jij hen niet in de steek!

9 NOVEMBER

GEEN GARANTIE

Er zijn ongehuwden die denken:
was ik maar getrouwd.
Ik zou veel gelukkiger zijn.
Er zijn gehuwden die denken:
was ik maar nooit gehuwd.
Ik zou al die miserie niet gehad hebben!

Het geluk is niet het monopolie
van een of andere levensstaat.
Als je ongehuwd bent, moet je niet denken
dat het geluk je in een pakje
wordt aangeboden op je trouwdag.
En als je getrouwd bent, moet je niet gaan menen,
dat je weer in de zon staat
als je je trouwring kwijt bent.

Wil je, gehuwd of ongehuwd,
echt gelukkig zijn, kijk dan elke morgen
wat je in je handen hebt en zeg: dank je, Heer
en maak iemand gelukkig
en wees gelukkig met het geluk van de ander.
Echt ongelukkig word je alleen maar
als je meer je goesting, je maag en je portefeuille cultiveert
dan je geest en je hart.

10 NOVEMBER

DIE RING

Kijk 'ns naar je trouwring!
Of ligt hij reeds lang ergens verloren of weggeworpen?
Denk eens even terug aan die eerste dag!
Beefde je niet een beetje? Klopte je hart niet wat sneller?
Was er geen ontroering in je stem
toen je voor de eerste keer die ring aan de vinger
van je levenspartner schoof en iets zei in de zin van:
'Neem deze ring als een teken van mijn liefde en trouw.'

Herinner je je nog de gevoelens die zich toen van je
meester maakten? Of is alles grondig uitgedoofd?
Is er van 'liefde' en 'trouw' niets in huis gekomen?
Is er niets meer over dan de asse van ontgoocheling en verdriet?

Neem rustig je tijd! Denk nog eens over alles na.
Steek je kop niet in het zand! Stel je vierkant de vraag:
Hoe zit het met mijn liefde en trouw?
Mensen kunnen falen.
Je liefde en trouw kunnen in de storm terechtkomen.

Als door dwaze fouten de eenheid verbroken wordt
en door de scheuren de nacht binnenkomt,
is er maar één opening naar het licht: vergiffenis!
Tenzij alles onherstelbaar teniet is,
steek elkaar opnieuw de ring aan de vinger
met de woorden:
'Neem deze ring als een teken van mijn liefde en mijn trouw!'
Je kunt alleen een echte 'levenspartner' zijn
als je een 'trouwe liefdespartner' bent!

11 NOVEMBER

HOE IS HET MOGELIJK

Samenleven is niet zo gemakkelijk,
zelfs niet als je elkaar liefhebt.
Maak je geen illusie! Je zult jezelf
en de ander nooit helemaal begrijpen.
De ander zal dingen doen waarvan je zegt:
'Hoe is het mogelijk!'
Soms zul je voor jezelf een raadsel zijn
en denken: 'Hoe bestaat het, dat ik zoiets doe!'

Eerst draag je elkaar
in enthousiasme en zonder zorgen.
Dan verdraag je elkaar
en ten slotte moet je vechten voor je liefde.
Na elk onbegrip, na elk incident, is er dan
dat wel-willen en niet-kunnen,
die onmacht en die pijn.

Willen spreken en geen woord over je lippen krijgen.
Willen strelen en je hand stijf voelen worden.
Willen glimlachen en je gezicht vertrekken tot een grimas.
Willen omhelzen en als een stuk hout
naast de ander blijven zitten.
Willen vergeven en toch nog zeggen:
waarom heb je dat gedaan?

Leer leven met jezelf en met de ander
door vele dingen te aanvaarden zonder ze te begrijpen.
Leer leven met het geluk,
dat uit zoveel delen bestaat, dat er altijd één te kort is!

12 NOVEMBER

GEWOON MENS ZIJN

Het is heerlijk: mens te zijn, te leven!
Gewoon mens zijn, naar de lucht kijken,
naar de sneeuw, naar de bloemen en in de nacht naar de sterren.
Zijn als de kinderen: lachen, spelen, werken, liefhebben,
dromen, fantaseren, tevreden zijn: een dagelijks feest.
Eenvoudig leven, goed zijn, niet alles willen hebben,
niet jaloers zijn, niet zagen en klagen,
helpen, meedoen, troosten, samen eten en drinken
gewoon omdat je mens bent, medemens, omdat je leeft.

Ken je het gevaar, dat je in deze tijd bedreigt?
Je leeft in de eeuw van het 'nuttige'!
Waar dient het voor? Welk nut heeft het? Wat brengt het op?
Men berekent kostprijzen, de efficiëntie en de productie!
Men is bezig, men heeft het te druk! Men is overbelast.
Men rekent. Men heeft geen tijd! Er moet geld uitkomen.
En men vergeet dat de schoonheid van het leven
te vinden is in momenten dat men niet rekent,
dat men gewoon mens is, dat men eenvoudig en tevreden leeft.

De mensen leven steeds langer, maar worden niet steeds vrolijker.
Ze menen nog altijd dat het geluk van een mens erin bestaat:
veel te hebben, weldoorvoed te zijn en lang te leven.
Hoe kan men in een tijd met zoveel wetenschap zo dom zijn?
Verdedig je. Je bent geen machine gemaakt voor een bepaald doel.
Je bent méér dan je functie, méér dan je beroep, je vak, je werk.
Je bent op de eerste plaats 'mens',
om te leven, om te lachen, om lief te hebben,
om een 'goed mens' te zijn, een feest voor de anderen!

13 NOVEMBER

RESULTAAT VAN EEN ONDERZOEK

Je wilt gelukkig zijn en je wordt ook graag oud.
Daarom ga ik je iets vertellen.
Een geleerde onderzocht eens
het leven van 450 personen
die meer dan honderd jaar werden.
Hij wilde de reden hiervan kennen en bevond
dat deze mensen lang en tevreden leefden:
omdat ze werkzaam waren
omdat ze matig waren en eenvoudig in eten en drinken
omdat ze veel lachten,
vroeg naar bed gingen en vroeg opstonden
omdat ze niet veel piekerden,
een rustig gemoed hadden
omdat ze een groot vertrouwen op God hadden.

Hier kunnen we iets leren! Werk je graag?
Ben je matig in eten en drinken?
Lach je gemakkelijk, of ben je altijd aan het piekeren?
Geloof je in God?
Je zou iets moeten krijgen
van de vrede en het geluk
van die brave negerin die zei:
'Als ik werk, werk ik hard;
als ik zit, zit ik gemakkelijk;
als ik denk, val ik in slaap!'
Zoek je geluk niet te ver!

ZORG VOOR HEN

Door alle eeuwen heen is de eerbied
voor vader en moeder een teken geweest van beschaving.
Je kunt uiterlijk zeer beschaafd zijn
in je omgang, je kleding, in heel je verschijning,
maar als je je eigen ouders in de steek laat,
dan ben je diep in je hart een barbaar.

Wees goed voor je vader en je moeder!
Als ze oud zijn en sukkelen met hun gezondheid,
wees dan dubbel bezorgd.
Zij droegen je door de morgen van het leven.
Je moet hen liefdevol door de avond van het leven dragen.

Als vader en moeder je te veel zijn in huis,
heb dan de moed eens uit te rekenen,
hoelang je op hun kosten geleefd hebt
en hoe dikwijls zij je hebben gevoed en gekleed
en hoeveel nachten
zij voor je hebben gewaakt!

Het is tijd om je liefde te vernieuwen!
Wacht niet langer, dan hoef je
bij hun graf geen komedie te spelen!

15 NOVEMBER

OUDE OUDERS

Ken je je oude vader en moeder nog?
Je weet wel, die twee mensen
die je op deze wondere wereld gezet hebben.
Misschien zijn ze al dood
en wringt het je een beetje vanbinnen,
omdat ze de laatste jaren van hun leven
zo weinig aan je gehad hebben.
Misschien leven ze nog en dan vraag ik je:
Welke plaats hebben ze eigenlijk bij je,
neen, niet in je huis, maar in je hart?

Als fatsoenlijk mens heb je ze niet helemaal aan de kant gezet.
Je hebt gezorgd voor een mooie zetel en een gerieflijk tehuis.
Ze hebben niets te kort.

En toch missen ze alles om gelukkig te zijn
als ze je hart, je vriendschap missen.
Voor je oude vader en moeder moet je vooral hart hebben.
Ze horen en ze zien misschien zo goed niet meer,
maar, geloof me, ze voelen zeer diep en zeer scherp aan.
Hun geluk ligt in je handen!

16 NOVEMBER

DE ZEGEN VAN EEN OUDE MENS

Als ik onze vele oude mensen zie, dan zou ik willen dat ze om hen heen veel vriendschap vinden en dat ze deze 'zegen van een bejaarde' oprecht zouden kunnen uitspreken.

Gezegend zijn zij die verstaan dat mijn gang moeilijk is
en dat mijn handen beven.
Gezegend zij die begrijpen dat mijn gehoor verzwakt
en die moeite doen om luid te spreken.
Gezegend die weten dat ik niet goed meer zie
en niet alles dadelijk begrijp.

Gezegend zijn zij die niet brommen
wanneer ik iets laat vallen of omstoot op tafel.
Gezegend zij die verdragen dat mijn eigen spullen
wat rommelig liggen omdat ik ze anders niet meer kan vinden.
Gezegend de mensen die mij toelachen
en een praatje met mij houden.
Gezegend zijn zij die niet zeggen 'nu heb je dat
al drie keer verteld vandaag'.

Gezegend zijn de kalme luisteraars,
die mij de dagen van mijn jeugd laten oproepen.
Gezegend die mij laten voelen dat ik bemind word
en mij met tederheid behandelen.
Gezegend zijn zij die mij de gang naar het eeuwige
gemakkelijk maken.
Gezegend allen die goed voor me zijn
en me zo aan de goede God doen denken.
Ikzelf zal zeker aan hen denken als ik eenmaal bij de Heer zal zijn.

---

17 NOVEMBER

WAAR DIENEN BELANGRIJKER IS DAN VERDIENEN

Als je in aanraking komt met mensen en menselijke noden,
krijg je dikwijls het gevoel in een jungle te zitten.
Je ziet hoe mensen gekraakt worden
en op een vriendelijke wijze soms gewoon platgewalst.
De moderne barbaren kunnen achter glanzende bureaus zitten.
Ze bedienen toetsen en zetten handtekeningen.
Ze maken hun handen niet vuil.
Ze hebben hun wapens in de brandkast.
In de zakenwereld en in de wereld van de financiën
zitten vaak de echte gangsters,
die eropuit zijn de kleinen en de zwakken genadeloos te wurgen.

In de wereld van zieken, bejaarden, gehandicapten,
in de wereld van de mens die een misstap beging,
in de wereld van de mensen die zichzelf niet kunnen behelpen
en totaal overgeleverd zijn aan andere mensen,
bestaat er ook een soort uitbuiting die monsterachtig is.

Zwakke mensen, 'mensen in nood', zijn uiterst kwetsbaar!
Daarom zijn hebzucht en geldzucht hier zo afschuwelijk.
Het is onmenselijk rijk te worden dankzij de nood van anderen.
Als je met zwakke mensen omgaat,
moet 'liefde' de voorrang hebben en niet het geld.

Als je beroep bestaat in de zorg voor de lijdende medemens,
moet je op de eerste plaats de 'noodlijdende' zien en liefhebben.
Dienen is hier oneindig veel belangrijker dan 'verdienen'!
Wie hier alleen maar aan 'verdienen' denkt, maakt zich schuldig
aan een van de meest lage vormen van uitbuiting.

18 NOVEMBER

POORT NAAR DE HEMEL

In november denken we gemakkelijk aan onze doden!
Maar heb je al ooit
aan je eigen dood gedacht?
Of vind je de dood een afschuwelijk monster
waar je liever de ogen voor sluit?
Iets vreselijks
waar je de daver van op het lijf krijgt?

Je sterft niet graag. Ik ook niet!
En toch kan de gedachte aan de dood
ons veel goeddoen. Stel je voor
dat het over een kwartier met je gedaan is
en kijk dan eens een laatste keer
naar je voorbije leven.

Vanuit de dood zie je alles veel klaarder.
Je gaat ontdekken dat een heleboel dingen,
waar je gisteren en vandaag ruzie om maakte,
volkomen nutteloos zijn.
Met de gedachte aan de dood leef je
veel rustiger, veel beter, met minder zorgen
en, hoe eigenaardig, ook veel blijer.
Maar als je gevangen blijft in die valse wereld
van alleen maar geld en genot,
dan is de dood natuurlijk iets rampzaligs!
Leef goed. Leef blij.
De dood wordt voor jou
een poort naar de hemel!

19 NOVEMBER

DE TOEKOMST

Ruim het oude op, het oude, dat niet meer kan dienen,
dat ballast geworden is, dat elk nieuw leven verstikt.
Wees een vernieuwer, een progressist,
iemand die altijd en overal vooruit wil,
iemand die niet bij de pakken blijft zitten
en op z'n schoot het verleden blijft koesteren!
Laten we rustig en beslist in maatschappij en kerk
de schimmel wegdoen en het onkruid wieden.

Maar wees niet van dat soort moderne fanatici,
die op hun weg alles platbranden.
Ze missen elk gezond oordeel en elke verantwoordelijkheidszin.
Hun kritiek is niets anders dan een ziekelijk gekanker.
Laat je niets wijsmaken. Het is hen niet te doen om vernieuwing,
maar om hun eigen persoontje.
Ze willen opvallen, in de kijker komen, in pers, radio en tv.
Heer, bevrijd ons van dat soort hervormers,
die verstrikt in hun eigen hersenkronkels
en smoorverliefd op hun eigen persoontje,
ons de vreugde van het leven willen ontnemen.

Geef ons mensen die zichzelf niet zo gewichtig vinden,
die weten dat we nergens zouden staan
als de ouden het 'rad' niet hadden uitgevonden,
die er rekening mee houden dat de bloemen van de goedheid
en de schoonheid ook gisteren gebloeid hebben.
Heer, geef ons echte blije mensen, bekoorlijke mensen,
die ons voorgaan in een spoor van licht en vreugde.

20 NOVEMBER

BIJ KOUD WEER

Het kan in deze tijd
soms ellendig, vies, koud en killig zijn!
Veel mensen zitten daar elke dag opnieuw over te zeuren.

Toon bij koud weer je warm hart!
Laat de mensen niet langer op de stoep staan dan nodig is.
Gun de postbode, de man van het gas of de elektriciteit
even de warmte van je huis.
Heb je geen kop warme koffie
voor de werkman op straat?
Dekens, truien, jassen en warm ondergoed,
die bij jou misschien nutteloos in de kast liggen,
geef ze aan 'mensen in nood'!
Kijk eens uit of er geen oude mens
ergens alleen op 'n kamer zit en zonder vuur?

Toon bij koud weer je warm hart!
Maar om een warm hart te tonen
moet je een warm hart bezitten.
Want als in je hart de liefde niet brandt,
dan is je hart zoals het weer,
ellendig koud en kil.
Zorg voor warmte,
eerst in je eigen hart!

21 NOVEMBER

LAAT JE BLOEMEN NU BLOEIEN

Er zijn heel wat zieke, eenzame,
oude en verlaten medemensen
die wachten op een blijk
van genegenheid en vriendschap!
Bloemen zijn de ideale vertolkers
van deze mooie menselijke gevoelens.

De meeste mensen moeten echter wachten
tot ze dood zijn alvorens een bloem te ontvangen.
Bloemen voor de doden, waarvan de meesten
tijdens hun leven nooit een bloem ontvingen
en sommigen het graf werden ingejaagd,
omdat ze als waardeloos werden beschouwd,
overbodig soms in het huis van hun eigen kinderen.

Ik heb eens gelezen
hoe een dode moeder spreekt tot haar kinderen:
'Ik lag begraven en hoorde je komen.
Je had een paar rozen bij je.
Die legde je op de rand van mijn graf
en ik dacht: had je mij, toen ik leefde,
ook één keer een roos gebracht, één enkele roos
of een bloem uit de wei,
wat zou ik dan gelukkig zijn geweest.'

Doe de 'Liefde' bloeien!

22 NOVEMBER

WAAROM LIEP HIJ NIET NAAR EEN MENS

Een vroege morgen. Een man overreden door de trein.
De machinist zei dat de man plots voor hem
op het spoor stond en naar de trein toeliep.
Waarom wilde deze man sterven?
Precies in de vroege morgen van een zomerse dag.
Was het leven hem dan zo'n last,
dat hij er zich door een trein uit wilde laten verlossen?

God, voor U zijn de dagen en de nachten misschien
vol van dit soort gasten, die op alle mogelijke manieren
willen ontsnappen uit de pijn van het leven.
Wees mild voor hen. Ontvang hen goed.
Het leven heeft hen te veel pijn gedaan.
Geef allen en ook deze man het volle leven.
Hij was naamloos en zonder papieren.
Niemand wist vanwaar hij gekomen was,
maar Gij, God, moet hem kennen,
want ook zijn naam staat geschreven in de palm van uw hand.

Soms kan de brutale en harde slag van een aanstormende trein
voor een mens de welkome verlossing zijn.

Waarom liep hij naar een trein
en niet naar een mens?

23 NOVEMBER

ZWIJGEN OVER ANDEREN

Heb je een grote mond? Praat je gemakkelijk?
Oordeel je vlug en ben je erg verontwaardigd
over de misstappen van anderen?

Ja, je kent alle schandalen in de straat.
Je weet wie bij de kruidenier gestolen heeft.
Je weet wie thuis ruzie heeft gemaakt,
wie thuis wegliep
en wie zat is geweest.
Daarom zeg je met een schijnheilig gezicht,
als het over anderen gaat:
'Het is toch verschrikkelijk.'

Maar als anderen eens alles wisten van jou,
alles, ook je gedachten, je wensen,
je begeerten en heel je verleden,
je zou wellicht rood worden tot achter de oren.
Maar goddank, wie weet er iets van jou?
Behalve die Ene, die alles weet: God.
En Hij zwijgt.

Hij zou willen dat je ook zweeg over anderen.
Denk nu heel even na en zeg tot jezelf;
beslist, ik ga voortaan zwijgen over anderen,
want als anderen eens alles wisten van mij,
dan zou ik ook niet fier zijn.

24 NOVEMBER

OOK THUIS SYMPATHIEK

Denk niet dat je een prima kerel of fijne vrouw bent,
een onweerstaanbare man of een betoverende vrouw,
omdat je in gezelschap, bij feesttafels
of koffiekransjes iedereen kunt amuseren.
Denk niet dat je een perfect geslaagd personage bent,
omdat je zo'n buitengewoon vriendelijk gezicht opzet,
wanneer je met vrienden en kennissen omgaat.

Ken jezelf!
Je bent pas echt goed en sympathiek,
als je op de eerste plaats thuis
met eigen huisgenoten
vriendelijk, hartelijk en dienstvaardig bent!

Maak jezelf niets wijs!
Als je man, je vrouw,
je broers en zusters, je kinderen
je onhebbelijk en onuitstaanbaar vinden,
kom dan niet af met 'zij deugen niet!'
Kijk eens heel diep in je binnenste
en als je zoveel succes hebt bij vrienden en vriendinnen,
vraag je dan stilletjes af:
'Ben ik thuis ook zo sympathiek?'

25 NOVEMBER

RECHTERSTOEL

Elke dag stellen we dezelfde vraag: wie is schuldig?
En altijd komt hetzelfde antwoord: de anderen zijn schuldig.
De anderen, die anders denken, anders geloven, anders leven.
Wij weten wel beter.
Men zet zich op een hoge rechterstoel
en oordeelt van bovenuit: de anderen zijn schuldig.

Deze ingesteldheid vergiftigt elk samenleven,
zowel in het openbare leven als thuis.
Ze is te vinden bij mannen en vrouwen, kinderen en leerkrachten,
bij politici en journalisten, bij ondernemingen en vakbonden,
bij enkelingen en bij hele bevolkingsgroepen.

Wees niet te streng voor de anderen. Probeer je voor te stellen
dat er ook bij hen wel iets goeds te vinden is.
Je zult verrast zijn over hoeveel goeds je daar zult vinden
waarvan je geen vermoeden had, en dat anderen
zeker zo goed zijn als jijzelf, misschien nog beter.

De meeste rechterstoelen van waaruit we oordelen,
hebben zwakke benen: domheid, oppervlakkigheid,
eigenzinnigheid en genadeloze onbarmhartigheid.
De echte rechters zullen alleen die mensen zijn,
die door onze schuld veel moeten ontberen,
die wij het meest hebben ontnomen, de armsten onder ons,
die van honger en gebrek aan liefde sterven.
Zij hebben het recht te oordelen.

26 NOVEMBER

ER WORDT TE VEEL GELEDEN

'Deze morgen', zei de man aan de telefoon,
'heeft m'n vrouw me verlaten.
Wat moet ik doen? We hebben twee kinderen.
Het derde is op komst. Ik wil mijn vrouw terug!'
Diezelfde dag nog zat een vrouw voor me.
Ze was rond de veertig en achttien jaar getrouwd.
Toen zij begon over haar mislukte huwelijk,
kwamen dikke tranen uit haar ogen.
Nu was de man reeds maanden weg
en alle pogingen om hem terug te krijgen bleken tevergeefs.
Deze vrouw kon niet meer. Zij was totaal op van de zenuwen.

Zo zijn er mannen. Zo zijn er ook vrouwen,
die onnoemelijk veel lijden.
Onze welvarende tijd heeft veel materiële nood weggenomen,
maar er een veel pijnlijker morele nood voor in de plaats gezet.
Trouw blijven in het huwelijk wordt moeilijker
naarmate heel de publieke atmosfeer wordt verseksualiseerd
en men ons op alle mogelijke manieren
aanzet tot profiteren en genieten.

Is het niet hoog tijd voor een andere geest,
voor wat nieuwe, verse, frisse lucht door onze samenleving,
opdat geest en hart niet langer zouden stikken
in die vreugdedodende cultuur van seks en egoïsme.

27 NOVEMBER

IN JOUW HANDEN

Je bent gemaakt voor het geluk
van je huisgenoten, vrienden en kennissen.
Zij hebben je nodig, je goedheid,
je glimlach, je hart.
Ben je egoïst en heb je alleen maar een buik,
dan ben je eigenlijk overbodig.
Waarom leef je als je een last bent voor anderen?
En misschien een last voor jezelf?
Het is onmogelijk voor een egoïst gelukkig te zijn.

Wees als een kind,
eenvoudig, spontaan, vrolijk en content.
Wees geen vat vol problemen, maar lach gemakkelijk
en wees stralend en open als een bloem in de zon.
Probeer elke dag opnieuw
te houden van de mensen om je heen
en in stilte de wonden te helen van hen
die schreien en wanhopig zijn
en ook van hen die hun leed
verbergen onder wat make-up en een oppervlakkige glimlach.

Schenk wat liefde aan hen
die te weinig worden bemind.
't Is wonder! Het geluk van de ander
ligt in jouw handen.

28 NOVEMBER

VOORAL DE MOED NIET VERLIEZEN

Hoe gaat het? Goed, prima, excellent
of slecht, heel slecht, archi-slecht?
Er zijn een paar gedachten
die je vast in je hoofd moet zetten.
Als het goed gaat, verzuur dan
je goede dagen niet met tobben
en zorgen en angst voor morgen.
Gaat het slecht, word dan
vooral niet moedeloos,
want dan gaat het nog slechter
en je gaat totaal ten onder.

Moed houden, moed,
met moed overwin je alles.
Hoe? Dat kan niemand je vooraf zeggen,
maar overwinnen zul je!
Denk dikwijls aan het niet zo zotte fantasietje
over twee muizen in de melkpot.
Een muisje verloor de moed,
reageerde niet meer en verdronk.
Het andere hield vol
en bleef moedig spartelen en spartelen,
totdat het ten slotte een klontje boter had.
Het was gered!

Zoek in de onmogelijkste en meest duistere situaties
steeds naar lichtpunten.
Je zult ze vinden!

29 NOVEMBER

JE LICHAAM, EEN GAVE

Je lichaam is een wonderbare gave.
Met je lichaam ben je aanwezig, zichtbaar en grijpbaar.
Met je ogen kun je lachen en wenen.
Met je hoofd kun je denken, dromen en je herinneren.
Met je mond kun je eten, spreken en zingen.
Met je handen kun je strelen, werken en schrijven.
Met je hart kun je liefhebben, zacht zijn en troosten.

Je lichaam is je huis op aarde.
Je ogen zijn je vensters op de wereld.
Je bent meer dan je lichaam, maar je kunt het niet missen.
Je moet goed voor je lichaam zorgen, maar het niet verwennen.
Laat je niets opdringen
zodat je ten slotte alleen maar voeten hebt voor het gaspedaal
en handen voor elektronische toetsen en knoppen.

Je lichaam is een gave voor de liefde.
Een goed woord is mogelijk, omdat je een mond hebt.
Een teder gebaar omdat je handen hebt.
Een liefdevolle blik omdat je ogen hebt.
Je lichaam is drager van tederheid.
Je lichaam heeft warmte nodig.
Ligt je lichaam te lang in de koelkast,
dan wordt het stijf en koud,
dan wordt het tot een eet-, werk- en slaapmachine.
Het echte leven sterft af.
De relaties met anderen vallen weg,
en de mens verengt zichzelf tot zijn eigen 'ik'.

30 NOVEMBER

DECEMBER

Wees dankbaar, kleine mens,
voor de liefde,
waarmee god je liefheeft

ALLANG BEGRAVEN

Er woont een mens in de stad. Een mooi verzorgd naamplaatje.
Veel naamplaatjes. Building naast building, luxeappartementen.
Vol mensen. Mensen die niemand kent.
Men ziet elkaar wel. Men staat samen in de lift.
Men kijkt voor zich uit. Men weet dat die ander er is,
zoals men weet dat er ergens een paal staat,
waar men niet tegenop moet lopen.

Er woont een mens in de stad, maar de stad
is geen gezellige fijne woning voor de mensen.
Ze biedt geen warme geborgenheid.
Op zekere dag valt een man dood in de straat.
Een opstoot van nieuwsgierigen. Een opstopping van verkeer.
De 100 ruimt hem op.
Men legt hem in een dodenhuisje te wachten
op een familielid, een vriend, een kennis.
Drie dagen en er komt geen mens.
Dan legt men hem 14 dagen te wachten in een speciale ijskast.

Maar niemand komt zien, niemand,
want het is een mens, alleen in de stad,
door de andere mensen reeds lang begraven.
Ik weet het, als de laatste bloemen op 't kerkhof
verwelkt zijn, zijn de meeste doden al vergeten.
Maar blijf toch niet onverschillig voor de levenden
en vooral voor de levende mensen om je heen.
Als je geen oog hebt voor deze mensen,
heb je geen hart!

1 DECEMBER

WE MOETEN NIEUWE WEGEN GAAN

We moeten níéuwe wegen gaan:
de weg van de graankorrel!
De graankorrel is de eeuwige verliezer,
maar als het koren bloeit,
juicht heel de aarde!

We moeten de weg van het geweld verlaten,
de weg van bloed en tranen,
de weg van de dood,
de oude weg van generatie tot generatie platgetreden
door mensen die alleen maar geloofden in macht
en bezit en in het recht van de sterkste.
We moeten de lange weg gaan
naar menselijkheid onder de mensen,
de weg naar het licht doorheen de nacht,
de lange weg naar de liefde,
totdat de vreugde om het leven
als een kleurrijke regenboog
staat aan de hemel van ons dorp, dat aarde heet.

Een rivier begint ergens diep in het woud.
Een storm met geritsel in de blaren.
Een vuur met een vonk.
Een veld koren met onzichtbare zaadjes.

2 DECEMBER

DE CLOWN

Ik hou van de clown, met een bloem in zijn hoed,
en zijn dikke, rode neus, met zijn veel te grote broek
zijn bontgekleurde hemd en zijn veel te lange jas.
De clown rent en struikelt, slaat met de armen in het rond,
en weet nooit waar hij heen wil.
Enthousiast begint hij aan iets, en altijd loopt het verkeerd.
Het is zijn kunst om in alles wat scheef zit en verkeerd loopt,
toch zijn weg te vinden.
Hij triomfeert in alle nederlagen.

Ik hou van de clown, een wonderbare man.
Nooit leeft hij voor zichzelf,
want als hij alleen is, is hij geen clown meer.
Hij overstijgt zichzelf voor de anderen.
Hij dringt binnen in de dwaasheid van de mensen
en maakt dat ze lachen met zichzelf.
Hij zet alles op zijn kop.
Hij kruipt in de huid van hen
die altijd het deksel op de neus krijgen,
die tekortgedaan worden en beetgenomen,
die altijd mislukken in het leven.

Clowns zijn echte kunstenaars,
omdat ze alles relativeren
en mensen laten lachen met hun eigen stommiteiten.
Alleen een clown kan lachen als hij weent.
En als hij weent, lachen de mensen
en vergeten hun zorgen.
De clown is een wonderlijke therapeut.

---

3 DECEMBER

TE VEEL THEATER

Veel mensen vinden zichzelf enorm belangrijk,
veel belangrijker dan ze zijn.
Ze zoeken altijd en overal de schijnwerpers.
Ze spelen toneel en voelen zich alleen maar goed op het podium.
'Kijk maar,' denken ze. 'Hier ben ik.'

Hoe dikwijls spreken we het woordje 'ik'
niet uit in de loop van één dag.
We zouden zelf verstomd staan
als we de optelling zouden maken van die duizenden 'ik's'.
Hoe vlug plaatsen we ons niet op de voorgrond
met dat 'ik' als we met mensen omgaan.

Zoveel theater! Is dat niet lachwekkend?
Is het niet veel eenvoudiger en veel gezonder
van dat hoge podium af te komen en de schijnwerpers te doven?
We worden veel gelukkiger als we vrij worden
van die ziekelijke jacht naar eigen ingebeelde grootheid.
Dan pas kunnen we echt gaan leven
en de mens naast ons ontdekken.
Dan pas kunnen we geboeid worden door het leven
van iemand die misschien al lang op ons wacht.

4 DECEMBER

HET GOEDE ONTDEKKEN BIJ ANDEREN

Sinterklaas is een heel goede man!
Hij brengt zulke wondere dagen
van goedheid over het land,
van vreugde om de vele simpele verrassingen
voor groot en klein,
maar vooral voor de kleinen.
Geloven in Sinterklaas is:
geloven in de goedheid van een ander!

Geloof je nog in de goedheid
of verwacht je alles van je lelijke gezicht,
je harde woorden of je vuist?
Het leven is zo gemakkelijk, als je kunt geloven.
Mijn vrouw is nog beter dan ik denk.
Mijn man meent het zo kwaad niet
ook al is hij soms lastig.
Mijn buren, mijn collega's en mijn werkmakkers
hebben ook heel veel goede kanten.

Als je dat niet meer ziet,
vraag dan dringend aan Sinterklaas
een bril om het goede weer te ontdekken.
Nog iets: help de goede sint
alles wat beter te verdelen.
Sinterklaas wil ook de arme mensen
en vooral de arme kinderen gedenken.
Maar daarvoor heeft hij uitgerekend jou nodig.

5 DECEMBER

DE BRIL VAN SINTERKLAAS

Ik geloof in Sinterklaas.
Niet in de sint van de grote magazijnen
en de schitterende winkels,
die alleen maar dient om de zaken te doen marcheren.
De echte Sinterklaas dreigt gedood te worden
door een nietsontziende publiciteit.
Want zij buit het wonder van de spontane goedheid
voor alle kinderen over de wereld
op een soms brutale wijze uit.

Ik geloof in de Sinterklaas
die sinds eeuwen een geest van goedheid
en liefde onder de mensen brengt.
6 december is de dag van het wonder.
De kinderen springen en dansen en juichen
en de grote mensen glimlachen om de vreugde van de kinderen.
Dit wonder kan elke dag geschieden
en niet alleen voor de kinderen.

Daarom vraag ik aan Sinterklaas
voor de grote mensen een bril,
een speciale bril
om wat minder naar hun eigen 'ik' te kijken
en wat meer naar de anderen
in hun eigen huis, op het werk, overal.
Ik vraag voor hen het grote cadeau
van een goed hart!

6 DECEMBER

EEN GOEDE OPLOSSING VOOR VEEL PROBLEMEN

'Ik ben op van de zenuwen!' Dé klacht van deze tijd.
We leven té gejaagd.
We hebben de zin verloren voor rust, voor stilte
en voor de nacht die God ons gaf om te herstellen.
Een onregelmatige nachtrust verstoort het normale levensritme
en maakt mensen zenuwachtig en prikkelbaar.

De slaap is voor de nacht, de zon voor de dag,
het groen voor de lente en de kou voor de winter.
Je bent een stuk natuur met een ingebouwd levensritme.
Dit ritme heb je verstoord als je kiest voor het nachtleven,
om te slapen als de zon schijnt,
als je nooit een vroege morgen kent
met een zuivere heerlijke lucht.
's Morgens hoor je de vogels fluiten
tot het lawaai van de mensen begint.
Als je 's morgens slaapt,
verslaap je de mooiste tijd van je leven.

Te veel mensen hebben hun levensritme verstoord.
Daarom is er zoveel gespannenheid,
zoveel vermoeidheid en zoveel slecht humeur.
Daarom zijn er zoveel slaappillen en zoveel dokters.
Nachtleven is geen leven,
is sterven in de morgen.
Daarom: slaap nog eens wat,
maar dan liefst 's nachts.

7 DECEMBER

VLEUGELS

Er zijn mensen die nooit een woord
van waardering krijgen, nooit een bemoedigend woord.
Ze doen de nederigste werkjes
en iedereen vindt dat vanzelfsprekend.
In alle stilte doen ze duizend kleine dingen,
thuis, in ziekenhuizen, kantoren en werkplaatsen.
Niemand die het ziet.

Maar als ze iets niet doen of één voet verkeerd zetten,
heeft iedereen het gezien.
Hun fouten worden geteld
en op hun rug gebonden.
Zo lopen heel wat mensen gebukt
in een maatschappij, waar niet
gevraagd wordt naar je goedheid, je eenvoud,
je dienstbaarheid en toewijding.
Te veel mensen voelen zich daarom
afgeschreven en uitgeteld.
Ze hebben geen arbeidsvreugde meer
en ook geen levensvreugde.

Terneergedrukte mensen
zouden vleugels moeten krijgen.
Vleugels! Dan wordt het leven lichter.
Vleugels! Dan wordt alles vrolijker.
Een pluim, een woord van waardering kan wonderen doen.
Geef mensen een pluim! Geef ze regelmatig een pluim!
Dan krijgen ze vleugels!

8 DECEMBER

ALTIJD BEREID TOT VERZOENING

Ken je deze prachtige formule: 70 x 7?
Ze staat in het evangelie en wil zeggen:
Vergeef vierhonderd negentig maal.
Zeg niet: 'Dat is gekkenwerk! Ik vergeef één keer,
dat is meer dan genoeg!'
Je liefde voor de evenmens
is het mooiste in de vergiffenis.
Naastenliefde is 'geven en vergeven'.
Geef van het goede dat je bezit!
Vergeef het kwade, dat je van een ander ontvangt!

Wil je één enkel ogenblik bevrediging:
wreek je dan!
Wil je blijvende vreugde en vrede
in je hart en om je heen:
vergeef veel,
vergeef vierhonderd negentig maal!

Haat en wrok voeren je naar de duisternis.
Geestelijk en lichamelijk
zul je worden afgestompt tot een 'bruut',
een kandidaat voor de misdaad.
Hoe vlugger je vergeeft, hoe gemakkelijker.
Vergeef snel!
Dat spaart tijd en verbetert ten zeerste de spijsvertering.
70 x 7! Altijd tot vergeving bereid!

9 DECEMBER

GEEN RECHTEN ALS ER GEEN PLICHTEN ZIJN

Waar niemand zijn plicht doet, krijgt niemand zijn recht.
Er zijn maar zoveel rechten, als er plichten zijn.
Men kan over mensenrechten blijven praten
en schrijven tot men doodvalt.
Zolang men over mensenplichten zwijgt,
is en blijft de 'Verklaring van de Rechten van de Mens'
voor miljoenen armen, zwakken en machtelozen
een vodje papier.

Wat voor zin hebben deze mooi geformuleerde rechten
voor mensen die verhongeren, omdat anderen niet willen delen?
Wat betekenen deze rechten voor kinderen
die verwaarloosd worden,
die gedwongen worden tot zware arbeid, prostitutie of geweld
omdat de staat en de maatschappij, de familie en de school
hun plicht niet doen en de rechten van het kind
en van de zwakke mens niet beschermen.

Rechten opeisen is gemakkelijker dan plichten vervullen.
Het plichtsgevoel is onderontwikkeld.
Men hoort er niet veel over.
Rechten en plichten zitten nochtans aan elkaar vast,
ze kunnen niet los van elkaar bestaan.
Waar men over rechten spreekt,
moet men niet zwijgen over plichten.
Misschien met een klein hart,
maar toch zijn plicht doen,
dat is echte moed.

10 DECEMBER

GEEN ANGST

Angstige mensen leven gevangen in eigen denken en voelen.
Ze bouwen vermoedens op,
zien overal dreiging.
Angstige mensen zijn onzeker en gemakkelijk wantrouwig.
Ze zijn steeds op het ergste voorbereid.
Er zijn te veel angstige mensen.
Ze steken elke dag hun hoofd en hart vol overbodige zorgen.
Ze omarmen en koesteren ze.
Ze cultiveren hun eigen ongelukkig zijn.
Ze geloven niet dat de zon kan schijnen
en kruipen altijd in hun schaduw.

Het leven is je niet gegeven om te piekeren.
Daar is de tijd te kostbaar voor.
Daar is de mens niet voor gemaakt.
Vooral geen angst voor morgen.
Angst voor morgen komt steeds één dag te vroeg.

Er is angst voor het 'alleen zijn' of het 'alleen gelaten worden'.
Angst om te falen, om te verliezen,
angst voor de toekomst,
angst voor links of voor rechts,
angst voor geweld, voor ziekte,
voor dood.

Wil je vrij leven, gelukkig en ontspannen zijn zonder angst,
dan moet je leren jezelf geven, jezelf loslaten in plaats van alles
wat je bent en wat je hebt, krampachtig vast te houden.

11 DECEMBER

NIET TE KOOP

Je zoekt gezelligheid, vreugdevol en gelukkig samenzijn,
je wilt ontspannen leven in een blije sfeer,
en toch je begint te kopen, te kopen, omdat je soms
meer in je beurs hebt dan in je hart,
en je koopt antieke meubelen en donzig kamerbreed tapijt,
je wilt zacht licht, schemerlicht,
een hoekje om te zitten,
een hoekje om te lezen,
een hoekje om te eten.

Arm welvaartskind,
waarom zie je er niet gelukkig uit?
Waarom lach je zo weinig
en ben je zo vlug over je zenuwen?
Waarom laten alle weeldeartikelen
je ten slotte zo leeg en onvoldaan?
Omdat het dode dingen zijn, dode dingen,
zeer praktisch misschien en zeer nuttig,
maar waarmee je nooit één gram 'liefde' kunt uitwisselen.

En liefde heb je nodig.
Maar liefde kun je nooit kopen.
Als je voor liefde betaalt, is het geen liefde meer.
Liefde ontstaat door
jezelf te geven met heel je hart!
Hier ligt de sleutel van al je problemen,
arm welvaartskind!

12 DECEMBER

VERGIFFENIS

Niets kan je zo zwaar drukken
als je machteloosheid om te vergeven.
En niets is zo tragisch als dag en nacht te moeten leven
met in je hart die scherpe kei van de wrok en de haat.
Iemand of misschien velen hebben je kwaad gedaan
en in je binnenste ben je stilaan beginnen af te koelen.
Je bent niet meer dezelfde. Je staat verbaasd.
Je bent niet meer zo zacht, zo mild, zo goed.
Je sympathie is antipathie geworden.

Waar een band was, is nu een breuk gekomen.
Vriendschap is vijandschap geworden.
Je liefde is stilaan veranderd in haat.
En je lijdt eronder. Je voelt je gevangen.
Je vensters zijn dicht.
De zon blijft buiten. Het leven wordt loodzwaar
en in het diepste van je hart snak je naar bevrijding,
vooral vanbinnen wil je weer vrij worden!

Er is maar één weg, geloof me! Vergiffenis!
Vergeef! Dat kost heel wat, maar het is zijn prijs waard!
Vergeven is een vorm van creativiteit,
is nieuw leven wekken en nieuwe vreugden.
Het schept nieuwe mogelijkheden in jezelf en in de anderen.
Vergeven moet je heel dikwijls doen.
Je moet nooit tellen hoe dikwijls, want je moet vergeven,
zeventig maal zeven maal, tot in het oneindige toe,
want zelf heb je toch ook zoveel vergiffenis nodig.

13 DECEMBER

DE LEGE KRIBBE. EEN VOORDEEL

De grote zakenwereld heeft het Kerstkind
vervangen door het kerstmannetje, rijk beladen met geschenken.
Het kerstmannetje werd geïmporteerd in onze overrijke
maatschappij, omdat het Kerstkind er niet meer thuishoort.

Het Kerstkind kwam in armoede en ontbering.
Er was voor dit kind geen plaats in de herberg tussen de mensen.
Maar er was een ster en er was een kribbe,
die het voordeel had open te staan om het kind te ontvangen.
Er waren wat schamele herders,
door de mensen uit de stad geminacht als onguur volk.
En er was een boodschap, een boodschap van vrede,
van hoop en van liefde voor de mensen, die het goede willen.

Het kerstmannetje kan ons helpen om goede zaken te doen,
om de kerstboom te versieren en de tafel te dekken
en om de mensen op een bal te verrassen. Meer kan hij niet.
Het Kerstkind heeft een boodschap, die ons ertoe aanzet
te werken voor een betere wereld en die ons hart
vult met tederheid voor de armen, de kleinen, de verstotenen.

Deze dagen doen me pijn, omdat er
zoveel geschenken zijn en zo weinig begrip,
omdat de mensen in de wereld zo hard zijn voor elkaar
en zo ongevoelig voor de diepere vreugde
om het grote mysterie van Kerstmis.
Ik wens dat je in deze dagen de weg vindt naar dit mysterie,
dat een mysterie is van hoop, geloof en liefde.
Een mysterie van licht in onze duisternis.

14 DECEMBER

OOK AANNEMEN IS EEN KUNST

De tijd van de wederzijdse wensen
en geschenken is op komst!
Je weet hoe plezierig het is
iemand iets te geven
die daar duidelijk blij mee is.

Het is een kunst goed te geven,
maar een nog grotere kunst om goed te ontvangen.
Misschien is het kostbaar wat je krijgt,
misschien ook maar een kleinigheid.
Wees je in elk geval bewust,
dat het door iemand is uitgedacht,
met zorg uitgezocht en verpakt
in de hoop je eens te verrassen,
je eens blij te maken! Je werd niet vergeten.

Honderden anderen worden wél vergeten
en krijgen nooit iets. Daar denkt nooit iemand aan.
Wees dus blij, want iemand houdt van je
en dacht aan je! Vind dat niet zomaar doodgewoon.
Wees dankbaar!
En laat zien,
dat je het waardeert,
ook al is het een kleinigheid.

15 DECEMBER

VRIENDSCHAP NIET INPAKKEN

Vriendschap is het mooiste en kostbaarste geschenk
ooit aan mensen toevertrouwd.

Als je geschenk een teken van vriendschap is,
mag je dat verpakken in geuren en kleuren,
met lintjes van vrolijkheid en originaliteit.
Maar laat vriendschap vrij als een vlinder
die met lichte vleugels van het ene hart naar het andere vliegt.
Als je een vlinder inpakt, kan hij niet meer vliegen.
Als je vriendschap inpakt, stikt ze.

Vriendschap is vrij, spontaan en ongedwongen.
In elk geschenk dat je koopt om een ander
te beïnvloeden of te verleiden, sterft de vriendschap.
In elk geschenk dat je geeft
om iemand te verplichten of om meer terug te krijgen,
gaat de vriendschap dood.

Een geschenk als teken van vriendschap
is nooit zwaar en nooit groot.
Het wordt rustig gedragen
op de golven van sympathie, waardering en goedheid,
die van het ene hart overslaan naar het andere.
Vriendschap.
In je hart leven mensen
die daar helemaal thuis zijn
en die daar blijven wonen,
zelfs als ze dood zijn.

16 DECEMBER

HET MOOISTE KERSTGESCHENK

Leef je in vrede
met heel je familie en met alle mensen?
Of heb je ruzie?
Is er iemand die je gekrenkt heeft,
die je heeft pijn gedaan,
gekwetst tot in het diepste van je ziel?
Is het misschien je eigen man of vrouw?
Je eigen kind misschien?
Dan is er een wonde
open in je binnenste.

Ik ga je iets vragen wat zeer moeilijk is,
maar het wordt Kerstmis
en daarom durf ik het vragen. Schenk vergiffenis!
Zeg niet: 'Dat is onmogelijk!
Ik heb voor die ander alles overgehad, alles gegeven.
Vergiffenis, neen, dat gaat niet!'

Je hebt niet alles gegeven, nog niet.
Je geeft pas alles, wanneer je vergiffenis schenkt.
'Vergiffenis' is de mooiste kerstgave!
't Is een goddelijk geschenk
en ook jij hebt vergiffenis nodig!
In de vergiffenis gaan alle wonden toe
en bloeit de liefde!

17 DECEMBER

EEN GOED MENS ZIJN

Mens zijn, een goed mens zijn,
dat is het enig belangrijke in deze wereld!
Maar wie interesseert het?
Goedheid veronderstelt eenvoud, vriendelijke
en vrijwillige dienstbaarheid en een dosis zelfverloochening.
Deze dingen zijn helemaal niet in de mode.

Je hoort hier en daar wel roepen
over een nieuwe maatschappij,
een nieuwe wereld, maar zelden hoor je iets
over deze onmisbare basiselementen.
De grote wereld heeft alleen oog voor grote dingen,
dingen die opvallen, dingen die op de moderne waardeschaal
doorwegen: de carrière, de eer, het fortuin!
Er wordt gevraagd naar je titel, je diploma, je ambitie.
Men vraagt naar de technisch-wetenschappelijke mens,
zoveel mogelijk immuun voor menselijke gevoelens
als medelijden, begrip, zorg voor anderen.
De computer houdt geen rekening met het hart!

Hoe is het anders mogelijk dat er zoveel afschuwelijke nood
blijft voortbestaan in deze wereld?
De goede mensen hebben geen macht.
En de anonieme groten der aarde handelen nog altijd
alsof de goederen der aarde hun privé-eigendom zijn!
Laat je niet ontmoedigen!
Word een goed mens, een heel goed mens,
dan wordt dat kleine stukje wereld waar je zelf leeft en werkt
toch al een beter stukje wereld.

18 DECEMBER

NODIG EEN EENZAME UIT

Nodig een eenzame uit.
Doe het zelf, niet door tussenkomst van een organisatie.
Doe het persoonlijk, nadat je op een normale wijze
een persoonlijk en natuurlijk contact hebt gekregen
met een eenzame, liefst uit je eigen omgeving!
Doe het niet in de geest van:
Ik ga met Kerstmis eens een goed werk doen!

Het is niet zo gemakkelijk!
Alle alleenstaanden zijn geen eenzamen!
Je moet een fijn aanvoelen hebben
om de echte eenzamen te ontdekken
en om ze bij een eerste contact niet te vernederen.
Niemand wenst behandeld te worden als een eenzame,
als iemand die medelijden nodig heeft.

Nodig een eenzame uit.
Doe het zelf, maar met heel je hart,
spontaan en als vriend.
De genodigde kan iemand zijn
die door levensomstandigheden zwaar getroffen werd,
en er niet overheen kan.
Kan ook een zieke zijn, een invalide of een bejaarde,
waarmee je ook nog een ritje maakt.
Nodig een eenzame uit, maar vooral,
laat ook vlak naast je niemand anders vereenzamen
bij gebrek aan attentie en tastbare genegenheid!

HET GEHEUGEN VAN HET HART

De een heeft een beter geheugen dan de ander.
Dat is een kwestie van oefening.
Er is echter een geheugen dat met zijn wortels
veel dieper gaat, tot in het hart.

Iemand was goed voor mij.
Verzorgde me toen ik klein was.
Was lief voor me toen ik groot werd.
Luisterde naar me toen ik in de put zat.
Was blij, omdat ik blij was.
Dat deed me goed aan het hart. Mijn hart vergeet dat niet.
Dankbaarheid is het geheugen van het hart.

Zeg: dankjewel.
Danken is erkennen dat je zoveel goeds gekregen hebt.
Heb je zelf een tong in je mond gestoken?
Heb je zelf vingers aan je handen gezet?
Er is ergens een mysterie van liefde ingebouwd.
Er is iemand die enorm veel van je houdt.

Danken is je herinneren wat anderen voor je deden.
Je moet niet rijk zijn om dankbaar te zijn.
Ondank is een van de lelijkste dingen die er bestaan!
Meestal is het een uiting van hoogmoed.
Een ondankbare mens vindt alles normaal en vanzelfsprekend.
Een dankbare mens toont dat zijn hart een goed geheugen heeft.

20 DECEMBER

EEN WONDER

God is liefde voor jou en voor mij,
elke dag en elk jaar!
God is liefde in jou en in mij.
Liefde die zichtbaar en tastbaar wil worden vandaag nog
in een goede daad, in vriendelijkheid,
in begrip voor een ander, in vergiffenis,
in troost die we brengen!

Je leeft toch niet voor jezelf alleen.
Want 'ieder voor zich', dat is de poort van de hel.
Je taak is het elke dag
de 'Liefde' gestalte te geven,
of je minister bent of straatveger.
De wereld moet door jou beter worden.

Vul dus je geest, je hart
en je handen met liefde!
Blijf niet in de kou van de onverschilligheid,
de haat en de wrok!
Kom één stap naar voren van achter je muur
en God zal een wonder voor je doen.
Niemand zal het weten.
Maar met Kerstmis zal dan je hart
barsten van vreugde.

21 DECEMBER

DE VRUCHT VAN DE VREUGDE

Het wordt weer Kerstmis!
Vergeet een ogenblik je ruzies, je wrok,
je jaloezie, de moeilijkheden
met je medemensen
en denk aan de vrede in je hart.
Vrede in je huis.

Schenk weer eens vergiffenis!
Vergeet nog een keer het leed dat men je aandeed,
maak thuis weer eens alles goed!
Zeg niet: dat is onmogelijk!
Ik voel me machteloos!
Ik ben zo arm, zo leeg en zo koud!

Onthoud! Als je openstaat
zoals die arme koude kerstkribbe
zal God komen
en een wonder doen in je hart!
Hijzelf zal met je goede wil
de goedheid en de liefde planten
op de bodem van je hart.

Dan zul je de vruchten plukken,
die wonderbare vruchten van vrede en vreugde,
die je gelukkig maken in deze kerstdagen.

LICHT EN WARMTE

Om gelukkig te zijn in deze kerstdagen heb je eigenlijk
geen kalkoen nodig, geen tafel vol eten en drinken.
Ook heb je geen duur restaurant nodig,
waar je een kerstdiner wordt geserveerd,
om een indigestie of hartinfarct van te krijgen!
Licht, vrede en vreugde hangen niet als lichtjes in de kerstboom
en komen niet over je heen met wat sentimentele muziek!
Comfortgerichte mensen zien alleen maar de kerstwinkel,
de droomoplossingen, de cadeauverpakking
om de leegte van hun hart te vullen!

Om gelukkig te zijn in deze kerstdagen
heb je 'licht' en 'warmte' nodig, geen koude neonschittering
en niet een warmte, die van radiatoren komt.
Je hebt een licht nodig in je hart, om de zin van je leven te zien
en de warmte van iemand die echt van je houdt!

In armoede en kou en in diepe verlatenheid,
is plots Iemand in de wereld gekomen voor alle mensen
om met heel zijn leven 'licht' en 'warmte' te zijn.
Aan een kruis heeft Hij de wereld weer verlaten!
Als je als een kind openstaat voor het mysterie van deze mens,
de mens Jezus, dan zul je 'licht' ontvangen en 'warmte' voelen!

Misschien voel je niets, omdat je nog aan zoveel dingen vastzit!
Elk punt waar je gebonden bent, werkt hier als een kortsluiting!
Ik wens je in deze dagen veel 'licht' en 'warmte' diep in je hart
om een paar sterren aan te steken in de duisternis om je heen
en om met de warmte in je hart mensen uit de kou te halen!

23 DECEMBER

VREDE OOK VOOR U

Morgen vieren we Kerstmis!
Vrede aan alle mensen van goede wil!
Vrede aan jou! Wie je ook bent,
wat je ook denkt of gelooft!
Vrede! Want ook jij draagt in het diepste van je hart,
misschien onbewust, dat onsterfelijk heimwee
naar de grenzen van het verloren paradijs.
Heimwee naar vrede, naar goedheid en liefde.

Als je in deze kerstdagen niets anders zoekt
dan een tafel vol eten en drinken,
een dansvloer en wat verdoving,
dan vind je geen vrede.
Onvoldaan zul je telkens verlangen
naar een nieuwe feesttafel, een nieuwe fles, een volgende party.
Altijd zul je onverzadigd blijven, nooit vrede vinden,
altijd diezelfde pijn, diezelfde honger,
dezelfde drang naar nieuwe verdoving.

Kerstmis, ruk je los
uit de tang van het egoïsme.
Zoek je vrede in de goedheid en de liefde voor anderen
en je zult vrede vinden.
Kerstmis, liefde moet zichtbaar worden
in je hart, op je gezicht en in heel je leven!
Kerstmis, niets dan vrede,
niets dan goedheid en liefde
voor alle mensen over heel de wereld!

24 DECEMBER

WAAR GOD WOONT

Kerstmis is de doorbraak van God,
de doorbraak van de liefde in deze donkere,
koude wereld, tot diep in je hart!
Dit is iets geweldigs!

Er is goedheid en liefde te rapen in deze kerstdagen
voor iedereen. Ook voor jou,
al ben je nog zo arm en nog zo leeg en nog zo koud.
Zo was toch ook de kribbe.
Maar ze had een voordeel, ze stond open!
Dat is ook alles wat van je gevraagd wordt
in deze kerstdagen: openstaan!

Elke geslotenheid is een vorm van haat,
van 'niet willen ontvangen'.
God komt niet in de haat, niet in de ruzie,
niet in de laster en het geroddel,
niet in de jaloezie en niet in de verbittering!

God woont alleen
in de goedheid van mens tot mens,
in de vergeving, in de verzoening,
in de mildheid, in het begrip voor de ander.
God is liefde! God woont in jou!

25 DECEMBER

GOD MAAKT ZICH KENBAAR

Kerstmis! God is zichtbaar geworden op aarde,
in elke goedheid en liefde onder de mensen!
Maar velen stellen zich geen vragen meer over God.
Men heeft God doodverklaard.
Er is een klimaat gegroeid waarin men
naar God niet meer vraagt.

God is dood voor degenen die niet bereid zijn
of niet in staat zijn Hem lief te hebben!
Ook voor hen die alleen maar zichzelf kunnen beminnen,
hun eigen verstand, hun eigen mening,
hun eigen bezit, hun eigen kleine persoontje.
God is niet dood! Hij leeft,
maar Hij maakt zichzelf slechts kenbaar
aan degenen die Hem willen liefhebben!
Hij is geen God van wijsgeren en geleerden,
die elke eeuw hun mening over Hem veranderen!
God wordt bij voorkeur gekend door de eenvoudigen,
de kleinen, de armen, de zondaars,
door allen die van hun voetstuk willen komen
en het ragfijne masker van de hoogmoed willen afleggen.

Lieve mens, leg alle ballast
van eigenwaan en zelfvoldaanheid af,
open je hart, je arm hart als een kribbe,
het hoeft maar open te zijn,
en treed binnen in het liefdesmysterie van Kerstmis!

26 DECEMBER

TIJD VOOR NIEUWE KANSEN

Was het voorbije jaar een goed jaar voor jou?
Ben je een beter mens geworden?
Je hebt toch 365 dagen de tijd gehad!
Kijk heel even terug... Wat heb je gedaan?
Zon en vreugde gebracht
of droefheid en pijn?
Was je bezorgd om anderen
of heb je geluk afgebroken, misschien in je eigen gezin?

Je leven van het afgelopen jaar ligt daar nu,
onbewogen als een document voor de eeuwigheid,
en een nieuw jaar begint! Een nieuwe kans!
365 dagen om goed, vriendelijk en behulpzaam te zijn!
365 dagen om lief te hebben, om geluk te zaaien voor anderen!

Nieuwjaar, seizoen van wensen en wederwensen!
Door de sleur en de verplichting is deze nieuwjaarsgeplogenheid
voor jou misschien een kostelijke en vervelende karwei.
Nieuwjaar is soms het seizoen van de leugens!
Alleen de liefde kan in deze dagen alles echt en nieuw maken!
Een wens, een geschenk, een kus,
gevuld met liefde, is nooit een leugen.
Nieuwjaar, het seizoen van de nieuwe kansen!

Kruip niet weg in je eigen kleine
alledaagse zelfzuchtige belangetjes.
Maak het nieuwe jaar zalig
en gelukkig voor al je medemensen!

27 DECEMBER

EVEN NADENKEN

Een jaar is voorbij!
Wat heb je overgehouden?
Misschien veel ontgoocheling en teleurstelling,
een hoop verdriet en wat grijze haren.
Misschien 'n stille pijn in je hart
omdat alles zo vlug gaat,
omdat 't geluk dat je vond,
zo kort en zo broos was,
omdat niemand je helpen kon
de goede dagen te verlengen
en de slechte te verkorten!

Ben je moe? Voel je
misschien voor de eerste keer
dat elk jaar een stuk
van je leven snijdt?
Denk even rustig na!
Het is helemaal niet erg
als je 'n paar illusies kwijt bent,
maar het is een ramp
als je de moed verloren hebt
en je geloof in 'n volgend jaar.

Zoek verder naar vrede!
Zoek naar een zuiver contact met God
die je lege handen en je lege hart
kan vullen met goedheid en liefde!

OASE

Ik weet dat een oase alles te maken heeft met water
en dat een woestijn maar bloeien kan en vruchtbaar zijn
als er water is. Zonder water wordt alles dor, gaat alles dood.
Als je in de woestijn ergens water vindt,
moet je stroomopwaarts gaan om de bron te vinden, de oase.

Ik weet dat een menselijke oase gelegen is in liefde
en dat liefde de bron is van elke oase onder de mensen.

Water is leven. Liefde is levend water.
Als je in de woestijn van het leven ergens liefde vindt,
liefde, echte liefde, ga dan met de liefde mee,
dan kom je bij de bron van alle liefde, bij God,
de grote oase voor tijd en eeuwigheid.

God is mijn oase. Hij roept me weg uit de woestijn
en wil me laten genieten van de wonderen in zijn tuin,
de gaven van zijn hart, de vruchten van zijn geest.
Hij vraagt me een kleine waterdrager te zijn in een grote woestijn.

God is een echte thuis waar ik geborgenheid vind.
In God kun je leven en bewegen.
In God kun je wonen. In Hem kun je diep ademen.
Alles is fris en nieuw. Je kunt er in- en uitgaan
en voedsel vinden en levend water.
Je voelt je veilig. Je leeft niet langer in de leegte.
Je hangt niet wanhopig boven de afgrond van het niets.

29 DECEMBER

CONTACT MET GOD

Als ik in God ben, bid ik, wat ik ook doe.
Voor mij is 'bidden' een kwestie van liefde, van vertrouwen
en overgave, een gelovige, bijna blinde overgave aan God,
een ondoorgrondelijk wezen, waarin ik me geborgen weet.
Ik voel me opgenomen in het magnetisch veld van een oneindig
lieve God, die me steeds verder aantrekt.
Bidden is zo iets vanzelfsprekends,
iets heel natuurlijks, een soort ademhalen.
Bidden begint heel diep in de mens
en is daarom, denk ik, iets zo persoonlijks,
dat het verschilt van mens tot mens.

Bidden is
met heel je wezen antwoorden
op het ondoorgrondelijke mysterie van een onsterfelijke liefde,
die je aanspreekt in heel de kosmos
en door alle wonderen om je heen.
Bidden is je laten aanspreken en antwoord geven,
is danken, juichen, vragen, smeken, roepen,
zwijgen, meegaan, ja zeggen, in woorden, in gebaren,
in daden en in heel je leven!

Een vogel is een vogel, als hij vliegt!
Een bloem is een bloem, als ze bloeit!
Een mens is een mens, als hij bidt!

30 DECEMBER

MIJN LAATSTE GEBED

Als ik moegelopen ben naar de sterren,
om voor de mensen in de nacht een beetje licht te vinden,
dan zet ik me neer in de stilte en vind ik U, mijn God.
dan luister ik naar de bron en hoor ik U!
Ik proef een groot mysterie
diep in mijzelf en in alles om mij heen!

God, voor mij zijt Gij heel dichtbij. Voor mij zijt Gij Iemand,
tastbaar en voelbaar aanwezig.
Gij zijt aanwezig in mij, meer dan de lucht
in mijn longen, meer dan het bloed in mijn aderen.

God, mijn God, ik geloof in U,
zoals een blinde gelooft in de zon,
niet omdat hij ze ziet, maar omdat hij ze voelt!
Lieve God, in Jezus hebt Gij mij laten weten
hoeveel Gij van me houdt. Gij hebt mij zo lief.
Gij hebt Uw liefde voor mij ingebouwd in heel de natuur
en in de mensen om me heen.
Gij zijt een lieve God.

Met duizend handen streelt Gij mij!
Met duizend monden kust Gij mij!
Met duizend vruchten voedt Gij mij!
Alles hebt Gij me gegeven,
alles wat ik bezit en alles wat ik ben.
Op duizend vleugels draagt Gij mij!
Ik ben kind aan huis bij U.

31 DECEMBER

NAWOORD

De teksten die hier voor iedere dag van het jaar verschijnen, zijn als zonnestralen die licht in het donker van het leven kunnen brengen – dankzij de 'kleine glasscherf' waar de liefde doorheen schijnt. Ze hebben hun eigen voorgeschiedenis en Phil Bosmans heeft daar zelf het volgende over verteld: 'In de jaren zestig ben ik op een telefoonbeantwoorder begonnen met "Vitamines voor het hart". Ik had gehoord dat men aan de telefoon zijn horoscoop kan beluisteren. Zoiets wilde ik ook gaan doen – met een positieve boodschap. Van de telefoonmaatschappij kreeg ik een gemakkelijk te onthouden telefoonnummer. Ik dacht dat het hele plan niet lang zou lopen, maar het bleek een topper te zijn.'

Meer dan twaalf jaar lang heeft Phil Bosmans elke week via de telefoon een korte, slechts drie tot vijf minuten durende levensimpuls verspreid. Ook al is menige tekst in min of meer veranderde vorm in de latere boeken opgenomen, voor dit jaarleesboek zijn ze voor de eerste keer toch volledig verwerkt, waarbij werd uitgegaan van hun oorspronkelijke vorm. Juist daarin wordt de bijzondere kunst van Phil Bosmans zichtbaar: met mensen in gesprek komen, hen in volle sympathie, met heldere overtuigingskracht en niet zelden humoristisch, rechtstreeks aanspreken.

'Je hebt de hoorn aan je oor. Dat is toch eigenlijk fantastisch. Ik zie je niet, ik ken je niet, en toch spreek ik met jou. Misschien heb je een verkeerd nummer gedraaid en denk je: laat hem maar praten, ik hoef toch niets te zeggen. Misschien zoek je iets en denk je: mijn woorden zouden je verder kunnen helpen. Als je moe bent, aan het einde van je Latijn, je hoofd zo dood is als een stuk hout en je hart opgebrand, als alle lichten zijn uitgedoofd en je niet meer ziet hoe het verder moet, als je helemaal niets meer ziet – dan kan een woord, een gedachte, een beeld, een herinnering, soms stralen als een ster in de nacht. Ja, wij hier beneden zitten heel dikwijls aan de grond, liggen terneer als een vogel met gebroken vleugels. Wat kun je doen als je helemaal in de put zit? Naar boven kijken! Kijk naar de zon, sta op! Als je het teveel aan zorgen en ballast van je afwerpt, word je lichter, en dan gaat het weer. Geloof me.'

Alle teksten zijn voor deze uitgave opnieuw door de auteur geredigeerd. Wat de samenstelling betreft, is telkens de ruimte van één bladzijde benut die voor één dag ter beschikking staat. Als vele afzonderlijke, lichtende mozaïekstenen voegen ze zich samen tot een volledig beeld van menselijk leven. Ze zijn als steeds weer nieuwe variaties op de grondmelodie van het menselijk hart. Ze zijn als broodnodige vitamines die hun werking echter verliezen als men te veel ervan in één keer tot zich neemt. Dit geldt ook voor de hier aangeboden vitamines van het hart: voor iedere dag één tekst. Moge deze jaarbegeleider een dagelijkse hulp zijn om met het hart te leven. En dat wil zeggen: vanuit de liefde en voor de liefde.

De uitgever